上好一堂阅读课

第**3**版

提升孩子理解力的67堂阅读策略课

〔美〕斯蒂芬妮·哈维　　〔美〕安妮·古德维斯◎著　　刘成盼◎译

STRATEGIES

THAT

WORK

北京科学技术出版社

Strategies That Work: Teaching Comprehension for Understanding, Engagement, and Building
Knowledge (3rd Edition)
by Stephanie Harvey; Anne Goudvis / ISBN 9781625310637
Copyright © 2017 by Stephanie Harvey and Anne Goudvis
Authorized translation from English language edition published by Routledge, part of Taylor & Francis
Group LLC; All Rights Reserved.
本书原版由 Taylor & Francis 出版集团旗下，Routledge 出版公司出版，并经其授权翻译出版。
版权所有，侵权必究。
Beijing Science and Technology Publishing Co., Ltd. is authorized to publish and distribute exclusively
the Chinese (Simplified Characters) language edition. This edition is authorized for sale throughout
Mainland of China. No part of the publication may be reproduced or distributed by any means, or
stored in a database or retrieval system, without the prior written permission of the publisher.
本书中文简体翻译版授权由北京科学技术出版社有限公司独家出版并仅限在中国大陆地区销
售，未经出版者书面许可，不得以任何方式复制或发行本书的任何部分。
Copies of this book sold without a Taylor & Francis sticker on the cover are unauthorized and illegal.
本书贴有 Taylor & Francis 公司防伪标签，无标签者不得销售。

著作权合同登记号　图字：01-2019-3454

图书在版编目（CIP）数据

上好一堂阅读课：第 3 版 /（美）斯蒂芬妮·哈维，（美）安妮·古德维斯著；刘成盼译 .
— 北京：北京科学技术出版社，2021.12（2025.10 重印）
　　书名原文：Strategies That Work: Teaching Comprehension for Understanding, Engagement,
and Building Knowledge (3rd Edition)
　　ISBN 978-7-5714-1755-0

　　Ⅰ．①上… 　Ⅱ．①斯… ②安… ③刘… 　Ⅲ．①阅读课—中小学—教学参考资料
Ⅳ．① G634.333

　　中国版本图书馆 CIP 数据核字（2021）第 184000 号

策划编辑：张子璇	**电　话**：0086-10-66135495（总编室）	
责任编辑：付改兰	0086-10-66113227（发行部）	
责任校对：贾　荣	**网　址**：www.bkydw.cn	
图文制作：史维肖	**印　刷**：北京宝隆世纪印刷有限公司	
责任印制：吕　越	**开　本**：710 mm × 1000 mm　1/16	
出 版 人：曾庆宇	**字　数**：430千字	
出版发行：北京科学技术出版社	**印　张**：23.25	
社　　址：北京西直门南大街16号	**版　次**：2021年12月第1版	
邮政编码：100035	**印　次**：2025年10月第6次印刷	
ISBN 978-7-5714-1755-0		

定　　价：138.00元

目　录

第一部分　理解文意的基础

第 一 章　阅读即思考　　　　　　　　　　　3

第 二 章　策略性阅读　　　　　　　　　　15

第 三 章　以理解为核心：勤于思考，构建知识体系　　29

第三部分　跨学科理解

阅读策略课索引

适用对象：小学生。

预期目标：在学习新知识的过程中保持好奇心。

阅读素材：以探究性学习为主题的书，这堂课上用的是关于南极动物的书。

反馈方式：收集、记录信息并仔细琢磨。

适用对象：幼儿园孩子和小学生。

预期目标：记录信息，拓展思维，回答问题。

阅读素材：劳里·安·图宾在《奥德赛》杂志上发表的一篇名为《青蛙的遭遇》的文章。

反馈方式：标题分别为"我的笔记"和"我的所思所想"的两栏式思维记录单。

适用对象：初中生。

预期目标：带着问题在线浏览非虚构文章。

阅读素材：一篇名为《深呼吸，尽全力发挥：运动员如何通过正念提高比赛水平》的文章。

反馈方式：将问题梳理成问题网络。

适用对象：小学生和初中生。

预期目标：在特定的内容领域中区分宏观问题和微观问题。

阅读素材：自然科学类教科书和非虚构图书。

反馈方式：在大尺寸正方形便利贴的正面记录宏观问题，在小尺寸窄条形便利贴的正面记录微观问题，在它们的背面尝试解答。

适用对象：初中生。

预期目标：通过阅读寻找答案。

阅读素材：各种非虚构文本和图片。

更多的人分享。

阅读素材：Drawing Pad 应用程序和一篇名为《你可以提升智力》的文章。

反馈方式：用绘图软件画画。

适用对象：小学生和初中生。

阅读素材：露易丝·博登和玛丽·凯·克鲁格合著的《高飞吧！——贝西·科尔曼的故事》。

反馈方式：四栏式思维记录单，各栏的标题分别为"词语""推测出的含义""线索""句子"。

适用对象：小学生和初中生。

预期目标：区分情节和主题，提炼中心思想。

阅读素材：彼得·戈伦博克的《队友》。

反馈方式：课堂讨论、思维记录单和主题板。

适用对象：小学生和初中生。

预期目标：通过反复阅读筛选重要信息，加深理解。

阅读素材：彼得·戈伦博克的《队友》。

反馈方式：标题分别为"关键主题"和"次要主题"的两栏式思维记录单。

适用对象：初中生。

预期目标：根据图像小说的插图和文字做出推断。

阅读素材：茜茜·贝尔的《失聪者》。

反馈方式：以写作和绘画的方式在便利贴上做读书笔记。

适用对象：初中生。

预期目标：通过推断和构建感官图像理解历史小说中的思想和概念。

阅读素材：珍·尤伦的《相遇》。

反馈方式：思维记录单。

适用对象：小学生和初中生。

致　谢

　　教育是集众人之力，绝非一人之功。本书也是很多人智慧的结晶。我们希望借此机会向多年来与我们共事并对我们的思考和教学方法有所启发的人们表示感谢。

　　我们的教学事业始于教室，直至今日，我们的第一身份仍然是老师。因此，我们首先要向所有的老师致敬。我们深知他们工作有多辛苦，他们值得我们颂扬。当然，孩子永远是我们灵感的主要来源。每次我们都满怀感激地走进教室，虚心向孩子学习。

　　我们还要感谢杰出的老师、作家和教学指导员凯蒂·马赫塔里斯，她将新科技完美融入阅读理解教学中，成功将21世纪的新元素注入本书。没有她周全的考虑和专业的贡献，本书第3版不可能与读者见面。我们也要感谢布拉德·布罗、詹妮弗·伯顿、凯伦·哈尔弗森和凯·约翰逊，本书融入了他们的声音，重现了他们的课堂，行文因此变得生动有趣。此外，埃伦·约瑟夫和柯尔斯滕·博耶尔拍摄的精美的照片也为本书第3版增姿添色。

　　25年来，我们一直是"非常嫌疑犯"（Usual Suspects）这个奇葩小组的忠实成员，小组其他成员还有埃琳·基恩、黛比·米勒、克丽丝·托瓦尼、苏珊·齐默尔曼、克莉丝·哈钦斯和萨姆·贝内特。他们为我们带来了无限的欢乐，让我们受益匪浅，同时也让我们在这个领域有所建树，对此我们深表感激。当然，我们还要向弗兰基·西伯森表示衷心的感谢，自看到第一版手稿的那天起，她就成了本书始终如一的支持者。

　　我们还要向杰出的编辑菲利帕·斯特拉顿致谢。17年来，本书的3个版本都经她编辑出版。没有她任劳任怨的付出，本书不可能与读者见面，对此我们深表感激。此外，我们还要感谢斯坦豪斯出版社的相关工作人员：埃琳·特雷纳、杰伊·基尔本、玛莎·德鲁里、格雷斯·马克利、钱德拉·洛、德鲁·叶曼和丹·托宾。

我们再次声明，谨以本书献给 P. 大卫·皮尔森，他的智慧和一生对教育事业孜孜不倦的追求是本书写作灵感的源泉。作为一名研究人员，他对儿童的学习模式、思考模式和理解模式有深入独到的专业见解，他在这方面的才华令我们叹服，他的激情深深感染了我们。他的研究向来基于真实的场景——真实的学校、真实的教室，基于对老师和孩子发自内心的尊重。他在专业研究和课堂教学之间架起了一座桥梁，对此我们深表感激，并将持之以恒地向他取经。

　　我们再次感谢家人的鼓励和支持，他们可爱的叨扰也很暖心。在本书第2版的修订过程中，我们两家添了两个宝贝孙子：安妮家的埃塞和斯蒂芬妮家的瑞利。两个家庭新成员让我们多多少少有些分心，但他们带给我们更多的是喜悦。

　　最后，我们两位作者要向彼此致敬，也向彼此道贺。年复一年地努力，一字一句地雕琢，才有了今日的成就。

第3版简介

> 阅读绝非一种昏昏欲睡状态下的轻松活动，而是一种真正意义上的锻炼。阅读时我们需要保持清醒，努力思考。可以说，读者阅读时付出的努力丝毫不亚于体操运动员训练时付出的努力。阅读的目的在于自我提升，因此，读者必须专心致志，依据文本中的提示、线索、开篇文字和框架结构等解读诗歌、议论文、历史小说、散文等不同类型的文本。
>
> ——沃特·惠特曼

在本书前两版的写作和修订过程中，我们一直在试着解读惠特曼关于阅读的这一段论述中包含的思想及字里行间的含义。我们一直在这条寻求理解的道路上孜孜不倦地探索着，也自始至终对孩子的想法心怀好奇。我们关心孩子阅读的方方面面——他们的疑问、反应、解读、观点、推断、争论和庆祝方式。本书第3版是集体智慧的结晶，孩子的贡献毋庸置疑。

这些年来，我们走进教室，与教育工作者近距离交流。我们积极参与读书会的讨论，参加学习小组，与组员通过电子邮件交流，在推特（Twitter）和脸书（Facebook）上保持沟通——这些经历都让我们受益匪浅。我们遇到的老师总是慷慨地与我们分享自己的所思所想，正是他们的热心催生了本书的第3版。

我们不仅向老师取经，同时也向在阅读理解领域做出巨大贡献的专业研究人员和教师培训者学习。我们虽然不是专业的研究人员，但可以将他人的研究成果用于指导教学实践。因此，我们不断学习研究人员在阅读理解领域产出的学术成果。他们兢兢业业推动着这一领域向前发展，也及时更新着我们的认知。在过去的20多年里，我们一直致力于将研究成果转化为教学实践。繁重的教学工作使一线老师和校内的教育工作者很少有时间阅读大量的专业文献，因此我们很乐意在教学研究和教学实践之间架起一座桥梁。我们在本书中设计的阅读策略课及课程内容就很好地反映了我们对阅读理解领域的新思想和新的研究成果的解读。

第3版中的新内容

自本书前两版问世以来，阅读理解教学发生了诸多变化。以阅读理解教学为主题的出版物日益增多，越来越多的老师接受了这种教学方式，越来越多的教育工作者开始将阅读策略视为辅助性工具。教授策略并非我们的最终目的。美国各个地区的孩子都能清楚地感受到阅读策略对他们理解所读内容起到的作用。鉴于阅读理解领域新的研究成果层出不穷，我们在第3版中也重点介绍了阅读理解教学的发展现状。为更好地体现这一点，我们在第3版中融入了最新的研究成果和教学实践。虽然第3版许多章节的标题与第2版基本一样，但我们修订了标题下的大部分内容，借此表达我们的新想法并呈现我们学到的新知识。

以下是对第3版内容的说明：

理念的转变

- 第3版侧重于这样一个理念——将阅读理解打造成一种知识体系构建活动。切尔韦蒂、杰恩斯和希伯特（Cervetti et al.，2009）指出，"知识体系的构建是阅读理解教学的新前沿"。因此，相比前两版，第3版在更大程度上吸纳了这一理念。

架构的调整和章节的修订

- 第一部分的第三章《以理解为核心：勤于思考，构建知识体系》是全新的一章，它囊括了当前阅读理解领域的一些新概念，如精读、精听、细致观察、文本复杂性和批判性思维等。

- 我们对第一部分第四章《21世纪的阅读：书里书外》进行了修订，其中重点论述了数字阅读、在阅读理解教学中融入新科技的方法以及如何合理运用现代信息技术因材施教。

- 第二部分的第六章《阅读理解教学方法》是全新的一章，其中重点介绍了我们屡试不爽的教学方法。这些方法在本质上是通用的，可以帮助老师使用自己选择的文本和内容自行设计课程。本书所有的阅读策略课中都会用到这些方法。

- 第三部分的重点是跨学科理解，其中着重阐述了自然科学和社会科学领域的阅读理解。学习新知识、解读晦涩难懂的内容最能体现阅读策略的实用价值。P. 大卫·皮尔森和加利福尼亚大学伯克利分校劳伦斯科学馆的研究人员认为，"阅读和写作只是学习工具，而非学习目标"（Pearson，2006a）。我们把读写能力视为一种服务于科学、历史、地理等学科的学习工具，这一理念的正确性也已为研究所证实。

第三部分的两章内容都是新增的。第十三章《读写素养：自然科学和社会科学领域的阅读、写作和研究》论述了在自然科学和社会科学类课程方面的阅读、写作和研究实践，第十四章《探究小组：跨学科探究》则通过两个探究案例展示了探究在教学中的重要作用。

30堂新课程

- 我们一直将本书视为老师日常教学的实用工具，多年来这个观点始终没有改变。因此，在第3版中，我们增加了30堂新课程，同时也保留了很多我们珍视的原有的课程。尽管我们在每堂课中都提供了特定的文本作为教学资源，但我们还是建议你依据自己的教学目标和学生的实际需求选择属于自己的最合适的文本。

我们在讲解每一种阅读策略时都设计了一些新的课程。很多课程阐述了如何运用现代信息技术来提高理解力，也重点介绍了如何在教授内容时融入阅读策略。部分课程展示了我们如何在一堂课中综合运用多种阅读策略，以便读者更好地在真实的场景中运用阅读策略来理解所读内容。

我们希望本书第3版能够起到发人深省的作用。第2版问世后的10年来，我们又做了大量研究工作，并将研究成果融入了第3版。好奇是孩子的天性，他们总是带着满脑子的疑问和个性化的观点走进学校。学校应该是启发思考的圣地，教室应该是深刻思想的孵化器。我们希望本书能成为你的得力助手，引导孩子以书为友、乐于分享，点燃思考的火花。

第一部分

理解文意的基础

第 一 章

阅读即思考

阅读角的一块编织地毯上，聚集着30名六年级学生，一盏黄铜落地灯在他们的脸上投下温暖柔和的琥珀色灯光。他们前面有一张摇椅，斯蒂芬妮正坐在上面。"今天，我要给你们读一读玛莎·威尔逊·查尔的作品，一本名为《北方的小屋》（Chall，1992）的绘本。多希望这是我自己的作品啊！我来告诉你们其中的缘由。这本书让我回忆起自己的童年。它讲述了一个与你们同龄的小女孩的故事，她每年夏天都会离开城市，去被誉为'万湖之州'的明尼苏达州的一座湖边小屋住上一段时间。而我，就是在明尼苏达州的邻州——威斯康星州度过童年时光的。当然，我的故乡也有湖泊。"斯蒂芬妮一边指着地图上北部的两个州，一边绘声绘色地讲述。

斯蒂芬妮说："作家最擅长描写自己熟悉且关心的事物。"接着，她把该书勒口处的内容读给孩子听："'作者在北部的湖边度过了很多个夏天，正是这些童年经历激发了她的写作灵感。后来，她成了一位母亲，仍然带着自己的孩子到那里的湖边去度假。'我童年时期也酷爱夏天。"斯蒂芬妮说这话的时候，面前的孩子纷纷点头表示同意。

"就像书中的小女孩一样，我也在湖边度过了很多个夏天，我在那里钓鱼、游泳、滑水、远足、划独木舟。"斯蒂芬妮说，她觉得读到这本书十分幸运，因为书中主人公的经历与她的经历如出一辙。

"你们有没有读过能够让你们联想起自己生活经历的书？"她问道。大家争先恐后地举起手，兴高采烈地分享自己最喜欢的作品。

"如果我们读到一本能够映射自身经历的书，必然爱不释手。优秀的读者都能够把书里的内容与自己的人生经历联系起来。我们来做一个小练习吧。现在我给你们朗读《北方的小屋》里的部分内容，我会一边读一边给你们展示我联想到的人或事。我还会把我的想法写在这些便利贴上，并把它们贴在相应的文字或图画旁边，确保它们能像书签一样露出来一部分，这样我就能在重温时轻松地找到它们了。"

斯蒂芬妮一页一页往下读。那本书提到了滑水的经历、当地的鱼饵店以及因为长时间游泳泡得皱皱巴巴的手。她一边读一边跟孩子分享自己的所思所想。当读到主人公穿上橙色帆布救生衣时，她不禁哈哈大笑，然后讲了一个小故事："我家有兄弟姐妹4个。小时候，我们住在水边。当我们还在蹒跚学步的时候，我们的妈妈就非常担心我们会溺水。因此，我们一学会走路，妈妈便迫不及待地给我们套上橙色的救生衣。不管去哪儿，我们都得穿着它，吃饭的时候穿着，看电视的时候穿着，活脱脱像台小型推土机。"

这时候，两个前排的孩子立刻凑过来，好奇地观察书里有意思的救生衣。

"这太令人尴尬了！"乔什喃喃道。

斯蒂芬妮接着说："这可是个真实的故事。但是我相信当时妈妈还有别的用意，结果果然如此——为了摆脱笨重的救生衣，我们比其他孩子更早地学会了游泳。"

朗读结束后，斯蒂芬妮鼓励孩子去寻找能引起他们共鸣的书。

孩子往往对能够引起共鸣的书情有独钟。找一本这样的书吧。你选的书很可能不是《北方的小屋》，除非你是一个被套在笨重的救生衣中长大的孩子，或者是威斯康星州的一名渔夫。把你选择的书读给孩子听，与孩子分享你的观点、你联想到的事物和你的反应。老师与学生分享自己对阅读、写作和思考的热情，是最具感染力的一种教育方式。激情是会传染的，学生会被老师的激情打动。

读者化身为作者

本书介绍的阅读指导的要点在于：朗读并分享阅读时的所思所想。阅读时，很多想法会在你的脑海中浮现。你可能会像斯蒂芬妮一样联想到自己的人生经历，也可能会提出问题、做出预测。策略型读者会把自己的思考过程转化为内心的对话，努力寻找问题的答案，这可以帮助他们将内心的想法、已有的知识和人生阅历有效结合起来，从而更好地理解文意。

正因如此，从某种意义上说，读者也是作者。小说家 E. L. 多克托罗认为，"任何一本好书都会映射你的某些人生经历，你在阅读它的时候，就像在与作者交谈。你会充分调动自身的创造力，想象文字描绘的场景和声音，把书中的角色与你熟悉的人或物联系起来。你联系的其实并非作者的经历，而是你自己的经历"（Plimpton，1988）。

在阅读时积极思考的人会与文本产生内在的互动。他们在阅读时会留心自己内心的声音，用心聆听，认真审视。他们对自己的思考过程有清晰的认识，会主动运用阅读策略和已有知识理解文意。阅读就是这样塑造甚至改变读者的思维的。

我们经常让学生说说什么是阅读，学生的答案五花八门。我们把这些答案记录在要点图中，发现最高频的是"认识文字""读出字音"和"了解字义和词义"。

有一次，四年级的学生笛考文突然说："阅读就是思考。在阅读过程中，你必须弄明白字义和词义，有时候这很简单，有时候却特别难。"不得不说，笛考文说到了点子上。阅读有两层含义：读懂文字和理解文意。1991年出版的《韦氏新世界词典》（*Webster's New world Dictionary*，1991）中，"阅读"一词的首条释义为："用眼睛解读文字的构成元素以理解其意思。"我们倾向于在此定义的基础上加上"运用大脑"这几个字。阅读要求读者双管齐下——既能读懂文字，也能通过思考理解文意。你也可以让学生尝试定义"阅读"，并将他们给出的定义记录在班级要点图中，并把它挂在教室里。随着课程的逐步深入，当你开始与学生一同探索阅读时的思维方式并在阅读理解方面给予清晰的指导时，学生对阅读的定义也将日臻完善。

思考型阅读

本书的着眼点在于阅读过程中文意的构建，这种阅读方法称为"思考型阅读"（Harvard College Library，2007）。孩子在读、听和看的时候都需要思考，他们需要认识到阅读的意义就在于思考。

几年前，斯蒂芬妮收到了一期《教育领导力》杂志，上面刊登了一篇阿瑟·科斯塔的文章《充满思想的课程》（Costa，2008）。阿瑟·科斯塔是斯蒂芬妮最崇拜的教育家之一，因此她迫不及待地想要阅读这篇文章。当她翻开杂志时，文章引言部分的一行字像霓虹灯一样瞬间吸引了她的眼球——"你无法教学生思考"。看到这里，她的心瞬间凉了半截。她合上杂志，试图让这句话从脑海中消失。她没有勇气再读下去了。因为在过去的20年中，她和安妮反反复复向老师们强调的就是"教会孩子思考比其他任何事都重要"，现在却看到了这样的内容。天哪！

当她鼓起勇气继续往下读时，才明白了文章的含义，长出了一口气。原来，所谓的"无法教学生思考"指人生来便是会思考的动物，思考的能力深深根植于人们的 DNA 中，无须教授。

事实的确如此。孩子离开母体后便开始了思考，他们饥饿的时候会哭，这便是思考的结果；三个月大的时候，孩子见到母亲会笑，这也是思考的结果；两岁的时候，孩子能够充分理解"不可以"的含义，却经常对它满不在乎，这更是思考的结果。总而言之，孩子从出生的那一刻便开始了思考，阿瑟·科斯塔的观点并没有错。

既然孩子已经会思考了，那么在思考方面我们还能教给他们什么呢？我们可以教给他们的是：认识和掌控自己的思考方式。

我们可以教孩子：
- 有意识地思考；
- 有策略地阅读；
- 认识独立思考的重要性。

培养孩子独立思考的意识

我们注意到，有些读者，尤其是没有经验的读者，尚未意识到在阅读过程中应该思考。一天下午，安妮与一个正在阅读的二年级学生沟通。安妮问这个孩子："你能告诉我你在想什么吗？"孩子满脸疑惑地回答："什么？我没有想什么啊，我在阅读。"安妮竭力抑制住惊讶的表情，并开始反思还有多少孩子处于这种无法将思考融入阅读的状态。如果孩子在阅读的时候只是简单地浏览文本却没有思考文意，那么我们会与孩子分享自己在阅读过程中是如何与文本互动的，以便他们学会如何解析文本。有意识地思考是成为思考型读者的第一步。

帮助孩子成为策略型读者

当孩子认识到思考对理解文意的重要性之后，下一步的阅读指导核心就升级为如何有策略地阅读。策略性阅读指阅读时以一种能够促进学习、增进理解的方式进行思考。《韦氏词典》（*Webster's Dictionary*）对"策略性"的定义为"对行动或计划至关重要的"。仅仅了解几种阅读理解策略远远不够，孩子还必须熟知运用策略的时机、原因和方法。

有什么方法可以帮助孩子成为策略型读者呢？在这里我们强烈推荐蒂什曼、珀金斯和杰伊（Tishman et al., 1994）提出的理念——"策略性精神"，它是一种鼓励孩子在遇到阅读障碍时运用策略的精神。当孩子在阅读过程中遇到障碍时，我们会帮助他们认清这些障碍，然后教他们一系列阅读策略，如激活并关联背景知识、提问、筛选重要信息、推断、总结和整合信息等。这些都是理解文意的工具。当孩子在阅读过程中感到茫然无措时，这些工具能够帮助他们拥有理解文意的动力和能力。具有策略性精神的孩子能够制订行动计划并严格执行，不受外因干扰。

阅读策略能够帮助孩子更好地理解文本、理解世界、认识自我，进而在遇到困境时能够理性分析、直面挑战。在教授孩子阅读策略的过程中，我们也能够发现问题、解决问题，最终达成教学目标。第二章将更全面地阐述阅读过程中运用策略的方法。

引导孩子认识独立思考的重要性

一言以蔽之，我们会引导孩子认识独立思考的重要性。很多孩子，尤其是那些感觉被孤立的孩子（多数孩子都有此倾向），根本意识不到独立思考的力量有多大。彼得·约翰斯顿在《咬文嚼字》（Johnston，2004）一书中说："孩子通过上学至少应该认识到：勇于行动并恰当运用策略，必能达成目标。"他将此定义为"主观能动性"，并指出："简而言之，主观能动性是一种相信自身行动能够塑造周围环境的认识。"但绝大多数时候，孩子认为自己无法改变环境。

为了帮助孩子认识独立思考的重要性并进一步增强主观能动性，我们会教他们区分信息与知识。哈佛大学教授戴维·珀金斯（Perkins，1992）对此曾发表过如下观点：

> 知识是思考的结果。这句话颠覆了传统的学校教学模式。传统的学校教学模式主张学生以知识习得为先，然后才能加入思考。事实恰恰相反，"思考要在获得知识之后才能进行"的说法大错特错。信息必须经过思考才能成为知识。只有对获得的信息进行思考，将思考结果融入信息，才真正算得上学到知识……知识并非死板生硬的东西，它在人们的生活中发挥着积极的作用，使人们认识世界并改造世界。

我们是在20世纪60年代上的小学，那个时候知识更新速度较慢。现在则不同。为了更好地应对日趋复杂的世界，我们要教授孩子阅读策略以帮助他们将信息转化为知识并灵活运用。

图1.1诠释的是一个对孩子来说十分重要的观点，即孩子有能力将信息转化为知识。极少有其他因素能够像这个观点一样让孩子全面地感受到自己的主观能动性。作为老师，我们有义务在孩子运用策略进行阅读时为他们提供清晰明了的指导，而孩子自己也必须通过深入思考和发散性思维将所见、所闻、所读、所写和所谈论的信息转化为知识。

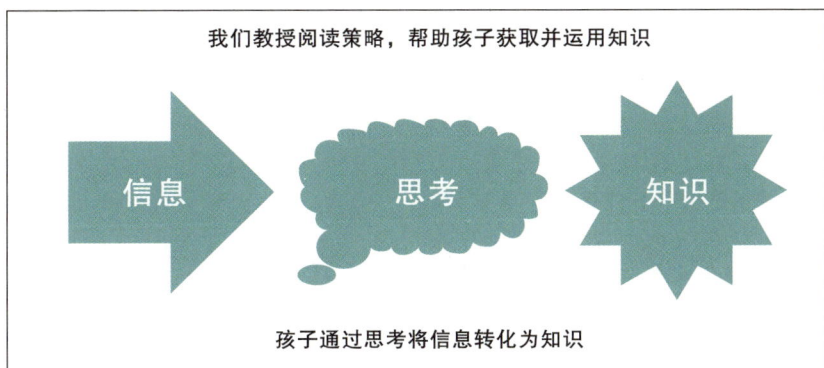

我们教授阅读策略，帮助孩子获取并运用知识

信息　　　思考　　　知识

孩子通过思考将信息转化为知识

图1.1　将信息转化为知识

在深入理解的基础上构建知识体系

　　"理解"包含两层含义：读者需要懂得所读内容，同时需要思考所读内容。玛丽·普福是四年级老师，她在课堂上给学生讲述了美国科罗拉多州的历史，学生的反应有力地说明了获取信息、加深理解与习得知识之间的关系。

　　她的学生乔纳森和阿曼达读了一本名为《科罗拉多州的那些事儿》（Crutchfield，1993）的书，书中有一篇名为《水牛捕猎行动》的故事，故事中的插图让他们感到颇为震惊。插图描绘的是一项印第安人的古老活动——捕猎水牛。通过读后感可以看出，乔纳森比较好奇的是"印第安人是怎么想出伏击水牛的绝妙计划的"（图1.2），而阿曼达通过阅读既获得了信息，也对内容有了一定的理解（图1.3）。阿曼达想象自己参与了捕猎水牛的过程，以一种非常独特的方式表达了自己的感受："我在脸上涂上油彩，把自己打扮成印第安人

① 1磅≈0.45千克。——编者注

这个故事让我感到十分震惊。在这次捕猎行动中，印第安人伏击并杀死了200头水牛。这些水牛加起来可以提供57000磅①肉，仅器官就重达10000磅，还有大量脂肪！印第安人是怎么想出伏击水牛的绝妙计划的？他们多长时间才能吃完这些肉？真是不敢想象他们的食物有多么充足、他们得用上多少工具处理这些水牛。为什么只有这样的民族才有如此惊人的智慧？这是迄今为止我读到的最令我震惊的文章！我希望之后能够了解更多关于科罗拉多州的历史。

图1.2　乔纳森的《水牛捕猎行动》读后感

> 　　我在读《水牛捕猎行动》这个故事时，脑海中浮现出无数画面。我在脸上涂上油彩，把自己打扮成印第安人的样子。我想我知道作为印第安人是一种什么感觉了。这种感觉棒极了。
>
> 　　另外，在读这个故事时我还发现了一些特别有意思的事。故事中提到了一场大规模的水牛捕猎行动，最后印第安猎手们获得了57000磅水牛肉，包括10000磅重的器官和大量脂肪。总而言之，我对这篇文章很感兴趣。

图1.3　阿曼达的《水牛捕猎行动》读后感

的样子。我想我知道作为印第安人是一种什么感觉了。"

　　不管怎样，乔纳森和阿曼达都通过阅读获取了客观的信息。乔纳森迫不及待地提出尖锐的问题，进而对整个场景做出了推断，阿曼达则通过构建感官图像这一策略更好地理解了所读内容。他们通过提问、推断和构建感官图像等策略习得了知识，加深了理解。这些策略成了他们获取知识的工具。

　　切尔韦蒂、杰恩斯和希伯特（Cervetti et al.，2009）在其论文中提出了一个颇具说服力的观点："知识体系的构建是阅读理解教学的新前沿……越来越多的证据表明，将阅读指导建立在学科知识体系的构建和利用之上，可以取得更加令人满意的效果。"他们认为这是一个相辅相成的过程——学生通过阅读习得了知识，打好了基础，这反过来也能激励他们不断思考、持续学习、增进理解。

　　切尔韦蒂、杰恩斯和希伯特强调了构建知识体系的重要性（图1.4），这进一

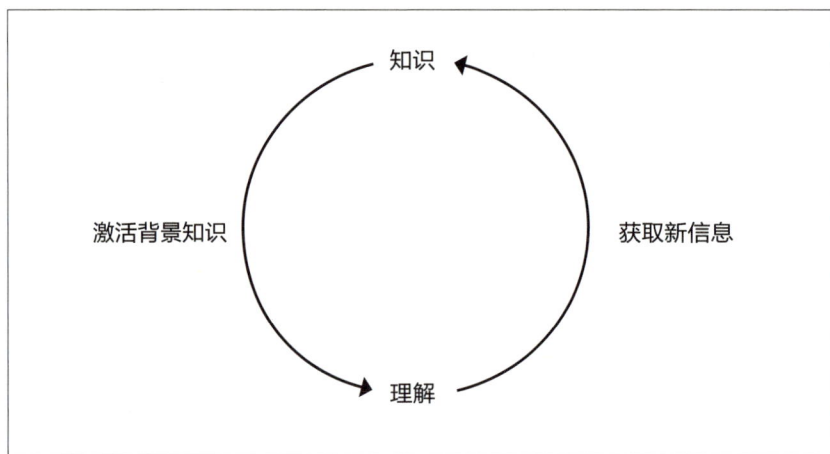

图1.4　阅读理解教学的双向性质

步证明了这一观点——当读者开始理解文意的时候，他们正在为自己的知识殿堂添砖加瓦。总而言之，理解就是构建知识体系的活动。反过来，当读者继续探索、理解这个世界时，已有的知识储备和新获得的知识会进一步巩固和加深他们的理解。

知识一定会带来理解力的提升。以多元智能理论闻名的霍华德·加德纳教授（Gardner，1991）曾言简意赅地说："教育的目的在于提升理解力。"读者提升了理解力，便能对文本蕴含的意义有更加深入的认识，而非仅仅停留在字面意思上。理解力强的读者可以从一篇民间故事中拾取散落的信息，通过一篇社论形成新的观点，或通过一篇专题文章对某件事产生更为深刻的见解。

获取信息能够使人们更好地了解这个世界，也更加了解自己的内心。只有不断扩充知识储备，才能提升洞察力，产生同理心，使思考更加鞭辟入里、更具批判性。如果孩子能够学会将思考融入阅读，那么他们会更愿意投入精力探索文本主题及相关话题，最终能够学以致用。

有目的地阅读

有些人总是习惯于埋头啃书，却不知道自己为什么要阅读，更不知道能从书中读到什么。他们觉得自己与书中的内容毫无关联，而且自己的思想和观点也无关紧要，所以最后只能沦为被动的读者。还有很多人，他们的阅读目的仅限于回答每章末尾的问题、列出提纲并将作者的中心思想牢记于心，以便应付每章结束之后的小测验，完全忽略了对阅读内容的思考。如果我们在阅读时没有全身心投入，记住的东西肯定不会多，因为在整个过程中我们只将自己当作一个旁观者。

在教育领域，教学思想经常发生变化。美国20世纪50年代和60年代的学校教育主张将作者的话奉为圭臬；后来当我们开启教学生涯时，一种以读者为中心的阅读理念逐渐兴起，露易丝·罗森布拉特、唐纳德·格雷夫斯（Graves，1991）和南茜·艾特维都是读者中心论的倡导者；当我们修订本书第2版时，又出现了以文本为中心的理念——该理念主要提倡将解读文本作为阅读的核心，读者是文本解读者。不过，我们认为，读者也至关重要，因为所有作家的目的都如出一辙，即启发读者阅读、提问和思考。因此，我们的教学理念和教学方法还是以露易丝·罗森布拉特等人的观点为首要指导思想。

输出式阅读和鉴赏式阅读

露易丝·罗森布拉特（Rosenblatt，1996）论述了两种风格迥异的阅读方法：输出式阅读和鉴赏式阅读。输出式阅读以学习为目的，以这种方法阅读时，读者会从文本中提取事实、信息，或整合信息总结出中心思想。在阅读说明性文本时，读者往往会采用这种阅读方法。说明性文本一般信息量大，如果没有停顿或思考，读者很难消化和吸收所有的信息，这就像我们看到飓风在海洋上空盘旋时停在原地思考该如何反应一样。因此，在阅读这类文本时，读者往往时断时续，就像在浏览幻灯片，每次只看一张图片，而且要笔不离手，在书上贴满记录各种信息的便利贴。可以说，输出式阅读是读者学习、理解和记忆信息的最佳方式。

露易丝·罗森布拉特将包括小说在内的文学作品的阅读称为"鉴赏式阅读"。与输出式阅读不同，鉴赏式阅读更像在脑海中看电影。"在鉴赏式阅读过程中，读者与特定的文本产生共鸣，注意力直接集中在与文本产生关联的自身经历上。"这种阅读方法可以让读者在故事中体验他人的生活，或穿越时空体验自己从未有过的经历。这一过程能够滋养读者的灵魂，让读者与他人产生共鸣，甚至可能改变读者的人生。

索尼娱乐公司的前总裁迈克尔·林顿（Lynton，2000）曾说："古往今来，可以随身携带的最佳交流媒介非书莫属。你可以在书中画线标记，可以在页边空白处做记录，可以折叠书页，也可以跳过一些章节直接阅读后面的部分。"很难相信，这些话居然出自一个以电影为生的人之口。

没有读者参与，书的存在毫无意义，这是不争的事实。但是，现在我们真的非常担心孩子无法认识到与书互动的重要性。如今，笔记本电脑、平板电脑、智能手机等随处可见，这些电子产品已经把纸质阅读逼向了消亡的边缘。其实，读者如果可以与文本进行深度交流，将获得一种高质量的互动体验，这种体验与快节奏的视频、游戏提供的互动内容一样充满活力、引人入胜。

我们接触的老师们深谙这一点，所以与我们见面时，他们带来的书里满是折痕、便利贴和标签，页边空白处写满了字。他们和我们分享了很多故事，比如自己是怎么在读书会的影响下爱上阅读的，或是怎么从与自己的孩子一起阅读经典书籍变成参加社区里的读书会的，又或是如何以专业的方式阅读并因此改变了教学模式的。老师应该把精彩绝伦的阅读材料带进教室，教会学生如何理解文意，并留出足够的阅读时间以充分激发学生的思考热情。在老师的带动下，学生会迫不及待地分享阅读的喜悦，积极讨论那些棘手的问题，踊跃发表自己的观点并学以致用。

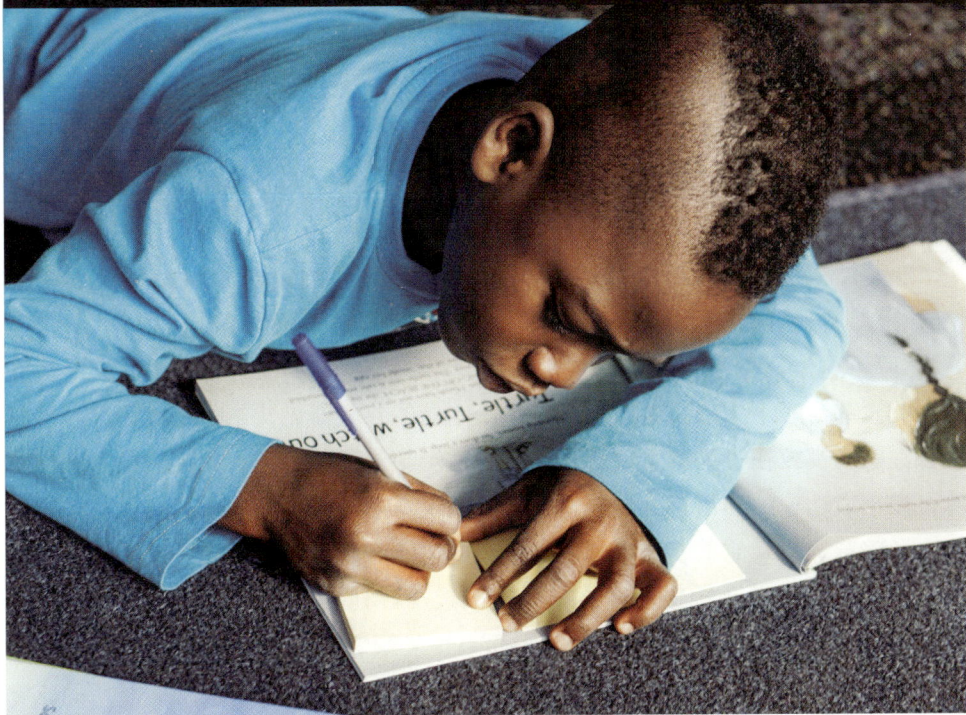

第二章

策略性阅读

斯蒂芬妮把椅子推到艾尔菲洛旁边，开始与他交谈。艾尔菲洛是一个二年级学生，他正在读黛安娜·肖特·尤尔科维奇的《在池塘等我》（Yurkovic，1998）。这是一本能够引发读者思考的非虚构读写启蒙书，书中配有令人着迷的照片和妙趣横生的插图。他翻到一张小长颈鹿在水洼边喝水的照片，开始阅读照片旁的一个长句："小长颈鹿刚出生时，身高已经达到了6英尺①。"对艾尔菲洛来说，这应该是一条不可思议的信息。

艾尔菲洛读懂了前半句，但他在读到后半句中的"已经"一词时被绊住了。他试着

---

① 1英尺≈0.30米。——编者注

运用拼读和语法分析等方法弄明白这个词的意思。尝试了几次，他最终明白了这个词的意思。斯蒂芬妮给了他一个赞许的微笑，艾尔菲洛受之无愧，毕竟他在老师教给他各种阅读策略后，已经能够独立运用这些策略去解读词语，无须更多的帮助了。

读完这句话后，艾尔菲洛就迫不及待地翻到了下一页，并没有留意长颈鹿出生时就非常高这一惊人的事实。

"停一下，别读那么快。"斯蒂芬妮说，"你说说刚刚读到了什么内容？"

艾尔菲洛揉揉鼻子，满脸疑惑。"'已经'这个词？"他不解地问。

"除了这个词呢？"

艾尔菲洛答不上来。他之所以对这个问题的答案毫无头绪，是因为刚才他把全部注意力都放在了推测生词含义上，忽略了整句话的意思。更糟糕的是，他一味沉浸于成功理解词语含义的喜悦中，完全没有意识到自己忽略了什么。

斯蒂芬妮建议他重读这个长句，思考这句话表达了什么意思。艾尔菲洛重读了一遍，读着读着，脸上渐渐露出惊讶的表情。他指着教室里大家最喜欢的一个真人大小的人形立牌惊呼道："哇，原来小长颈鹿一出生就快和篮球明星勒布朗·詹姆斯一样高了！太不可思议了！"没错，运用策略深入理解文意后的感觉的确很棒！

艾尔菲洛成功运用策略理解了某个生词的含义，却无法同时理解整句话的意思。初级读者就是这样，他们往往会在理解词语上竭尽全力，却无法顾及对整体文意的捕捉。

将策略性阅读作为一种思维取向

斯蒂芬妮和艾尔菲洛随后开始探讨艾尔菲洛初读句子时出现的问题。两人最终制订了新的策略，即从现在起，艾尔菲洛每读到一页结尾便稍做停顿，回顾前面读过的内容。于是，每页结尾处成了艾尔菲洛的阅读警戒线，提醒他对自己读过的内容加以思考。

适时停顿、及时回顾、整合信息，这些活动有助于读者理解文意。斯蒂芬妮教艾尔菲洛如何更清楚地了解阅读时产生的想法，如何及时察觉到自己无法理解文意，以及如何监控自己的理解进程。

监控理解进程是一种思维取向（Ritchhart，2002），它指的是在阅读过程中倾向于运用策略调整阅读习惯，以便更好地关注文本的意义。

珀金斯和斯沃茨（Perkins，1992）提出将元认知知识分为4类，这种分类诠释了学习者是如何通过从易到难的方式来监控思维活动并达成学习目标的。我们将他们的观点应用到阅读过程中，并由此划分出4种类型的读者。

- **无意识读者**。这类读者在阅读时不能及时察觉自己的所思所想。
- **有意识读者**。这类读者在无法理解文意或产生困惑时，能够及时察觉，但缺乏解决问题的有效策略。
- **策略型读者**。这类读者能够运用我们称之为"工具"的阅读策略来深化理解并获取知识。他们能及时监控到理解进程的中断，并重新捕捉文本意义。
- **反思型读者**。这类读者能够有策略地进行思考，能够根据不同的阅读目的灵活运用策略，能够及时监控自己的思考和理解进程。珀金斯和斯沃茨认为，他们还能够"反思自己的思考过程，揣摩并调整策略的使用方法"（Perkins，1992）。

作为初级读者，二年级的艾尔菲洛是典型的无意识读者。在阅读过程中，他尚不能主动思考。斯蒂芬妮的介入让艾尔菲洛开始对所读内容进行思考。在斯蒂芬妮的引导下，艾尔菲洛将成为策略型或反思型读者。

在上一章中，四年级的阿曼达和乔纳森针对关于捕猎水牛的文章写了读后感，他们能够运用构建感官图像和提问等策略促进自己对内容的理解。虽然他们离反思型读者的标准还相差较远，但至少他们正在逐步成为策略型读者。

学生如果能在阅读时有意识地监控自己的思考进程，就更容易学会运用与阅读目的最为契合的阅读策略。帕里斯、利普森和威克森（Paris et al.，1983）曾指出，学生仅仅知道应该运用哪些策略是远远不够的，他们还必须熟知运用策略的时机、原因和方法。在开展阅读理解教学时，老师的目的在于引导学生成为积极、灵活的思考者，使他们能够运用一系列策略应对文本阅读、语境理解等各式任务，达成学习目标。

发展元认知：监控理解进程

读者一旦拥有了监控理解进程的能力，就意味着向独立阅读迈出了一大步。读者对理解进程进行监控，实际上就是与文本进行内在交流。他们全身心投入文本，从所读内容中获取知识，边读边听大脑发出的声音，借此理解文意。

我们引导孩子在整个阅读过程中有意识地进行反思，继而逐步发展成为策略型甚至反思型读者。在这个过程中，全身心投入是重中之重。只要孩子在阅读过程中能够有意识地开展内心对话并全身心投入，那么阅读质量就会得到很大的提升。孩子口中"什么时候开饭？""什么时候休息？"这样不想读书的借口将不复存在，取而代之的是"我可以读书了吗？"之类的积极诉求。

我们之所以要教孩子在阅读时倾听内心的声音并时时监控理解进程，是因为只有这样才能让他们在偏离文意时有所察觉。优秀的读者，不论是成人还是儿童，其阅读模式其实都相差无几——他们在阅读时，大部分时间都如同开启了自动驾驶模式，直到出现某个无法理解的地方或产生疑问，思路才会被打断，理解进程也随之受阻。

有些人习惯在睡前读书，读到困倦时做好标记，熄灯入睡。第二天晚上拿起这本书，翻开标记好的那一页，却发现有些读过的内容已经记不清了，可能需要往回读几个段落甚至往回读几页才能重新回到文中。这很正常。事实上，所有读者在阅读时都会走神。孩子尤其需要明白这一点，否则，当他们遇到类似情况时，可能会感到很受打击。我们会和孩子分享自己阅读时注意力不集中的事，这样他们知道成人读者也会在阅读过程中走神，就不会妄自菲薄，误以为自己的阅读能力很差，也更有可能重拾信心，继续读下去。

当理解进程中断时，有经验的读者会放慢速度反复阅读，并适时运用恰当的策略，直到澄清疑惑再继续阅读。若需要更多的信息，他们或者提出问题，或者根据人物的言行推测文本主旨，或者通过阅读评论来激活自己的背景知识。这些策略都可以帮助他们有效理解词语和句子的含义以及整体文意。

总之，被问题绊住时，善于监控理解进程的读者能够巧妙运用各种策略（如提问、构建感官图像和推断等）理解文意。

留下思考印记

严冬时节的威斯康星州总是妙趣横生，这一点可以从斯蒂芬妮儿时的冬季生活中得到证实。那时，每到一月，她都会记下每天的气温，以期最冷的那天打破往年的纪录。即便没有极寒天气，威斯康星州北部的冬日也有摄人心魄的美景。屋顶上的冰柱、挂霜的松枝和飘零的雪花都为冬天增添了动人的韵味。每个雪停的清晨，很多孩子都会从床上跳起来，迫不及待地去自家后院探查谁曾在夜里不请自来。他们辨别动物足迹的本领可是一流的。

斯蒂芬妮经常给孩子讲动物在雪地里留下脚印的故事。她说，根据脚印可以推测哪些动物来过此地，即使它们已经离开。正如动物会留下脚印一样，我们希望孩子在阅读时、监控理解进程时也能留下思考的印记。本书鼓励孩子在阅读时做批注，目的就是让孩子在阅读过程中记下自己的所思所想。这些思考的印记不仅能够帮助我们洞悉孩子的思考过程，也能帮助我们评估孩子的理解能力。

有效的阅读策略

本书介绍的阅读策略经受住了时间的考验。30多年来，它们为全球各地的阅读理解教学奠定了基础。它们带来的好处是，老师不需要手把手教授，孩子也不需要掌握上百种策略。

一项研究证实，最有效的阅读理解教学方法是以少量策略为基础，逐步推进。P. 大卫·皮尔森等学者（Pearson et al., 1992）将那些思维缜密、训练有素的读者在理解文意时常用的策略总结如下：

- 监控理解进程；
- 激活并关联背景知识；
- 提问；
- 推断和构建感官图像；
- 筛选重要信息；
- 总结和整合信息。

监控理解进程

我们会用各种各样的方法监控自己的理解进程并追踪自己的思考轨迹。因此，只要方法得当，对于是否理解了文本，我们心如明镜。无法理解文本时，我们会暂停阅读，认真思考并采取行动。在监控理解进程时，我们会同时运用其他策略来加深思考、增进理解，这些策略包括激活并关联背景知识、提问、推断、整合信息等。关于监控理解进程，我们要教给读者的内容如下：

- 在阅读过程中时刻留意自己的思考轨迹。
- 倾听内心的声音，时刻保持内心的对话。
- 在阅读过程中记下所思所想，留下思考印记。
- 适时暂停，积极思考，对获取的信息做出反馈。
- 通过交谈和写作促进阅读。
- 当思绪偏离时，能够及时察觉。
- 无法理解文意时，能够及时察觉并找出阻断理解进程的障碍。
- 无法理解文意时，学会通过查漏补缺来增进理解。查漏补缺的方法包括：退回去重读、继续读下文、利用上下文推测生词含义、跳过晦涩难懂的部分。
- 搜集证据，反复验证答案。
- 明白运用特定策略的时机、原因和方法。

激活并关联背景知识

任何东西都不比个人见解更能给学习和理解增色。无论使用哪种策略，提问、推断还是整合信息，背景知识都是思考的基石。读者如果无法结合自己已有的知识储备进行思考，就无法理解所见所闻，也无法理解所读内容。关于激活并关联背景知识，我们要教给读者的内容如下：

- 参考个人以往经历。
- 在文本与传播媒介间建立联系。
- 充分激活与文本内容、风格、结构、特点和题材相关的背景知识。
- 将新信息与已知信息关联起来，即借助已知信息解读新信息。
- 将自己的所思所想与新学到的知识结合起来，扩充知识储备。
- 充分结合背景知识，在阅读过程中融入策略。

提问

作为一种阅读策略，提问可以鞭策读者，使其永不松懈。如果读者对文本毫无疑问，继续读下去则毫无意义。人类对理解世界有发自内心的渴望，而提问有助于加深理解。关于提问，我们要教给读者的内容如下：

- 对文本内容、概念、结论和题材怀有好奇心。
- 对作者提出疑问。
- 对文本中的思想和信息提出疑问。
- 通过阅读寻找答案并获取信息。
- 带着问题阅读。
- 揣摩文本，理解其中心思想。
- 通过进一步的调查和研究获取更多信息和知识。

推断和构建感官图像

运用推断的策略，读者可以在字里行间寻踪觅迹，从而掌握文本的深层内涵。通过推断和构建感官图像，读者可以把背景知识与文本中的图片或隐藏的线索结合起来，进而得出结论、揭示主题，或领悟没有明示的中心思想。关于推断和构建感官图像，我们要教给读者的内容如下：

- 利用上下文推测生词含义。
- 结合背景知识从文本中寻踪觅迹，得出结论。
- 从文字本身、文本中的图片和文本结构中提取信息。
- 对情节的发展、人物的行为和故事的结局做出推断。
- 寻找深层主题。
- 回答文本中没有明确答案的问题。
- 解析文本中提供的线索。
- 根据文本涉及的背景知识在脑海中构建感官图像。
- 充分利用视觉、听觉、味觉、嗅觉等感觉理解词语含义和文本思想。

筛选重要信息

文中内容有主次之分，如何区分主要取决于阅读目的。人们阅读非虚构作品的目的在于学习、理解和记忆信息；而读小说往往是为了滋养心灵、与故事中隐藏的主题产生共鸣，或者为了打破自身局限，换一种角度看待世界。关于筛选重要信息，我们要教给读者的内容如下：

- 从有趣或看似无关紧要的细节中筛选出重要信息。
- 对文本中的关键信息进行批注和标记以保持思维的连贯性。
- 区分读者关注的重点和作者想向读者阐明的重要观点。
- 从支撑观点的细节中挖掘中心思想。
- 选择需要记忆的内容。

总结和整合信息

通过总结和整合信息，读者可以获得审视文本内容的全局性视角。仅仅能够回忆起或复述出文本内容是远远不够的，思考型读者会将所思所想融入阅读，从而更全面地理解文本。有时他们会把阅读过程中获取的新信息补充到自己的知识储备中，有时他们的思想会彻底改变。无论是哪种情形，都离不开总结和整合信息策略，这是读者洞悉文意、获取知识的前提。关于总结和整合信息，我们要教给读者的内容如下：

- 边读边揣摩文本意义。
- 扩充知识储备。
- 对获取的信息进行解析。
- 根据文中信息推测作者的思想。
- 捕捉阅读要点。
- 由局部看整体。
- 反思错误认知。
- 将自己的观点与文本内容关联起来。
- 在阅读过程中、阅读后反复思考。
- 将已有知识与新信息结合起来，形成新观点或新见解。
- 产生新知识。

从理论到实践：阅读理解教学的相关研究

几年前，安妮收到一封让她颇为兴奋的邮件。邮件上说，芬兰教育部前部长、哈佛大学客座教授、全球进步主义教育运动的倡导者帕西·萨尔贝里将来丹佛访问！而且，他这次并非作为某场会议的主讲人，而是来参加周六早晨的一场聚会的，参会人员都是不想让孩子参加州考的家长和教育工作者。哇！这太让人激动了！

聚会时，我们全神贯注地听着帕西·萨尔贝里先生讲的每一个字，尤其是他对芬兰学校的描述——那里的老师备受尊重，受过良好的培训，在人们眼中是知识渊博和兢兢业业的专业人士。他的很多话给参会者的心灵带来了很大的慰藉，因为他们早就厌倦了用铺天盖地的考试压抑孩子天性的教育政策，厌倦了披着改革伪装的教育模式，并对那些对国家教育体制指手画脚的亿万富翁和对冲基金经理深恶痛绝。

帕西·萨尔贝里的演讲精彩绝伦，其中让大家印象最深的要数他对芬兰教育改革的一段介绍。他不仅讲述了芬兰如何将教育模式转变为以孩子为中心的先进模式，引得世界各地的教育工作者纷纷前去观摩学习，还向大家提出了这样一个问题："你们知道这些先进的教育思想大都来自哪个国家吗？"接着他告诉我们，恰恰是美国的教育研究成果催生了芬兰教育模式的重大变革。这时，他的脸上写满了疑惑："既然芬兰的诸多教育理念均来自美国，为什么美国人还要去芬兰观摩我们的教育模式呢？"

这真是个好问题！其实，帕西·萨尔贝里提醒了我们，作为一线老师，我们还记得我们的大学和师范类学校有着悠久的、备受推崇的教研历史和丰富多样的教研活动。这些学校开展的研究为世界各地的教育工作者提供了大量参考，让他们以此为基础，发展出适合自己的教学方法和教育政策。近年来，美国的政策制定者、联邦政府、州政府和地方政府完全忽视了这方面的研究成果，却热衷于那些缺乏研究基础甚至完全无根无据的政策。

本书涵盖了有助于提升阅读理解教学效率的研究成果，我们也从 P. 大卫·皮尔森、内尔·杜克、迪克·阿林顿、彼得·约翰斯顿等学者的著作中得到了有益的启示。在下面的研究综述中，我们不仅分享了经过时间检验的研究成果，也分享了最新的研究成果。

经过时间检验的研究成果

多年来，教育工作者一直在研究那些在阅读理解之路上苦苦挣扎的读者，以期寻得最佳教学方法。

1979年，多洛雷斯·德金（Durkin，1979）通过在课堂上的观察得出结论：初级读物和练习册里的问题实际上旨在评估学生的理解能力，而非教学生如何提高理解能力。她的这一论述颠覆了阅读理解教学方面的传统观念。那时人们普遍认为，老师是通过找出与故事相关的问题并提问来指导学生进行阅读理解的，而多洛雷斯·德金则认为，阅读理解远非回答老师的问题那么简单。于是，20世纪80年代，研究人员系统探究并总结了能够高效阅读的人为了理解所读内容所用的策略。从此，人们开始以全新的视角研究阅读理解教学。

早期人们对阅读策略的研究重点集中在以何种方式教授某一特定策略上，如提问（Gavelek et al.，1985）、推断（Hansen，1981）或对文本做出总结（Brown et al.，1983）。当研究人员清晰地教给孩子这些策略时，孩子能够学以致用，他们的整体理解水平也有了很大提升。此外，P. 大卫·皮尔森和M.C. 加拉格尔（Pearson et al.，1983）提出的"逐步释放责任"模式为阅读理解教学提供了明确指导，能够帮助老师有效地教授阅读策略和阅读思维模式。

P. 大卫·皮尔森和琳达·菲尔丁（Pearson et al.，1994）描述了人们在阅读理解方面的观念转变："我们以往把理解定义为读懂文字与口头表达相结合的自然结果，现在则将其视为一个更为复杂的过程，涵盖了知识、经验、思维和教学等多个方面。"

汤姆·特拉巴索和爱德华·布沙尔（Trabasso et al.，2002）认为："诸多实战经验和科学论证表明，在轻松自然的氛围中教授学生多种阅读策略，有助于学生更好地消化吸收并提升策略运用能力，也有助于他们在标准化的阅读理解测试中取得好成绩。"

新的研究成果

在一项研究综述中，I.A.G. 威尔金森和E.H. 索恩（Wilkinson et al.，2011）总结了阅读研究"从基于实验室和教室的单一教学模式到基于协作的、更为灵活的小班授课的教学模式的演变过程"。

近年来的研究的确是基于更为原汁原味的课堂教学进行的。安娜玛丽·S. 帕林萨等研究了如何培养学生的思考习惯和学习习惯，以及旨在将阅读策略纳入课堂教学的"一整套策略"。帕林萨等（Palincsar et al.，1984）最初关于交互教学的著作也阐释了教授阅读策略对提高学生文本学习能力的作用。事实证明，引导学生对阅读过程中的所思所想进行元认知分析，也是一种颇为有效的方法。布洛克等（Block et al.，2002）关注"基于过程"的阅读理解教学，引导孩子清晰明确地阐释他们理解文意的过程。她研究发现，无论是从规范化、标准化的角度，还是从其他角度来看，学生的理解水平都有所提高。

从1989年开始，迈克尔·普雷斯利和他的同事便致力于教授多种阅读策略。威尔金森和索恩（Wilkinson et al.，2011）则倡导"交流式策略教学模式"（TSI），它强调读者和文本之间的交流，强调教学活动参与者（即学生和老师）之间的交流以及参与者通过共同努力促成对文本的理解。鲁兹尔、史密斯和福森（Reutzel et al.，2005）将交流式策略教学模式与单一型策略教学模式（每次只教授一种策略）进行对比分析后发现，在课堂上学习过围绕科学内容进行讨论、灵活运用多种策略的二年级学生在阅读理解测试以及科学知识理解与储备方面表现良好，远远超越了那些用单一型策略教学模式培养的同年级学生。

以学科为基础的阅读指导将对文意的思考和理解与学科知识的学习结合起来，一直以来都是一个很有前途的研究领域，也是一种高效的、颇具吸引力的教学方式。多年来，格思里（Guthrie，2003）及其他研究人员研究了他们称之为"概念导向的阅读指导"（CORI）的实践效果。这种方法倡导在结合了经验学习、解读文本和讨论的课堂中，教授学生科学概念和思想，借此激励学生，助其掌握科学知识。P. 大卫·皮尔森等学者随后发现，阅读科学文本时，将阅读理解教学与科学探索和实验结合起来，可以加深学生对科学知识的习得程度（Cervetti et al.，2007）。这些团队的研究都基于这样一种观点：从某种角度来看，知识并不是对事实的单调陈述，而是对学科的概念性理解……其目的在于调动学生的积极性，最终使学生对周遭世界有清晰的认识（Cervetti et al.，2009）。

杜克等（Duke et al.，2011）通过多种途径进行评估，最终证实：学生只要掌握并有效运用几种策略，其阅读理解能力就能得到提升。不同研究综述中罗列的阅读策略不尽相同，但均包含了本书介绍的核心策略。

在本书的第二部分，我们以孩子的需求和课程目标为出发点，分享了一系列旨在提高阅读水平的课程。每章分别介绍了一种阅读策略，但这样的组织架构并非建议老师每次只教授一种策略，当然也并非要求老师遵循固定的顺序教授，根据教学需求选择就好。

　　如果你问我们从30余载的阅读理解教学研究中得到了什么，可以肯定的一点是，我们提倡的"策略"实际上是对提升阅读理解和记忆能力至关重要的一系列工具。孩子需要种类繁多的阅读技巧以深入思考文本。我们每天绝不会仅仅教授一种阅读策略，每周的教学任务也不会局限于一种策略。相反，我们会巧妙运用多种方式，为孩子提供一系列策略，引导他们深入思考，进而帮助他们理解文意，最终将信息转化为知识并学以致用。

　　本书为一线老师提供了诸多有效的阅读理解教学建议。如果你在阅读本书，我们希望你明白，我们并非专业的研究人员，我们更重要的身份是实践者。在过去的30多年里，我们一直致力于学习和探究如何将研究成果应用于课堂实践。

　　除了本书，我们还向你推荐以下几本书：《阅读理解工具》（Harvey et al.，2016），埃琳·基恩的《探索意义》（Keene，2008），黛比·米勒的《带着意义阅读》（Miller，2012）和《目的性教学》（Miller，2007），彼得·约翰斯顿的《咬文嚼字》和《打开思维》（Johnston，2012），迪克·阿林顿的《拯救阅读困难症》（Allington，2011），内尔·杜克的《隐含信息》（Duke，2014），以及弗兰基·西伯森和凯伦·西穆西亚克合著的《超越书本》（Sibberson et al.，2008）。

　　中学老师也许喜欢克丽丝·托瓦尼的《过目即忘》（Tovani，2000）和《他们到底读到了什么？》（Tovani，2011）。哈维·丹尼尔斯和南希·斯坦尼克还出版了两本专为初高中老师设计的阅读策略类图书：《内容领域的阅读文本与课程》（Daniels et al.，2011）和《文学教学的阅读文本与课程》（Daniels et al.，2013）。另外，中学老师也可以读一读司默奇·丹尼尔斯和史蒂夫·泽默曼的《主题的重要性：通过高效的内容领域阅读提高阅读能力》（Daniels et al.，2014）。

　　若想了解如何将阅读理解教学与探究性学习结合起来，请参阅《理解与合作：好奇心和参与度在探究性学习中的作用（修订版）》（Harvey et al.，2015）。

　　另外，在《理解的发展：现状与未来》（Daniels，2011）一书中，阅读理解教学领域的一线教育工作者和研究人员为人们指明了未来阅读理解教学的发展方向。

教与学的共同语言

归根结底，教学活动涵盖了老师的言与行。本书既包含教学语言，也包含教学实践，教育工作者可以将两者结合起来，帮助孩子提升理解能力并激发他们的学习热情。

老师应选定一种教学语言体系，在学校不同年级的学生中统一使用——这是提升读者能力的先决条件。因为对于那些跨越不同年级、需要循序渐进使用的阅读策略，老师必须用同一种语言体系给出清晰明了的阐述。若孩子已经掌握了诸如激活并关联背景知识、构建感官图像、筛选重要信息等阅读策略，老师就无须每年都重复这些策略，但必须牢记：随着时间的推移，孩子会更深入地领会推断等策略；而且，通过接触更为棘手的文本和任务，他们对策略的理解将更为深刻。

我们鼓励老师在协作中领会种类繁多的阅读策略，然后合力为孩子量身选定最适合他们的教学术语。例如，"背景知识""先验知识"和"图式理论"是3个不同的术语，却都表达了相似的意思，即读者为解读文本所用到的知识和经验。在本书中，我们用得最多的是"背景知识"这个术语。既然老师的初衷是让孩子在课内外拥有同样的阅读理解能力，那么就尽量不要让自己成为死板的"教育理论家"。你可以选择自己偏爱的术语，但不要拒绝与同事交流，这是在不同年级间统一教学语言体系的基础。只有这样，孩子才不会被老师变幻无常的教学术语整得云里雾里。

在语言教学中，老师一定不要陷入教条的误区。P.大卫·皮尔森是一位阅读研究者，也是加利福尼亚大学伯克利分校的名誉教授，他提醒我们，"如果读者仅仅是口头上声称运用了策略，并不意味着他们真是这么做的。同理，学生无法清晰地描述出阅读策略的含义，也并不等于他们没有将其运用到阅读实践中以提升阅读效率"（Pearson，1995）。

每当在学校中听到一年级学生说"我推断……"时，我们的本能反应就是为自己出色的教学能力深感自豪。但接下来，我们还是会抑制住这种本能的冲动，去验证一下说这话的孩子是否真的可以做出推断，还是仅仅在炫耀新学到的术语以期给老师留下好印象。我们往往通过以下3种方式判断学生是否将策略学以致用从而提升了理解能力，那就是：与他们对话、阅读他们的书面记录以及近距离观察。我们无法洞悉孩子的心思，但是可以和孩子交流思想，帮助他们阐明想法、写下感受，借此评估孩子的理解能力。

　　老师教授的阅读策略会产生强大的累积效应，就像维果茨基曾提醒的那样，"孩子会渐渐长大，对周围事物的认识会不断加深"（Ritchhart，2015）。在幼儿园阶段就已掌握了构建感官图像这一策略的孩子，升到一年级再听到这个术语时，很有可能会通过观察老师运用该策略以及亲自尝试等方式强化这一策略。因此，老师每年都要以孩子已掌握的策略为基础，制订合适的教学计划，根据不同年级孩子的发育特点为其量身打造教学模式，教授孩子灵活运用阅读策略和解析文本的方法。例如，幼儿园的孩子抬头仰望黑云翻滚的天空时，自然而然认为这是雷雨将至的征兆，所以老师绝不能只教他们激活并关联背景知识，却对他们的问题和推断置之不理；四年级学生对引人入胜的话题更为着迷，并能通过整合信息理解文意，甚至能够学以致用，老师就应该为他们创造一种环境，引导他们思考，教授他们更高级的策略，帮助他们在提升阅读水平的同时树立良好的世界观。

　　总之，掌握阅读策略、用语言表达思想对于孩子养成终生学习的习惯有很好的促进作用。我们的教学体系和所授策略必须向孩子明确传递这样的信息——他们的思考至关重要。

第三章

以理解为核心：勤于思考，构建知识体系

E.B. 怀特曾说："时刻留意思考火苗的出现。"倘若置身于满是高质量的阅读材料、引人入胜的图像和精妙绝伦的手工制品等的空间中，我们肯定会情不自禁地提出疑问并积极思考。在内容充实的课堂上，思考是一种自发的行为，因为在这样的氛围中，学生天然的好奇心能够被充分激发。老师若能营造出这样的课堂氛围，势必能够培养学生探索、调查、阅读和求知的学习习惯（Ritchhart，2015）。真实的世界丰富迷人、异彩纷呈，孩子正是这世界的一部分，就让我们一起把大千世界浓缩在课堂中吧。

阅读理解教学的目的并不仅仅局限于培养学生的读写能力，因为阅读理解是跨学科知识体系构建活动。多年来，我们一贯主张将阅读策略作为获取内容知识的工具（Harvey et al.，2007, 2013, 2016)，但我们认为传统的内容教学需要彻底改革。

内容学习要求孩子在科学、社会、文学等学科中运用策略。尤其是语言类学科，它涵盖了文学价值分析、语法和结构分析、词语解析、体裁探究等过程，内容极其繁杂。但内容学习绝非吃力地攻读课本知识，也不是回答一堆关于日期和事件的问题，更不等同于每周在某个学科上来两次20分钟的测试。孩子不应该只停留在文本表层内容的学习上，而应全身心投入，努力解析文本并理解文意。在内容充实的课堂上，孩子更乐意提问、推断、讨论、辩论、探究、创作、创新等。关于这种跨学科式的内容学习，P. 大卫·皮尔森有一句提纲挈领、言简意赅的格言：读、写、说、做！（Pearson，2006b)。

阅读策略是学校教学工作的基石。无论何时何地，理解都应该是课程体系的核心。在学校里，学生、老师和其他相关人员应相互协作，而协作的前提就是充分认识和接受这种思维模式。我们希望所有的孩子都能意识到，当他们以阅读、聆听和观察等方式学习内容领域的知识时，都需要融入思考。因此，即使是最年幼的孩子，我们也会向他们灌输"精读""精听"和"细致观察"等概念。这样，他们从小就能意识到阅读、聆听和观察的精髓在于思考。当然，仅有思考还远远不够，还要进行批判性思考并具备质疑精神。以政治类课程为例，出于本能，我们认为课程的重点应该是公民学和历史学，它们的重要性决不能降级。我们希望孩子每天都能针对这两部分知识的重要问题和观点进行阅读、写作和思考。

思考型学习

孩子在学习时只有勤于思考，才能理解并记住所学内容——说过这话的岂止美国总统和哈佛大学的校友（Harvard College Library，2007)。那么，怎样才能让孩子养成勤于思考的习惯呢？这里有一个好消息：大多数孩子都是热爱阅读的，尤其喜欢阅读那些扣人心弦的内容，而这正是自然激发孩子思考和学习的最佳途径。向孩子展示引人入胜的阅读内容，能激发他们阅读和求知的欲望。为了满足自己的好奇心、获取知识和加深理解，孩子会阅读和探究自己真正想学的东西，包括问题、谜团、争议、最新发现、重大事件、关键议题、戏剧性场面等，并与之进行互动。在深入探究的过程中，孩子对所学内容高度重视，除了能够获取知识，还能学以致用。

阿瑟·科斯塔一直认为，知识的获取仅仅是一个开始。他指出，"一个人积累的知识越丰富，其思维就越具分析性、实验性和创造性……读写素养的全部内涵在于孩子运用新知识的方式，即如何理解新知识并将其运用于日常生活中"（Costa，2008）。因此，知识的积累为孩子素养的提升打下了深厚的基础。但是，只有当孩子有机会探索重要问题和重大思想时，才算是真正意义上的投入。也只有打破学科界限，深入探究根本性问题和宏大的思想格局，才能让孩子获得"持久性的理解"（Wiggins et al., 2005）。

渐进的理解阶段

在本节中，我们将介绍理解的各个阶段，从仅仅能回答字面意义上的问题的初级阶段到学以致用的高级阶段。

理解有很多不同的目的，知道这一点，有助于探索知识和经验相互作用的多种方式。图3.1是我们根据《理解与合作》（Harvey et al., 2015）一书中的内容改编而来的。该图涵盖了5个渐进的理解阶段和与每个阶段相匹配的教学语言。这种渐进不是按部就班的发展，更准确地说，它是一个复杂的体系，其中包括理解内容、获取知识、运用知识以及基于知识开展实践活动等一系列过程。在这个渐进的过程中，在初级阶段，教学语言以强调字面理解为主，后渐渐关注更为复杂的问题，借此鼓励学生分析和整合信息。图中示例并不是对教学语言的简单罗列，而应成为老师有力的教学工具，其作用在于引导学生达到更高层次的思维境界和更深层次的理解。教学语言栏中的问题旨在鼓励学生积极思考，做出更为优质的反馈。

回答字面意义上的问题

回答字面意义上的问题是理解的初级阶段。学生或许具有一定的回忆信息的能力，但仅仅在章节中快速浏览并找出问题的答案并不一定意味着理解了文本。毋庸置疑，字面意义上的理解是获取知识、运用知识的重要基础，但若阅读练习仅仅以能够回答问题收尾——无论是教材中的问题还是老师提出的问题——那是很难引导读者深入理解文意的，也不太可能吸引读者全身心投入学习。

回答字面意义上的问题	复述	将思考与内容结合	获取知识	学以致用
能够回答字面意义上的问题意味着学习者可以通过略读或浏览文本找出最为贴切的答案。	能够复述意味着学习者可以按照逻辑顺序组织观点并用自己的话表达出来,也可以对记叙文中的事件或非虚构文本中的部分信息进行简单归纳。	真正意义上的理解始于深入思考所读内容。在这个阶段,学习者通过运用阅读策略,包括激活并关联背景知识、提问、推断、构建感官图像、筛选重要信息、整合信息等获得基础性的理解。	当学习者开始有意识地思考所读内容时,他们能获取知识。这个过程便是洞察学习、理解和记忆的过程。	在获得了新的见解、有了新的领悟后,学习者可以积极地将所学知识运用到现实生活中,进而增强理解能力。
它仅仅是一种表层理解。	复述不等于理解。	这是理解真正开始的阶段。	加深了理解。	解决问题并计划下一步行动。
教学语言 ……是什么? ……在什么地方? 如何……? 有多少……?	**教学语言** 告诉我发生了什么。 告诉我它的大概内容。 复述一下你读到的内容。 简述一下事情的开始、经过和结果。 什么时候……?	**教学语言** 对此你怎么想? 你学到了什么? 对此你联想到了什么? 你在琢磨哪些内容? 你在构思什么场景? 你的推断是什么? 它的主要内容是什么? 你为什么会这么说/想? 你是怎么想的?	**教学语言** 从那些需要记忆的重点内容中你学到了什么? 它为什么很重要? 你认为作者的核心观点是什么? 你的论点是什么? 有哪些论据可以支持你的观点? 文中有哪些重要思想? 它对你有什么影响? 你有什么不明白的地方吗?	**教学语言** 你会怎么运用所学知识? 你为什么想拟定下一步行动计划? 有什么办法能让你的行动计划发挥作用? 增强理解能力对你有什么帮助? 你怎么让别人信服你的观点? 你的行动计划是什么? 你如何向别人求助?

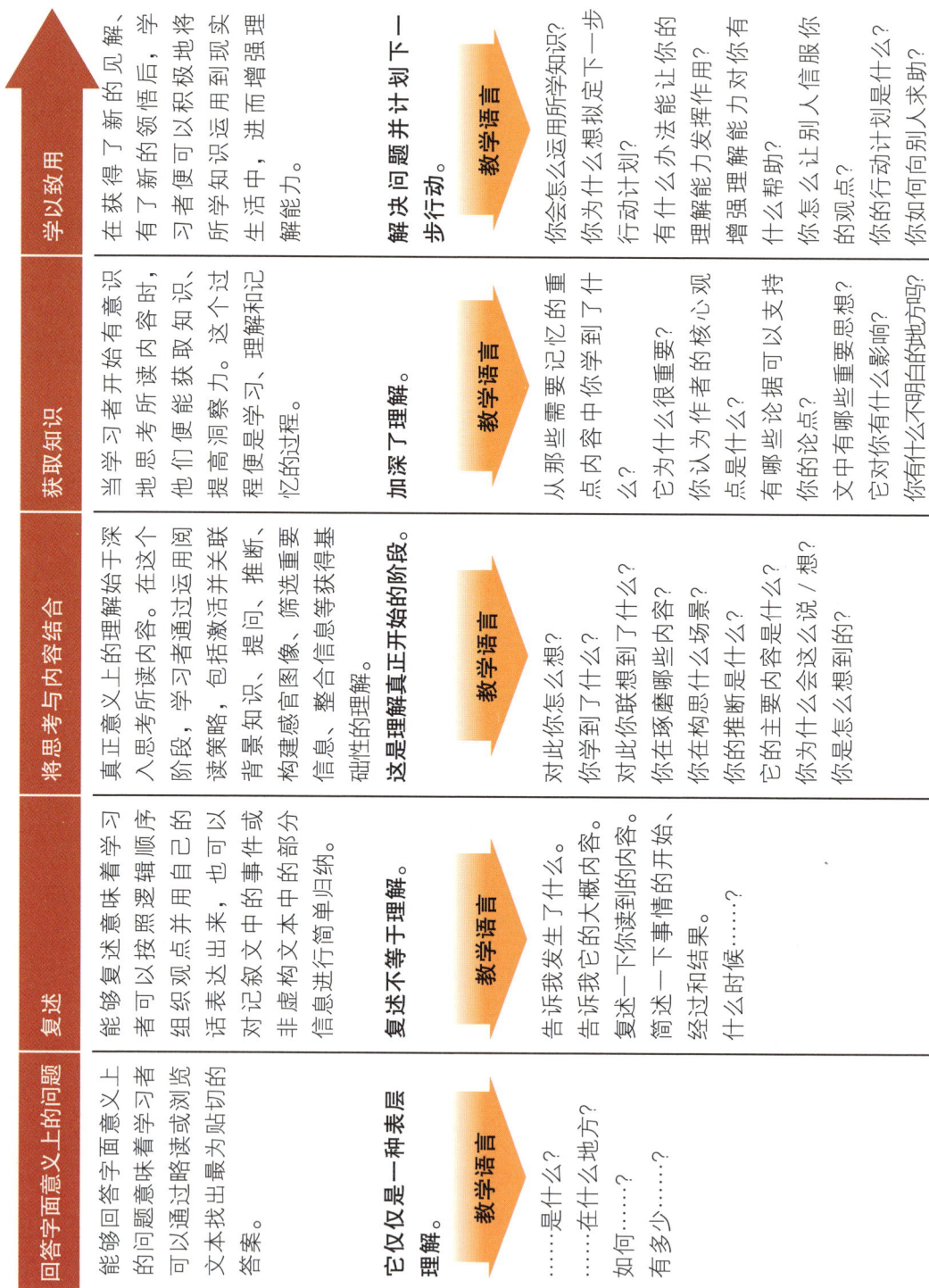

图3.1　渐进的理解阶段

复述

复述包括即时性复述和回忆性复述。复述是学习者应具备的一项基本技能，它比回答字面意义上的问题更为复杂，但能够复述文本也不等于理解了文本。

深入思考所读内容

真正意义上的理解始于深入思考所读内容。在这个阶段，孩子通过运用阅读策略，包括激活并关联背景知识、提问、推断、构建感官图像、筛选重要信息、整合信息等获得基础性的理解。这些策略能够提高孩子的阅读积极性，也可以帮助他们理解文意。

获取知识

当学习者开始有意识地思考所读内容时，他们便能将信息转化为知识了。在教授内容的同时教授阅读策略意味着"策略正在帮助学生领会所学内容，而这些策略在使用中也被赋予了意义和目的"（Wilkinson et al.，2011）。

学以致用

学生掌握阅读策略并养成运用策略的习惯后，便会一改以往被动接受的心态，以一种主动积极的态度来学习。整合所学知识并将其积极运用到日常生活中，在这个过程中，潜移默化的影响终会让学生体会到思考的力量，从而愈加珍视所学内容，并以实事求是的态度继续将所学内容运用到实践中。

知识能够让我们在现实生活中做出更为明智的决策，从而更好地行动，发挥积极影响。你可能会好奇——孩子究竟会如何在生活中运用自己学到的知识呢？从小处讲，积极运用知识意味着孩子积极学习新内容、整合信息并将其运用到日常生活中；从大处讲，它意味着孩子在激励之下形成了改变世界的抱负，并为此制订计划、付诸行动。例如，幼儿园的孩子听了托德·帕尔的《和睦之书》（Parr，2009），可能会联想到自己的生活，积极学习如何与他人相处，并逐渐培养起一种社会责任感；四年级的学生通过反思帕特里夏·波拉科的《丘小姐的艺术》（Polacco，2012），或许会领悟永葆热情的重要性；中学生读完迈克尔·波伦的《杂食者的困境》（Pollan，2009）并从中了解加工食品的文化后，可能会就此改变饮食习惯。

玛丽安娜·沃尔夫在《普鲁斯特与乌贼：阅读如何改变我们的思维》（Wolf，

2007）一书中指出，阅读过程中"我们在文本和生活经历之间的互动是双向的，我们把生活经历融入文本中，文本反过来也改变了我们的生活"。作为老师，我们素来深谙于心的一个道理是：阅读改变了思维，思维也改变了阅读。这可能是我们让学生意识到阅读过程中思考的重要性最具说服力的理由了。

当下的趋势

世界时刻发生着变化。我们在修订本书第2版时，留意到了教育领域的一系列发展趋势，而在2007年第一次修订时，这些趋势尚未萌生。鉴于读写素养日趋重要，我们在第三部分专门用两章内容对此进行了深入探讨。在这两章中，我们详细叙述了如何将阅读理解教学与内容学习和探究性学习结合起来。读写素养不再像以往那样无足轻重，这令我们颇感欣慰。

本书探讨的发展趋势包括：

- 为大学入学、入职及获得未来所需技能做准备；
- 精读、精听和细致观察；
- 文本复杂性；
- 批判性思维。

为大学入学、入职及获得未来所需技能做准备

教育领域盛产理念。20世纪80年代流行的教育理念是"结果导向的教育"，21世纪初变成了"不让一个孩子掉队"，2008年之后的新理念则是"为大学入学、入职及获得未来所需技能做准备"。我们对新理念持赞同态度，因为我们的教育初衷就是让孩子为未来的一切做好准备，而非仓促应对。但是，这就产生了一个问题——我们无法预测未来。未来的一切尚未出现，让孩子为此做好准备，绝非易事。

2014年是万维网诞生25周年的年份。但是，作为老师，在我们职业生涯的早期阶段，尚没有人提出在线研究这一概念，更不用说将它作为一种研究方法了。20世纪90年代初，谷歌尚不存在，但现在它已经成了"搜索"的代名词。那个时候只有固定电话。所以说，未来的职业对如今的人们来说，就像几十年前的

谷歌、脸书和苹果手机对当时的人来说一样神秘莫测。

尽管我们无法预测以后的孩子会从事什么职业，但对他们未来需要具有哪些品质倒能说出一二。例如，他们应该对新鲜事物保持好奇心，应该养成勤于提问、勇于探究的习惯。谷歌前首席执行官埃里克·施密特（Schmidt, 2009）被问及21世纪教育的发展趋势和前景时，言简意赅地回答："未来的教学实质在于教会孩子问正确的问题。以前老师教育我要记忆知识，但为什么要记呢？现在只需要学会如何搜索相关内容就可以了。随手可得的实时信息从根本上改变了我们的生活，但始终不变的是，我们需要对世界保持好奇心。因此，老师真正需要做的是教会孩子永远保持好奇心。"

我们赞同施密特的大部分观点，只有一点例外：我们无法教会人们保持好奇心。因为好奇是人类的天性。可为什么孩子到了五年级，好奇心就渐渐淡化了呢？因为它们被扼杀了。因此，我们要确保不让教育扼杀孩子的好奇心，而应通过校园生活充分激发他们的好奇心。为了达到这一目的，我们的任务是教孩子学会提问、运用策略进行阅读、批判性地思考问题，以及培养他们的创造、沟通和合作能力。我们认为，这些才是为大学入学、入职和获得未来所需技能应做的准备。

精读、精听和细致观察

近年来，"精读"一词无处不在，人们对它的关注度越来越高。经常有一些老师问我们，初级阶段的读者和语言学习者以及有阅读困难的孩子应如何进行精读。事实上，我们的关注点并不局限于精读。现在的孩子接触的信息多为听觉和视觉性内容，所以细致入微的观察和精听也许更能为他们提供有效的信息。而且，当孩子在阅读过程中需要额外的帮助时，这两种方法也是不错的选择。下面我们将详细介绍这些方法。

维基百科（Wikipedia, 2016）对"精读"的定义为："在文学评论中，精读是指对文本中的小段内容长时间细细品读。精读强调将重点放在特定的细节性位置，而非纵览全局。读者精读时关注的是为表达文本的中心思想所使用的特定词语、涉及的语法以及句子的排列方式。"精读的初衷在于了解作者的意图，而非读者自己进行解读。

我们读高中时，阅读是一种严格以文本为中心的活动，读者的任务是解读作者的思想，读者本身几乎不思考、评价或反馈。因此，当精读再次得到重视时，我们有一种似曾相识的感觉，因为精读的要义就在于"阅读要局限在文本之中"。在实践中，精读过于强调对文本字面意思的理解，却忽视了读者的解读，甚至有一些更为极端的观点认为阅读过程中不应该参考背景知识。

这些观点极不合理，在目前关于精读的诸多观点中，这些观点是我们最不赞同的。图式理论研究揭示了读者的经历、知识、情感、解读对阅读和学习的影响机制（Anderson et al., 1978）。P. 大卫·皮尔森（Pearson, 2015）曾做过一个诙谐幽默的比喻："要求读者在阅读时不去关联已知的内容，无异于要求人们在没有氧气的情况下进行呼吸。"这根本不可能！实际上，读者的解读和关联是最能增加学习和理解趣味性的方式。

因此，我们的首要任务是确保孩子养成将新知识与已有知识联系起来的习惯。然而，在过去的几年里，我们偶尔也注意到，有些老师在学生阅读之前铺垫了过多的背景知识。要知道，给孩子一些时间，让他们就已知的话题进行思考和讨论是十分必要的，当然也可以通过展示图像激发他们的思考，所以一定不要在铺垫背景知识上花费太多时间。用5~10分钟为孩子铺垫背景知识，唤起他们的热情，激发他们的阅读兴趣就足够了。这之后，孩子一定会主动花时间阅读，因为阅读和聆听、观察一样，都是构建知识体系的最佳途径。他们"今天内化于心的新知识就成了明天的背景知识"（Pearson, 2014）。

我们的精读观

我们认为，精读属于策略性阅读。我们希望所有的孩子都能细细品读难度较大的文本，这样他们的理解能力才能增强。我们希望孩子广泛涉猎，积极学习趣味性十足的文本，潜心研读伟大的文学作品，围绕所学内容各抒己见。文本越复杂，遣词造句难度越高，越需要孩子投入更多的思考，更好地运用策略。但是，当所读文本难度超出孩子的阅读水平，孩子为陌生的概念和词语所困时，往往会停滞不前。为领会晦涩难懂的文本，孩子需要在一些策略的帮助下理解生词、概念、问题和观点。此时若能合理运用阅读策略，他们就能打破背景知识的局限，更好地理解文意。精读过程中遇到障碍时，推断往往是扫除障碍最有效的策略，因为通过推断，孩子能够在信息不明朗的情况下理解文意。晦涩难懂的文本尤其需要精雕细琢。

在精读过程中孩子需要做的事

- 放慢阅读速度，反复品读，以领会文意；
- 联系已有的知识加深理解，主动纠正错误观念；
- 将新学到的知识和不懂的地方标记出来；
- 对文本提出疑问；
- 通过推断策略，解读陌生内容；
- 通过分析筛选重要信息；
- 通过整合信息解析文本主旨；
- 领会文意后继续品读，加深理解。

我们会告诉孩子精读的最佳时机和精读的原因。当孩子认识到文本极其晦涩难懂但其中的信息极为重要时，或许最佳的时机就出现了。我们会告诉孩子，灵活运用阅读策略可以帮助他们理解复杂的文本。在讨论复杂问题、解决复杂问题、商讨复杂方案以期达成一致时，上述方法同样适用。孩子需要在我们的指导下放慢步调，细细分析问题，努力解读意义，最终解决问题。同时，孩子需要认识到，阅读文本时，根据文本的需要适当地运用策略进行精读，是颇为有效的方法。

但不幸的是，很多老师常常把精读作为一种常用技巧，对那些完全无须精读的文本，也要求孩子频繁使用这一技巧。事实上，大多数文本无须读得太过细致，无须进行深入分析。因此，我们并不要求孩子每周都精读大量文本，也不会出版复杂的精读指导手册。如果给孩子安排的精读练习过于频繁，我们可能会犯下凯利·加拉格尔理论中的"阅读谋杀罪"——这个名词意为"一步一步地扼杀孩子的阅读兴趣"。凯利·加拉格尔（Gallagher，2009）指出："学校中那些无聊乏味、令人麻木的阅读练习往往会造成这种恶果。"为了避免这种悲剧发生，我们在教室里放满了趣味十足、可以自由选择阅读形式的书。这样，孩子就能每天都用他们喜欢的方式读到他们喜欢的内容了。

精听

我们不但强调精读的重要性，也会教孩子主动运用精听技巧。众所周知，绝大多数孩子在听故事和信息时，都能全神贯注，积极思考。因此，我们每天都会大声地把文本读给孩子听，并引导他们展开讨论。我们向孩子展示我们是如何细细琢磨文本中的图片、文字和文本表达的思想并对其做出反馈的。通过引导孩子做精听练习，教会他们提出问题、关联并推测文本主旨，他们定能更高效地思考，更深刻地领悟文本中蕴含的思想。

精听时可以激发讨论热情的问题

- 你对这些话有什么想法？
- 你在琢磨哪些内容？
- 对此你联想到了什么？
- 你听到的哪些内容让你产生了这个想法？
- 你还需要再听听哪些内容？
- 你听到的哪些内容可以支持这一想法？
- 对此你是否赞同？为什么？

细致观察

21世纪，视觉素养已成为日趋重要的能力。著名纪录片导演肯·伯恩斯（Burns，2017）对视觉素养曾有这样的表述："我认为图片是一类非常复杂的作品，我们可以从中解读出扣人心弦的情节。精心的构图、现场摄影的即时性……这些元素的组合使得图片成为重要的信息传播方式。"我们希望孩子能够花些时间细致地观察绘本、非虚构图书以及网站上的图片，品味图片的美，体会图片的风格，提出富有针对性的问题并做出推断。因此，我们在跟孩子分享照片、插图、信息图、曲线图等的同时，也会给他们示范如何解读这些图片。通过分享和示范，孩子能更细致地观察图片，并从中获取知识。

如今，孩子可以运用软件方便快捷地制作微电影、音乐视频等——仔细研究这些资源，孩子就能从中获益——将"观察—思考—提问"这一理解过程付诸实践。深入探究图像、视频等，有助于孩子从视觉角度提取更多有价值的信息（Harvard Project Zero，2017）。老师可以问孩子这些问题："你看到了什么？""你对此有何想法？""什么东西让你感到好奇？"这些问题可以引导孩子仔细观察和探究文本内容，进而对文本做出深层解读。

《纽约时报》每周都会为大众提供一道名为"这幅图讲了什么？"（*New York Times*，2016）的视觉测验题。题目是一张删除了标题的图片，图片旁有3个提示性问题：这幅图讲了什么？你是怎么看出来的？除此之外你还能看出什么？每周四，《纽约时报》会为图片加上标题和相应的背景解释刊登出来，让读者检验自己的观察能力。我们经常组织学生对报纸上的图片进行讨论和推测，他们总是期待周四的到来！细致入微的观察能够为理解打开一扇窗，而走马观花式的匆匆一瞥，永远无法给人们带来清晰的视角。

细致观察时可以激发讨论热情的问题

- 你留意到了哪些内容？
- 你看到了什么？
- 可以描述一下它的特征吗？
- 对这张图片你产生了什么联想？
- 你在琢磨哪些内容？
- 你在想什么？
- 对这些图表你有什么感想？
- 什么样的视觉特征让你有了这样的想法？
- 你对图片中的人物做出了什么推断？
- 对于这个想法，你的证据是什么？
- 图片中是否有激励你继续探究的因素？
- 你还想了解哪些内容？

最后，请不要误解，我们对文字素养的重视程度无人能及，但若忽视了视觉素养的培养，遭殃的是孩子。我们会教导孩子，对文本的理解不要局限在文字上，而应调动所有的资源，这样才能更有效地理解文意、获取知识。

文本复杂性

对精读的重新重视催生了"文本复杂性"这一概念，有些人因此主张让孩子花更多的时间读一些晦涩难懂、远远超出他们理解水平的文本。我们当然希望孩子具备解读复杂文本的能力，但我们也深知，要想成为合格的读者，他们首先需要花时间阅读有能力解读也感兴趣的文本（Allington et al.，2012）。

希伯特和马丁（Hiebert et al.，2015）指出，"新标准……要求现在五年级学生的阅读能力达到以往八年级的水平"。他们将其称为"一个意义重大的转变"。在学校教书时，我们的确发现了这个转变。不仅我们，在过去的5年中，任何有教书经历的有心人都发现了这一转变。因此，我们最担心的是孩子被难度过大的文本所困，这太不合理了。让五年级的孩子攻克为八年级孩子准备的文本，这样的做法与斯蒂芬·克拉申（Krashen，2001）多年来的研究结果截然相反，对此他的观点是："如果文本佶屈聱牙或者枯燥无味，读者就会将其弃置一旁。"目前，没有证据表明，阅读难度较高的文本能提高孩子的阅读能力。

在此，有必要先说明一下文本难度的分级机制。无论是发展性阅读评估（DRA）分级体系、蓝思（Lexile）阅读分级体系还是其他什么阅读分级体系，分级软件通常会按照以下两个标准为文本划分等级：一句话中的单词数量和单词中的音节数量。因此，这些分级软件存在天然的缺陷，即只要程序无法识别的单词达到一定数量，就会自动将文本升级到更高的难度级别。正是这一缺陷，使得J.K.罗琳的《哈利·波特与密室》（Rowling，2000）等作品，难度等级与海明威的《老人与海》（Hemingway，1952）持平。哪本书的思想更为深刻？这是一目了然的——"哈利·波特"系列是小学四五年级学生的读物，《老人与海》则是高中生的读物，很多学者将海明威的作品作为研究课题。这种不合理分级的出现，只是因为罗琳的小说中有大量长句和多音节生词。同样，按照蓝思分级，《亨利和大狗玛吉》（Rylant，1996）的蓝思值为460，而《又丑又高的莎拉》（MacLachlan，1985）只有430。你肯定禁不住会问为什么，答案是：因为在《亨利和大狗玛吉》中，"玛吉"一词重复出现，结果才使得这本适合儿童阅读的书难度系数达到了很高的水平（Hiebert，2012）。按照蓝思分级，最难的书是《一个很长很长的名字》（Mosel，2007），其蓝思值达到了惊人的1090！但它真的有那么难吗？未必。因此，分级软件只能对文本的难度进行大概的分级，仅此而已。

有些方面电脑做得比人类好，有些方面则不然。例如，只有勤于思考的老师才更善于激发孩子的阅读兴趣，分级软件根本不知道孩子的兴趣所在，也不理解孩子的所思所想。兴趣是孩子爱上阅读的前提。能否进行有效阅读，兴趣起着举足轻重的作用。通过激发孩子的阅读兴趣，老师能够提高孩子的学习热情，在阅读指导中取得显著成效。你可以将阅读分级体系作为参考标准，但在为孩子选择合适的文本时，更多的还是应该运用常识和理性判断。

文本复杂性的评判标准不应止于单词的数量和难易程度以及句型复杂与否等，更应考虑文本表达的思想是否深刻，是否可以从不同的角度以不同的方式进行深度解读。由于每个问题都有多面性，阅读晦涩的文本时，读者需要从多个角度进行深思熟虑。该问题的多面性及相关影响，包括经济影响、文化影响、政治影响等，都是需要读者认真考虑的。仔细想想，所有的文学作品中，内涵最深刻但蓝思分级难度系数最低的句子，要数莎士比亚的"生存还是毁灭，这是个问题"了。由此可见，复杂性关乎的不仅仅是语言，还有思想。

老师可以通过提问鼓励孩子理解文意，借此帮助孩子对所读内容获得更为全面的认识。以下是彼得·约翰斯顿在《咬文嚼字》和《打开思维》中罗列的问题。请记住，这些问题没有标准答案，它们均是为了鼓励讨论和交谈而被设计出来的开放式问题。

解读复杂文本时激发讨论热情的问题

- 你的这个说法源自文本中的哪个地方？
- 你怎么知道的？
- 你为什么会这么想？
- 你是怎么想到的？证据是什么？
- 你的这个想法源自文本中的哪个地方？
- 谁还有别的想法吗？证据是什么？
- 对于不同的解读，你怎么解释？
- 你如何说服别人改变观点？
- 作者想要证明什么？
- 作者列举了什么证据？
- 作者认为读者会赞同哪些观点？
- 作者是否遗漏了一些可以巩固自己观点的内容？
- 作者是否加入了一些可能会动摇自己观点的内容？
- 作者是否为自己的观点进行了充分辩护？

批判性思维

自本书第2版问世以来，批判性思维教学已经成为阅读实践和阅读理论领域最为重要的趋势。批判性思维专家 G. 兰迪·卡斯滕（Kasten，2015）认为："是否具备批判性思维是判断一个人是勇于创新还是随波逐流的标准之一。正是因为有了批判性思维，那些夸大其词的广告商、毫无道德原则的人和自命不凡的人才不会那么嚣张。此外，那些无根无据的观点在批判性思维的视角下也会变得苍白无力。"在这个"另类事实"和"假新闻"横行的时代，批判性思维是我们赖以生存的终极技能。卡斯滕指出，绝大多数学生都喜欢批判性地思考问题，"因为他们能看到立竿见影的效果；换言之，通过批判性思维，他们获得了更大的控制权"。卡斯滕还指出，"每一位教育工作者都有能力教会学生收集信息、评估信息、排除干扰、独立思考……当学生掌握了这些技能，能够批判性地思考问题时，他们便获得了找出问题中漏洞的不可或缺的利器，从而能够做出正确的决定，而不会轻信虚假的宣传"。

上述观点无懈可击。对于批判性阅读和思考，我们的立场非常鲜明——无论是阅读、听播客还是玩平板电脑，孩子均应学会积极主动地运用策略，以批判的眼光和怀疑的态度接收信息、思考信息。那么，在信息铺天盖地、技术日新月异的时代，如何培养孩子的批判性思维呢？我们认为，在思想上时刻保持警醒应该是一种行之有效的做法。

培养孩子批判性思维的主导角色自然非老师莫属。要想把孩子培养成勤于思考、技巧娴熟、能够独立解析文本内涵的读者和思考者，老师需要倾心打造有利于孩子发展批判性思维的课堂氛围，重视孩子之间的互动，鼓励孩子思考和质疑，日复一日，一刻也不能懈怠。

- **培养孩子的策略意识。**蒂什曼、珀金斯和杰伊（Tishman et al.，1994）认为："真正杰出的思考者是那些能够发明、运用或适时修改策略以满足特定情况的人。"这种内在的、灵活的思维方式可以充分激发孩子的学习热情，促使他们通过创造性思维解决困难、处理问题、付诸实践。
- **增强孩子的创新自信。**针对如何为孩子营造一种能激励他们思考的氛围，戴维·凯利和汤姆·凯利（Kelley et al.，2013）提出了一种全新的视角。他们主张发挥创新自信的优点，指出"创新自信是人们突破常规、革新思维的内在动力，是付诸行动的勇气……具备了创新自信，就可以带来积极改变，达成最初的目的。"卡斯滕（Kasten，2015）说过，人们往往"忽视了自身见解的重要性"。在课堂教学中，老师应该努力改变这一现状，让孩子有足够的信心去撼天动地。

- **调动孩子的主观能动性。**主观能动性这一概念折射出这样一种理念——"行动可以影响环境"（Johnston，2004）。主观能动性强的孩子深信自己能够看透表象、发现问题、解决问题、创造奇迹。但是，没有相应的策略支持，孩子不太可能发挥主观能动性——正如孩子在独立阅读过程中遇到无法理解的概念、词语或问题时，只有运用有效的策略才能排除障碍继续阅读一样。戴森（Dyson，1999）说："孩子必须有说出'是的，我想我能做到'的底气，而老师也必须相信孩子有这个能力，并在此基础上激发孩子新的潜能。"

老师可以通过以下措施营造学习氛围，借此培养孩子的策略意识、增强孩子的创新自信并调动孩子的主观能动性：

- 让孩子认识到积极思考的重要性，鼓励他们畅所欲言，不用担心受到批评；
- 确保孩子能够无所顾忌地表达观点，敢于表明立场；
- 给孩子留出时间，鼓励他们全身心投入、独立探索文本意义；
- 多给孩子提供机会，鼓励他们广泛阅读，借此提升听、说、读写能力和观察能力；
- 鼓励孩子保持好奇心和求知欲；
- 高度重视孩子的想法，对开放的思想予以褒奖；
- 不要将犯错视为一件丢人的事，而应鼓励孩子多尝试；
- 多给孩子提供冒险和实践新思路的机会；
- 鼓励孩子本着理性和尊重的原则，互相质疑；
- 最后，也是最为重要的一点——将上述措施落实到课堂中，让孩子切身体会并融入这种学习氛围。

带着批判性思维阅读意味着要读懂字里行间隐含的意思，洞察文本中未明示的深层含义并探明作者的真实意图。很多政治家、商人、博客作者等，总喜欢随手找来一些内容，不去考证真伪便发表出来，误导性极大。如果读者不假思索全盘接受，那问题就严重了。因此，在信息大爆炸的21世纪，批判性思维的重要性愈加凸显。

我们会教孩子从浮夸的内容中甄别正确信息，从虚构的事物中辨别事实，鉴别不切实际的想法和有根有据的观点；同时也会培养他们独立思考的习惯，让他们对自己的见解和判断有足够的自信。在本书的第二部分和第三部分，我们介绍了一些旨在激发与训练孩子发展批判性思维的课程和读写实践。

我们鼓励想要拥有批判性思维的人做到以下几点：

- 反复阅读，反复思考，及时反思；
- 持怀疑立场；
- 透过表层信息解析内涵；
- 从内容、思想、证据、专业知识等角度提出实质性问题；
- 培养同理心，从多个角度看待世界；
- 接纳不同的观点、见解和思想；
- 对于持有相反论据的不同观点、见解和思想提出质疑；
- 通过分析和整合信息，在不同的学科间建立联系；
- 针对信息和问题形成自己的立场；
- 通过设想各种可能性形成初步见解，推测事态的发展；
- 综合考虑问题，做到面面俱到；
- 在解决问题方面要有远见，在潜在的问题出现前能够及时察觉；
- 树立全球意识：做一名世界公民，清楚地认识到自身对国内外环境和社会的影响。

上述要求看起来十分离谱，却是我们的必由之路。埃莉诺·罗斯福曾强调过一个观点，"我们必须尽一切努力在孩子的童年时代教他们学会独立思考，因为有一件事是肯定的：如果他们不能独立思考，别人就会控制他们的思想"（Beane，2005）。

第四章

21世纪的阅读：书里书外

温斯顿·丘吉尔曾经说过，"如果你无法对一本书爱不释手，无法读进去，甚至根本不想拿起来，那么建议你随机翻开其中一页，读一读最吸引你眼球的句子，然后再把它放回书架。这样，至少你能记住它的位置，在以后需要它时，还能找到它。与书为友吧，让书融入你的生活吧"（Gilbar，1990）。

我们非常理解丘吉尔先生上述建议的初衷。我们的床头柜上有20多本书，而且数量还在增加。我们只是时不时拿起它们，随便翻几页，熟悉一下，没有哪一本从头到尾看完过。但我们一直牢记丘吉尔的话，梦想着有一天能够读完手上所有的书。我们相信，很多孩子的阅读现状也和我们类似。

出版社每年都会推出大量童书，没人会全部读完，也不可能全部读完。那么，通过什么途径才能了解更多的书并把它们介绍给孩子呢？一个好办法就是每周花点儿时间和同事、朋友聊聊彼此喜欢的童书。这样的交流能够增加你对童书的了解，让你有机会接触更多的作品。另外，要经常光顾图书馆。因为在所有人中，最熟悉童书的就是儿童图书管理员了。他们会定期阅读《号角》（*Horn Book Magazine*）和《图书链接》（*Book Links*）等杂志，这些杂志对儿童读物和所有相关主题均有大量评论。当然，你也可以直接参考多纳林·米勒和泰瑞·莱斯尼等书迷写的博客文章，也会有不小的收获。

读写教育家雪莱·哈维恩（Harwayne，1992）提倡"广泛涉猎、大量阅读"，我们颇为赞同。因此，本书的阅读策略课囊括了各种体裁的文本，如现实主义小说、历史小说、非虚构作品和诗歌等，完全可以满足孩子的需求。伊丽莎白·鲁施的《尼古拉·特斯拉：点亮世界的天才》（Rusch，2015）中有很多引人入胜的文字和插图，杰奎琳·伍德森的小说《每一个善举》（Woodson，2012）中关于同龄人关系的描绘十分到位，霍伊塞·锡德曼的《一个又一个旋儿》（Sidman，2011）中有很多描写自然的优美词句……只有高质量的内容才能让孩子如痴如醉，让他们沉浸在各种各样的书中不能自拔。

我们出版本书的目的之一就是，要在一定程度上减轻老师筛选文本的负担。在斯坦豪斯出版社的网站上，我们提供了种类繁多的书目，这些书目无论是在内容还是形式上，都在上一版的基础上做了更新。除此之外，还有一份更新后的在线阅读书目，希望对大家有帮助。当然，因为种种局限性，我们的书目中可能并没有你最喜欢的绘本或其他作品，你不必因此删除自己已有书目中的优秀作品，只需利用我们的书目使你的书目不断完善即可。

虽然我们做了很多努力，但如果孩子没有足够的时间去广泛阅读，这一切就毫无意义。增加阅读量的前提是有书可选、有时间去读。这些条件是促使孩子进行高效阅读不可或缺的因素。凯利·加拉格尔在《阅读谋杀罪：扼杀阅读兴趣的学校及拯救之策》（Gallagher，2009）中，列举了扼杀孩子阅读兴趣的几个原因，如老师提供的阅读材料无聊乏味、学生没有足够的选择文本的自由、学校日程中没有安排足够的时间开展真正意义上的阅读和听力活动等。与之类似的是，格思里和休默尼克（Guthrie et al.，2004）也发现，允许孩子自行选择并阅读其感兴趣且有能力阅读的文本，可以大大激发他们的阅读热情。因此，若孩子在校外有足够多的阅读机会当然更好，如果没有，那么在学校里，老师就需要给他们提供大量的阅读机会。在本书中，我们强调了广泛阅读和自主阅读的必要性，这是一个日积月累的过程——只有这样，孩子的学习经历才能更加充实和高效。

文本和载体至关重要

舍弃那些内容无益的文本吧，不管是纸质文本还是电子文本。《教黑人青少年阅读》（Tatum，2005）一书的作者阿尔弗雷德·塔图姆认为，在下列几种情形中，黑人男孩会对读写教学更感兴趣：教学内容与他们的日常生活和他们关心的事情息息相关、具有现实意义、探讨的问题对他们极为重要。我们相信，上述观点对所有人都适用。所有形式的文本都有其重要性，但如果给孩子阅读的文本毫无吸引力、无法激发他们去思考，那么意义何在呢？为孩子提供的文本应当包含形形色色的视角、观点、思想、问题和内涵，孩子不仅可以阅读这些文本，还可以围绕它们进行讨论和写作。如果孩子有机会阅读这些发人深省的文本并对文本做出回应，他们便更有可能成为活跃、投入的读者。我们在教室里为孩子提供了大量不同体裁的文本和形形色色的图片、视频、广播节目等，方便孩子接触各种各样的话题。正因为我们对文本的合理选择和孩子的择优而读，他们的学习质量才得到了显著提升。

本书第二部分的许多阅读策略课都以我们推荐的文本为基础，因为这些文本有助于达成课程目标。当然，你也可以借助其他文本来完成课堂教学，文本长度不限、体裁不限，在线或纸质均可。本书的最终目标在于教会读者通用的方法，而不是教授特定文本的阅读技巧。因此，你尽可以选择那些符合你的教学目标或你感兴趣的文本用于课堂教学。

本章阐述了在教学中使用各类传播媒介上的短文本的必要性，以及如何帮助老师选择最佳教学文本。最后，也是非常重要的一点，本章阐明了老师应如何指导学生选择有能力阅读并感兴趣的文本。只有让孩子阅读符合其能力水平、可以激发其兴趣的文本，他们才有可能加深理解，提高阅读质量。总之，选对文本对老师和孩子都至关重要。

短文本的无限可能

我们经常问老师们在过去几周内读过哪些不同类型的文本，他们的答案往往包括各种社交媒体（如博客）上的文章、报刊上的新闻和评论文章、电子邮件、菜谱、各种手册以及短篇小说和传记等。他们列举的文本中，约80%是非虚构短文本，也就是社交媒体上的帖子和公众号文章中经常提到的"短篇阅读"。自从美国共同核心州立课程标准（Common Core State Standards，简称CCSS）和其他新的州立标准出台以来，短篇非虚构作品大量涌入学校。目前，很多孩子都能快速读完短文本，深入主题并及时给出反馈。

报纸、杂志和网站上有种类繁多的短文本，包括随笔、社论、专题文章、体育故事等，为孩子提供了多样化的选择，可以帮助他们发掘、阅读有趣的文本。老师只用一小段文本做演示，孩子就很容易抓住要点。短文本也有利于老师紧扣要点，这样师生便能各司其职，不偏离重点任务——孩子进行自主阅读和练习。

选择短文本作为教学材料

平板电脑尚未普及的时候，斯蒂芬妮每次乘飞机都会随身带一个大行李箱，里面塞满了书和各种阅读材料。记得有一次，她偶然间检查了行李箱，结果发现没带书。没办法，在接下来4小时的航程中，她将不得不面对无书可读的困境。就在这时，她注意到眼前座位的口袋中有一本美国联合航空公司的飞行杂志——《半球》。虽然经常坐飞机，但她从未翻过这本杂志，所以对它没有过高的期待。翻开杂志，她读了一篇名为《这就是航海生活》（Keating，1998）的文章，文章开头是这样写的：

> 朝气蓬勃的岁月里，我成了船上的一名铜匠。阳光充足的整个夏天，我都在打磨黄铜，为水上贸易的繁荣贡献了自己的一份力量。海上的日子漫长而愉快。清晨，我们以最低船速缓缓驶进热带港口。海面平静得像一面镜子，我们的船甚至没有激起一丝涟漪，但我们能感觉到发动机低沉的隆隆声，听到浪花轻拍船体的响声。锚链渐渐垂下，桥楼似乎在提示我们："发动机熄火了。"于是，我们踏上了异国的土地，饱览了异域的绝美风光。这艘老旧的货船就这样在一个个遍地灰尘的小港口停泊。

在我的眼中，这些小港口的风景胜过巴黎、伦敦和罗马。那个时候，我
认为坐船是游遍世界的最佳方式。如今，我仍这么认为。

常言道：需求是创新之母。如果斯蒂芬妮没有因为无书可读翻开那本杂志，就会错过出自飞行杂志的这篇精彩的文章。其实，引人入胜的短文本无处不在，你需要做的是养成勤于发掘的习惯，多多留意报纸、杂志、旅游手册、图册、博客文章等。下次，当你读到感兴趣的文章时，不要随手扔掉，不要随意删除。即使暂时不知道它的用途，也可以先保存起来，因为它很有可能在未来的教学中发挥作用。收集和保存短文本时，我们会考虑以下几个方面：

教学目标

用短文本开展教学时，我们首先要明白，我们的目的是示范某种策略还是为某个特定的话题铺垫背景知识。我们要让孩子明白，他们通过这种特定的学习体验能学到哪些内容。有时候，激发孩子就种族主义等重大问题或大萧条等不熟悉话题展开讨论最有效的方式，莫过于一本能够引发思考的图册；而有时候，视频或播客节目能够瞬间吸引孩子的注意力，让他们迅速进入主题。总之，我们的教学重点越明确，就越能明白什么文本可以与教学目标相匹配。

授课对象

我们在选择用于教学的文本时，会着重考虑学生的年龄、兴趣和学习需求。图书馆员弗兰·詹纳说，谙熟学生的背景和个人经历，是为他们选出可以"触动灵魂"的文本的关键因素。

体裁

我们会选择各式各样的短文本，比如诗歌、故事、散文、信件、博客文章、专题文章和专栏文章等，让学生了解各种文本的不同特点。借助体裁众多的非虚构文本，老师可以引出任何话题。

主题

要依据特定的课程主题收集资料。研究表明，让孩子阅读千篇一律的教材既没有必要，也不应该。我们会收集与主题相关、难度等级不同的资料，包括图书、报纸、杂志、图片和视频等。这些资料能够夯实孩子的背景知识，促使他们带着满腔热情探索主题、分享所学。多花些时间收集资料是很有意义的，因为这样我们就能根据孩子的需求和兴趣因材施教。孩子对于收集资料也有极大的热情，他们把从家里、网上或图书馆中收集的资料带到教室与大家分享，这些资料让我们赞不绝口。

写作质量

我们期待读到更多与《半球》杂志上那篇航海文章类似的生动内容。《丹佛邮报》曾经刊登过一篇名为《科罗拉多州的寒冷天气》（Esquibel，1999）的文章，描述了一场幽灵般的暴风雪，至今让我们回味无穷："根据天气预报，周五会有一场大暴雪侵袭科罗拉多州。然而最终，暴风雪只是蜻蜓点水般轻轻掠过城市。原来，这场来势汹汹的暴风雪虽然在城市里几乎没做停留，但在科罗拉多州东南部的部分地区留下了厚达10英寸①的积雪。"这里用到的修辞手法多么巧妙啊！

文本的视觉特征

我们会基于特定的文本结构搜集大量不同类型的短文本，然后仔细研读，以便下次我们遇到相同结构的文本时能够更好地识别和判断。我们搜集的一般是特色鲜明、视觉效果突出的文本，比如带有特别设计的标题、粗体字、照片、地图、统计图、示意图等的文本。这样，我们就能更直接、准确地把握文本主旨。本书第2版问世时，"信息图"这一概念尚未普及；如今，它随处可见。我们分享含有信息图的文本，初衷就是给孩子教授阅读方法。掌握了这种方法的孩子甚至可以在写作时创造出属于自己的信息图。

为了选择合适的短文本，在读小说或非虚构文本时，我们会慎重考虑以下问题：

- 信息是否准确？有没有过时？
- 写作结构是否合理？
- 文本内容是否合理？能否激发我们的想象力？能否引发思考？
- 非虚构文本是否逻辑清晰、通俗易懂？
- 能否进一步扩大知识面？

① 1英寸≈2.54厘米。——编者注

- 信息图是否清晰明了？结构是否合理？
- 语言是否清晰、生动？
- 作者提供的信息和作者的表达方式能否激发读者对某个主题的兴趣？

基于以下原因，我们选择用短文本来达成阅读理解教学目标：

- 短文本适合高声朗读，琅琅书声能使所有学生沉浸在共同的教学氛围中，有利于增加课堂凝聚力。
- 互联网上有很多短文本资源，方便在交互式电子白板和投影仪上展示，有利于阅读理解教学的有效开展。
- 孩子可以在各种电子设备上阅读短文本，同时利用便利贴和批注工具高效解读文本。
- 短文本通常制作精良，语言生动，文中的插图或照片引人注目。
- 短文本的内容常常涉及意义重大的问题，且适合不同年龄段的孩子阅读。
- 在极短的篇幅中，短文本有完整的开头、过渡和结尾。麻雀虽小，五脏俱全，短文本中蕴含的信息丰富、完整，适合学生细细品读。
- 短文本具有实际意义，可以为孩子的校外阅读打牢基础。
- 短文本便于学生通过反复阅读解除疑惑，更好地理解文意。
- 短文本适合不同学习习惯的读者。
- 短文本可以激发孩子积极分享和讨论阅读过程中所思所想的热情，即使是年幼的孩子，也可以对超出自身阅读水平的短文本进行批判性思考和解读。
- 短文本为老师开展有声思维教学提供了足够多的机会。
- 短文本能够为孩子夯实阅读基础，这样当孩子遇到难度较大的长文本时，他们便能激活相关阅读技能。

选择短文本开展阅读理解教学

我们认识到，所有的文本，不论其体裁和形式如何，均能激发思考。但同时我们也发现，有些特定的文本需要按照教学目标，运用特定的阅读策略进行解析。我们开展阅读理解教学时，往往倾向于选择短文本教授阅读策略，并引导孩子有效运用策略。

根据教授的策略选择适当的文本

激活并关联背景知识。孩子阅读主题相似的文本时，更有可能把新信息与已有知识结合起来理解文意。我们选择的文本往往包含诸如家庭、学校、宠物、共同的童年经历等主题，因为相似的主题有助于孩子激活并关联背景知识。孩子在阅读现实主义小说和回忆录时，更容易激活并关联个人经历。

提问。不了解与文本主题相关的背景知识时，孩子通常更容易提出富有针对性的问题，因此我们倾向于选择这种能激发孩子想象力和好奇心的文本。

推断。我们会选择隐藏线索的文本，这样的文本能够引导孩子利用已有知识进行深度思考。通过仔细寻找文本中的线索，孩子可以做出推断，进而得出正确结论。文本中的谜团更能激发孩子的阅读兴趣。

构建感官图像。文本中如果含有生动形象的词句和图片，就可以在某种程度上摆脱枯燥的文字说教。主动性动词、专有名词和描述性形容词更容易激发孩子的联想。这类文本中，诗歌效果最佳。

筛选重要信息。那些主题深刻的文本，是帮助孩子掌握筛选重要信息这一策略的最佳载体，因为孩子只有学会从细节之中筛选重要信息，才能把握文本的主旨。

阅读一本书时，读者自始至终都在运用监控理解进程、总结和整合信息等策略。因此，每读完一本书，就意味着我们又一次运用了一整套策略。虽说不同的书需要读者运用不同的策略去解读，但最佳的阅读效果还是植根于对多种策略的同步、灵活运用。

运用现代信息技术提升阅读理解教学的质量

在本书中，现代信息技术是强化读写和策略教学的基础性辅助工具。在阅读理解教学中引入有价值的信息技术，对促进纸质阅读和数字阅读均有效。运用现代信息技术阅读时，孩子能够认清在阅读纸质文本和数字文本时所用策略的内在联系与不同。

数字阅读

在数字化背景下，运用阅读策略显得尤为重要。圣何塞州立大学的刘子明教授将纸质阅读和数字阅读的异同作为研究课题，结果发现，"略读已成为新的阅读方式——随着数字阅读量日益增大，读者越来越倾向于走马观花式的快速阅读，越来越不愿深入思考"（Konnikova，2014）。这一结论证实了我们的观察——读者略读或快速浏览的内容越多，对文本的理解就越差。因此，引导线上读者放慢阅读节奏、积极思考、及时反馈，对提高其记忆力和理解力都非常重要。

对数字阅读素养的最新研究表明，阅读策略是促进在线浏览、学习和理解的关键要素。朱莉·凯罗（Coiro，2011）长期以来一直强调阅读策略的重要性，但她认为阅读纸质文本和阅读数字文本所用策略是有区别的。她指出，"纸质文本以我们熟知的有限空间为载体，不因时间而变化；数字文本植根于无限的动态信息系统，其结构、形式和内容每时每刻都在发生变化"（Coiro et al.，2012）。

对习惯了阅读纸质文本的人来说，数字阅读无疑是一片全新的天地。但如今的孩子不同，他们是在这个变幻无穷、充满活力的"无限"空间中成长起来的，更习惯于这种线上学习方式。因此，老师需要与时俱进，用各种方法给孩子教授读写技能并融入相关练习，借此帮助他们适应这个不断变化的世界。凯罗（Coiro，2011）认为，阅读数字文本时，以下4点对促进理解至关重要：

带着目标阅读

主动型读者会带着目标阅读数字文本：有时在线搜索答案；有时为验证某个突然冒出来的想法而浏览网页；有时查找相关信息，借此做出某个决定……总之，主动型读者会根据不同的阅读目的运用不同的策略来理解文本。

浏览文本，去伪存真

我们会给孩子示范如何浏览数字文本，比如如何打开页面、如何使用搜索功能，如何查看图片等。数字文本的读者必须能够甄别哪些是重要的思想和信息，能够辨别信息的真伪，能够就信息提出富有针对性的问题，能够将信息与阅读目的结合起来。因此，我们会清晰明了地教给孩子面对网络信息时去伪存真的方法，即根据细节辨别不可靠的来源、寻找线索辨别不准确的信息以及做出对比和分析。

监控阅读进程，探索高效阅读方式

读者在解读纸质文本的信息和思想时，需时刻监控理解进程，留意最高效的阅读方式并善加利用，这些原则同样适用于数字阅读。斯蒂芬妮浏览网页时，曾无数次看到诱导她购买自己创作的《非虚构文本的重要性》（Harvey，1998）一书的广告。她一度以为所有人都会收到同样的广告，直到她了解了个性化营销策略才明白这一切！我们在阅读纸质文本时，也会时不时因受到干扰而分神，而网页中无休止的干扰因素（如频繁弹出的个性化广告等）导致的分神现象更加严重。因此，我们会教孩子有针对性地进行搜索，免受无关信息的干扰。

对数字文本做出反馈

数字文本的读者也需要运用整套阅读策略解读信息、交流思想。以前的孩子只在阅读分享会上交流学习内容，现在的孩子可以全天候与世界各地的读者分享交流。孩子可以通过一系列信息技术工具与全球范围内的读者组成线上阅读小组，交流阅读心得，常见的工具有 Padlet、Edmodo、谷歌文档（Google docs）等。当孩子运用上述工具时，老师和家长需要教育他们遵守规则，做一个合格的网民。

沃尔夫和柯尼科娃（Konnikova，2014）的作品中总结的最新研究结果探讨了纸质阅读和数字阅读的异同。柯尼科娃的研究表明，从纸质阅读到数字阅读的转变"可能不利于对文本的理解、分析和评估"。许多老师通过观察孩子浏览网页时的习惯注意到了这一点：孩子不假思索地从一个网站匆匆跳到另一个网站，津津有味地读着有趣但正确性堪忧的信息。我们修订本书第2版时，许多相关研究仍在同步进行。在其中一项研究中，研究人员要求五年级学生对所读数字文本做批注（Chen et al.，2014）。结果发现，明确要求孩子利用电子批注工具留下思考印记的做法，"提高了他们的阅读理解能力和策略运用能力"。柯尼科娃也指出，如果给孩子明确的指导，他们是可以在电子设备上进行"深度阅读"的。

由此不难看出，本书介绍的阅读策略完全可以应用于数字阅读，运用策略对提高孩子的数字阅读能力大有裨益。留下思考印记，提出问题，整合信息，这些策略是线上阅读和线上学习不可或缺的要素，但孩子可能无法做到自主运用，需要我们给予明确的指导，就像阅读纸质文本时一样。我们修订本书第2版时，线上阅读对很多孩子来说还只是一种新型阅读方式，如今它已经无处不在。我们在本书的第二部分介绍了许多阅读策略课，分享了如何帮助孩子在线上阅读和线上研究中理解文意、内化新知识。如需了解更多关于运用现代信息技术提升阅读理解教学质量的信息和课程，请参阅我们的《理解与技术的融合》（Havey et al.，2013）一书。

将阅读理解教学与现代信息技术融合的原则

本书第2版问世之后，我们有幸走进芝加哥公立学校中的伯利校区，参与了凯蒂·马赫达里斯和克莉丝汀·齐克两位老师的课堂教学。课堂上，老师为每个学生配备了一台iPad。我们以前将这种模式称为"一对一模式"，但信息技术专家艾伦·诺弗伯让我们认识到，由于全球互联网技术的发展，这种模式应被定义为"一对整个世界模式"。

克莉丝汀·齐克教的是一年级，当我们走进教室时，首先映入眼帘的是一个正在Drawing Pad应用程序上画鱿鱼的孩子，他在鱿鱼的触须和嘴上都做了标记。另有一组学生创建了一个播客，内容是通过在线调查为班级选择宠物。还有两个学生为了向同学们推荐好书，制作了一段视频，讲述了他们读书时的所思所想。

凯蒂·马赫达里斯教的五年级学生一边阅读绘本《梅赛德斯与巧克力飞行员》（Raven，2002），一边用iPad查阅关于柏林空运的信息。还有部分学生为了与同学、家人甚至更多的线上读者分享读后感，制作了妙趣横生的荐书视频。他们在线上实时讨论、合作完成写作任务、深入交流思想并回答彼此的问题。

凯蒂·马赫达里斯和克莉丝汀·齐克在合著的《放大》（Muhtaris et al.，2015）一书中，特别强调了如何在线上学习中教授阅读策略，其中包括指导学生利用数字资源获取信息、评估信息以及与他人合作、交流。

在以下6个原则（Harvey et al.，2013；Harvey et al.，2015）的指导下，凯蒂·马赫达里斯和克莉丝汀·齐克将阅读理解教学与现代信息技术有效结合在了一起。

让每个孩子都参与进来，实现深度交流和合作。为促进孩子利用数字化平台开展合作，老师要为孩子创造条件，帮助他们实时了解他人的想法。例如，当孩子就所读内容在线上展开讨论时，老师可以指导他们了解并回应同龄人阅读时的所思所想；当小学阶段的孩子用 Drawing Pad 应用程序画画时，老师可以邀请他们分享自己画面背后的想法。通过这样的方式，孩子可以用各种方式进行交流，进而为获取和分享新知识做好准备。

让孩子充分利用网络资源。现代信息技术完全改变了学习内容的性质、深度和广度，带来了全新的学习体验，孩子甚至可以身临其境地学习。例如，二年级学生通过网络摄像头实时观察雏鹰的孵化过程，写出了优秀的鸟类研究论文；八年级学生通过远程视频方式采访南极洲帕尔默站的地质学家，与那些亲历冰川融化和气候变化的人讨论相关内容。

让孩子与更多的人交流、学习。与更多的人交流可以提升孩子的学习效果，可以使他们的思想和观点更加多样化，同时也让他们有可能融入一个以前只属于成年人的世界。孩子可以借助博客等社交媒体发表自己的观点，这样等于自己在阅读他人作品的同时，他人也会阅读和评价自己的"作品"。这种频繁的交流不仅发生在教室里、家庭中，也发生在范围更广的线上社区里。

对数字阅读过程进行监控并评估教学效果。老师可以运用视频监控技术实现全天候的监控。当孩子在电子设备上用 Edmodo 应用程序做批注时，老师只要扫一眼班级的屏幕，便能观察到他们是否在思考和互动。孩子通过制作回顾视频巩固学习效果的同时，也可以与老师和父母分享。通过这种方式，老师能够有针对性地组织教学工作，追踪教学进展，检查教学目标的完成情况。

满足不同学习者的需求。在学习体验中融入视觉元素或听觉元素，可以因材施教，让孩子保持学习兴趣。孩子在网络上几乎可以找到任何内容，借助视频获得新概念的背景知识也易如反掌。指导孩子从各式各样的网络资源中快速提取信息的同时，老师也可以自行设计数字文本，制作能够帮助孩子构建感官图像的电子书，为孩子的学习提供高质量的载体。

教育孩子做21世纪的数字化公民。在组织孩子进行线上学习时，老师在本着负责任的态度为孩子提供合适内容的同时，要教育孩子像在现实生活中一样培养良好的公民意识，还要教给孩子线上学习所需的技能。网络安全与责任感是息息相关的，老师要教育孩子保护自己的隐私、远离有害网站、尊重他人、避免网络欺凌；同时，要教育孩子在遇到困惑时，及时向可靠的成年人求助。

现代信息技术，按需选取

网络上有取之不尽的阅读资源。那些有阅读障碍的孩子或者正在学习一门新语言的孩子可以借助视频和图像理解本来无法理解的信息。而且，孩子在自己的电子设备上阅读时，只有他们自己清楚所读文本的难度。这样，即便孩子读的书难度低于同龄人读的书，也不用担心被别人笑话。这为那些阅读兴趣不大的孩子提供了强大的心理支撑，因为阅读是否有成效，关键取决于孩子对自身阅读能力的判断（Howard，1992）。

播客是深受孩子欢迎的获取信息的平台，通过这个平台，孩子可以提升阅读和理解水平。只要坚持开放的原则，不因内容超出孩子的阅读水平而不让他们接触，孩子就可以利用播客轻而易举地理解一些复杂晦涩的信息，哪怕他们不能读懂全部内容。

有时不需要太过复杂的技术，只要借助诸如智能笔一类的数字工具，孩子就可以边读边听，加强理解。语音转文字软件可以将口头语言转录成文本，老师可以用 iPod 或手机录入信息，在孩子阅读文本时播放给他们听，从而使理解更为顺畅、高效。

妙趣横生的有声读物总能令人兴味盎然。一本有意思的有声书甚至能让我们忘却交通堵塞的烦恼。研究表明，孩子对有声书的热爱程度丝毫不亚于成人（Flynn et al.，2016）。玛丽·伯基（Burkey，2016）在《书单》杂志网站的"读者交流"版块发表过一篇文章，概述了弗林等学者关于有声书重要性的研究。事实证明，有声书的作用不容小觑。上述研究对比分析了两组二三年级学生：实验组孩子每周在学校听一小时有声书，回家后再听40分钟；对照组孩子不听任何有声书。结果表明，实验组孩子在理解词语和句子方面，甚至阅读兴趣方面，表现均优于对照组。玛丽·伯基认为，该研究给我们的启示是，孩子可以在很多场合听有声书，比如在学校里、汽车里、家里等。对此我们完全同意。如需了解更多关于有声读物的信息，请参阅玛丽·伯基在《书单》杂志上的专栏《我脑海中的声音》，里面提供了一份书单；也可以阅读她的著作《青少年有声读物：有声文学实用指南》（Burkey，2013）。

需要明确的是，无论是阅读数字文本还是纸质文本，孩子都必须运用相同的、经过实践检验的阅读策略。

孰优孰劣尚无定论

目前有许多研究人员就纸质阅读和数字阅读做过对比，然而，他们的研究对象大都是大学生或青年。这表明研究人员重点关注的是具有一定阅读水平的读者，而非尚在学习阅读理解阶段的儿童。一些研究表明，数字阅读和纸质阅读各有优点——前者的优点是便于略读、速读和获取细节信息等，后者的优点则是利于解析复杂思想、推测隐含主题、抓住问题要点等。

另有研究表明，阅读纸质文本的学生更为专注、更加投入，对所读内容有更深入的理解（Willingham，2016; Dartmouth et al.，2016; Sparks，2016）。梅尔戈和罗尼（Merga et al.，2017）对一项针对澳大利亚近1000名初中生的研究中得出的数据做了总结，结果表明，经常使用电子阅读器、平板电脑和手机的孩子，并非将这些设备作为主要的阅读工具，尽管他们每天确实有一定的数字阅读量。数据还揭示了一个更为惊人的发现：孩子拥有的电子设备越多，其数字阅读量越少。对此，最合理的一种解释是，该年龄段的孩子仍对纸质阅读情有独钟。

在这方面，我们的观点是，数字阅读和纸质阅读并非水火不容。纸质文本仍然扮演着重要的角色，尤其当老师把深化阅读理解作为教学目标时。我们也注意到，当读者想深入解读文本的新理念和复杂思想时，会更倾向于手持一本纸质书，或者将文章打印出来，因为纸质文本便于反复阅读、做批注和整合信息。但是，在即时访问方面，数字阅读拥有无可比拟的优势。因此，我们最终为孩子提供了多样化的选择，既有纸质材料，也有数字资源，希望孩子能通过多样化的阅读方式增长知识、开阔眼界。

绘本的无限可能

绘本在我们授课时总是发挥着独树一帜的作用。在所有可用于策略教学的读物中，绘本永远是首选。为什么呢？因为我们认为，兴趣是理解的关键要素。如果文本内容对读者来说索然无味，是不大可能给他们留下深刻印象的。只有文本内容扣人心弦，能让读者保持浓厚兴趣，读者才能获得更深入的理解。只有足够投入，读者才能记住所读内容、加深理解、构建知识体系。无论是虚构绘本还是非虚构绘本，都远比那些枯燥的纯文字文本吸引人。一张虎鲸跃出天蓝色海面的抓拍照，能瞬间吸引读者的眼球，其效果是无与伦比的。

几十年来，绘本一直是小学课堂教学的主流载体。全世界的小学老师无一例外，都喜欢与孩子分享妙趣横生的绘本。然而，并不是所有的小学生都能从绘本中获得相应的乐趣，因为不同的孩子喜欢的绘本不同，不同的绘本适合不同的孩子。绘本涵盖的广泛的主题、引人深思的问题和深邃的思想，就像触手一样在教室中四处伸展，试图钻进每个孩子的脑海，却不考虑孩子的学习习惯、年龄、阅读水平和已有知识。那么，老师如何才能确保选用的绘本让所有孩子都受益呢？只有像本书中提及的老师那样，最大限度地满足每个孩子的个性化需求才行。

帮孩子补充背景知识

种类繁多的绘本为学习历史、地理等学科的知识提供了便利。其实，大多数知识都可以用绘本来呈现，孩子有足够多的机会通过阅读绘本补充背景知识，满足他们对这个世界的好奇心。指导孩子在阅读文本时运用策略，可以使他们加深对内容的理解。此外，我们还会提出问题，鼓励孩子思考，同时尽量避免用海量的信息压垮孩子。与篇幅较长的非虚构作品或参考资料相比，绘本和各种短文本更能抓住孩子的注意力，让他们心无旁骛地解读文中的主题或解决问题。

引导孩子挑战自我

我们自己有时会在阅读时挑战高难度的文本，同样，我们也会给孩子推荐一些难度较大的书，这一点很重要。我们注意到，有些孩子对以外国文化为主题的文本或以较为陌生的历史时期为背景的文本兴趣不大，有些则偏爱非虚构作品，对扣人心弦的推理或冒险故事毫无兴趣。但那些尽管主题不甚明确但情节引人入胜的绘本，却受到了大多数孩子的喜爱。我们利用这一点，给孩子推荐了一些可以挑战自我的绘本，如《一束光：爱因斯坦的故事》（Berne，2016）、《巨大的渺小：E.E. 卡明斯的故事》（Burgess，2015）和《威廉的单词：莎士比亚是如何改变人们的语言习惯》（Sutcliffe，2016）等。只要激发孩子的阅读兴趣，让他们投入十足的热情，他们就会展现出令人惊讶的理解力。

因材施教

绘本适合小童

我们发现，在学前阶段就可以开展阅读理解教学了。你可以大声给孩子朗读绘本，不必顾虑文本中包含的复杂内容。这样做的目的在于激发孩子思考。通过这种方式，你可以为那些在解读文本方面存在困难的低龄孩子排除阅读障碍。

绘本也适合大童

传统意义上的绘本是专为低龄孩子设计的，但实际上你可以借助绘本为各个年龄段的孩子教授阅读策略，围绕它们展开有效讨论。当你第一次为大童推荐绘本时，他们可能会大惑不解，然而一旦看到内涵丰富、非常适合他们的绘本，他们便不会再有类似"为什么要读这些婴儿书"之类的疑问了。

绘本适合阅读存在困难的孩子

兼顾公平很重要，我们会为所有孩子提供内容丰富、能够启发灵感和激发讨论热情的书，哪怕是在阅读方面存在困难的孩子。对那些尚在学习阅读的孩子来说，最好的纸质文本非绘本莫属，因为绘本中的图片是对文本的有效补充，这对理解力稍差的孩子帮助很大。针对同一个主题，孩子可以选择不同难度和体裁的书进行阅读。比起那些冗长的章节书和以密密麻麻的文字为主的书，短小精悍的绘本显然更具亲和力。

绘本适合多语言学习者

对学外语的孩子来说，任何包含图片的文本都是一种福音。通过借助插图、照片等将文本的内容具象化，孩子能更好地理解文本中复杂的信息、思想和引人入胜的故事情节。有趣的绘本不仅可以为语言学习者夯实背景知识，还能有效增加他们的兴趣，提高他们的阅读积极性和理解力。如需了解更多针对语言学习者的教学思路，请参阅我们发布的视频《阅遍世界：不同语言学习者的内容理解》（Harvey et al., 2005b）。

选择真正喜欢的绘本

我们选择书让孩子阅读或作为教学材料时，总是谨记作家 C.S. 刘易斯的话——"如果我们到了50岁，发现一本书的阅读价值平平，丝毫没有超过它在我们10岁时的阅读价值，那么这本书根本不值得阅读"（Cullinan，1981）。当我们发现一本书颇具启发性时，总会迫不及待地想知道将其投入教学时孩子会做何反应，而且特别希望这本书能够深深地吸引他们。因此，只要是给学生推荐的绘本，一定是老师本人最喜爱的绘本。

安妮和她的同事经常去当地的一家书店买书，以扩充教室的图书资源。有一次，她们只顾心无旁骛地挑书，没有注意到身旁的工作人员——他居然把安妮和同事放到购物车中堆积如山的书全都搬了出去，效率高得出人意料！估计这名工作人员认为头脑健全的人不可能买那么多书，所以才悄悄把书都放回了书架。

对书的热爱是能够感染的。倘若老师对某一主题或课程话题过于专注，忘记了分享这种热爱，那可就大错特错了！斯蒂芬妮经常给孩子朗读玛格丽特·怀兹·布朗的《大狗航海家》（Brown，1992），却很少考虑他们的年龄。因为这是她读的第一本意义非凡的书，所以她总是情不自禁地与孩子分享。让人感到意外的是，虽然很多孩子的年龄与这本书并不契合，却都很快接受了这本书。她只要一合上书，大家就会跳起来一窝蜂地抢夺起来，八年级的学生也不例外。

另外，我们还会跟孩子分享那些我们一直想读却从未抽出时间读的书。安妮的书单上就有十几本这样的书。她偶尔会从中挑出一本给孩子读一读。以这种方式阅读，可以获得全新的体验。

跟孩子解释我们喜欢某本书的原因，既可以加深孩子对我们的了解，也可以让他们知道我们对所读内容的理解。在师生围绕书展开积极讨论的课堂氛围中，孩子更乐于发表观点，不会畏首畏尾。对一个孩子最好的鼓励方式就是让他在课堂上分享自己最喜欢的内容。在我们的鼓励下，孩子通常都会情不自禁地发表自己的观点。

拓展资源：篇幅较长的文本

本书中用于课堂教学的文本大都源于绘本、杂志和网络文章等。但请不要误会，这不代表我们排斥篇幅较长的文本。我们的学生既会读短文本，也会读像长篇小说那样的文本。我们会教给孩子，如何把学习阅读短文本时获得的经验用于攻克长文本。因此，在我们的课堂中，经常能看到孩子每人捧着一本小说在阅读。我们在参加读书会和文学研讨会时，也是这么做的。

通常孩子除了喜欢读长篇小说外，还喜欢读篇幅较长的非虚构作品和章节书。也许他们无法做到完全读懂，却能从中提取很多有价值的信息。像菲利普·胡斯的《我们也参与了历史》（Hoose，2001）就对孩子颇具吸引力，因为它有一部分内容概述了美国历史上孩子扮演过的角色。还有乔伊·哈基姆的《美国历史》（Hakim，1995）丛书和科学史系列图书《科学的故事》（Hakim，2004），都把枯燥却重要的知识写得妙趣横生，颇具感染力，所以都是我们的最爱。因此，学习本书第二部分介绍的阅读策略时，请尝试运用这些策略解读篇幅较长的文本。

选书要素：兴趣、可读性、阅读目的

克丽丝·托瓦尼（Tovani，2003）认为，选择文本时，应重点考虑以下3个要素：兴趣、可读性、阅读目的。

兴趣

毋庸置疑，读书是兴趣使然之事。只有当文本激发了读者的兴趣，读者才会沉浸其中、乐此不疲。我们发现，在兴趣的驱使下，读者更乐于攻克难度较大的书，也会读得更加投入。五年级学生朱莉娅酷爱夏洛特·福尔兹·琼斯的《奇妙错中错》（Jones，1991），这本书中描述的那些诸如便利贴等富有创意的小发明让她对书爱不释手。她在给自己四年级的老师玛丽·乌尔茨的一封信中热情洋溢地说，自己本打算重温一本介绍《海洋生物》的科普书，但她会先把《奇妙错中错》读完，因为这本书深深吸引了她（图4.1）。成年人会按照兴趣择书而读，孩子为什么不可以呢？

可读性

近年来，分级阅读在学校中屡见不鲜。通过分级，老师的确能更快捷地为孩子选择合适的书，但你不能因此被分级阅读所禁锢。如果你问一个年轻读者他读的是什么书，他的回答是"M级"，那么这中间肯定出了问题。

阅读并不是简单地把书分成不同等级的一件事，为孩子选择阅读材料也不能局限于"适合他们的级别"这一标准。只要读者有驾驭所选文本的愿望，你就可以大胆地选择

亲爱的马尔茨老师：

　　最近我在读《奇妙错中错》这本书，它真是太有意思了！我一定要跟您说一说。

　　到底多么有意思呢？让我给您举个例子吧。您知道"软糖"是以发明它的一位女士的名字命名的吗？这位女士最初其实是想制作焦糖的，没想到口中却蹦出了"软糖"这两个字！哈哈，这太令人惊讶了！

　　我本打算重温一本名叫《海洋生物》的科普书，但《奇妙错中错》这本书实在太有意思了，我真不想中途放弃它！

　　再见啦！

朱莉娅

　　另附：在所有歪打正着的发明中，我最喜欢的一个例子是炸土豆片。我猜您肯定已经读到这部分内容了，它特别有意思吧？真希望您也喜欢它。

　　再见啦！

图4.1　朱莉娅就《奇妙错中错》一书写给老师的信

和推荐。因此，我们认为，书可以分为以下3类。

- **难度较低的书**。读者能读懂书中的每个字，理解所有的思想。
- **难度适中的书**。读者能读懂书中绝大多数文字，理解大部分思想，只有少部分文字和思想超出读者的理解水平。
- **难度较高的书**。书中生词较多，内容复杂，思想深刻，读者不容易读懂。

按照上述分类标准，我们列举出了自己所选的书目，用于展示如何以可读性为标准进行选书。我们会给孩子示范这3类书的选取方式，并用清晰的图表展示出来。我们会耐心地解释，让孩子明白即使像我们这样有经验的成人读者，也会选择一些颇具挑战性但自己乐于攻读的书。同时，孩子也会发现，我们对作为假期消遣的简单的海滩读物仍颇有兴致。当然，在示范接近尾声时，我们会向孩子重申只选择难度较低或高难度的书，对提高阅读质量的作用不是很大，在大多数情况下，难度适中的书才是我们的首选。

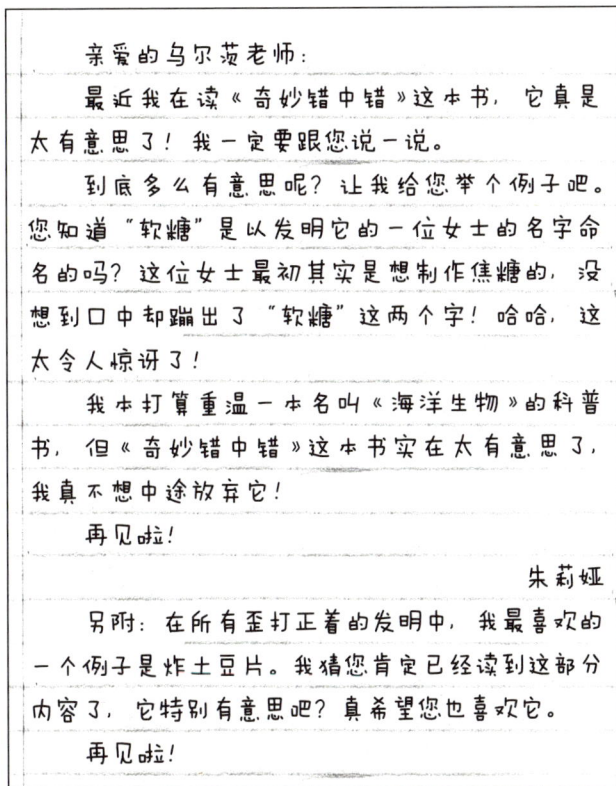

除此之外，我们也会告诉孩子，将书划分为上述3类，会产生另外一种意想不到的效果——随着阅读能力的逐步提高，曾经颇具挑战性的书会变得难度适中，并最终成为"小菜一碟"。也就是说，读者可以通过这种选书阅读的方式清晰地感受到自身阅读能力的提升。

阅读目的

读者的阅读目的不尽相同，而选书很大程度上取决于阅读目的。所以我们希望孩子能够明确自己的阅读目的。对此，克丽丝·托瓦尼（Tovani，2011）的做法是要求孩子将阅读目的罗列出来。以下是克丽丝提出的部分阅读目的：

- 完成学校作业；
- 查阅信息；
- 消遣；
- 读懂说明书；
- 学会做饭等技能；
- 获取快乐。

克丽丝指出，上面的列表只展示了部分阅读目的，她鼓励孩子不断扩充列表，任何新萌生出的目的都可以添加到列表中。

丹佛的霍瑞斯曼学校的七年级学生杰奎因说他的阅读目的之一是哄妹妹上床睡觉。克丽丝问他读的书难度如何。他说为了方便5岁的妹妹理解，他选择了难度较低的书。他说他经常读灰姑娘的故事，因为妹妹喜欢公主。换言之，他主要的阅读目的是读给妹妹听。这种目的也是不错的，很有意义。

理想情况下，孩子的阅读目的列表中应该都包含"获取快乐"这一条。如果他们的列表中漏掉了这一条，要引导他们加上。当然，也可以和他们分享任何你认为有意义的阅读目的。

帮孩子选书

为了完善选书机制，我们曾调查过孩子是如何选书的，我们想知道，当他们伸手去拿书架上的书时，是否有明确的目的。我们将他们的回答用列表的形式呈现出来，希望对大家有借鉴意义。下面列表中的选书参考要素是莱斯莉·布劳曼所教的四年级学生提供的：

- 书的厚度；
- 作者；
- 主题；
- 该书所属系列；
- 体裁；
- 推荐语；
- 封面图文；
- 封底图文；
- 勒口图文；
- 目录；
- 第一页——精彩的开头往往能抓住读者的眼球；
- 前几页图文；
- 最后一页图文；
- 全书的图片；
- 标题；
- 整体难度；
- 快速浏览全书的感受。

这些参考要素都很有价值，但莱斯莉明白，如果她每年都机械地把这张列表贴到新的班级里，孩子很可能会将它弃置一旁。因为这张列表之所以意义重大，是因为它是由孩子基于自身的需求和实际经验亲手创建的。如果没有参与的过程，它就不那么重要和吸引人了。

另外，老师也不要羞于提出自己的见解，因为老师也是教室这个"阅读社区"中的一员。当莱斯莉意识到自己读的书一般来自熟人的推荐，而列表中从未出现"推荐"一词时，她就把它加了上去。她觉得，由了解她的家人和朋友推荐的书往往更能激发她的兴趣。

老师应该对孩子的兴趣了如指掌，这样才能挑选出孩子感兴趣的书，进而丰富教室的书单。老师可以在教室中贴一张空白表格，鼓励孩子把自己的兴趣爱好写上去，或者把能够激发阅读兴趣的话题写上去。有了这张表格，下次购书或去图书馆、旧货市场或书店的时候，就可以将其作为参考，寻找孩子期待的特别的书了。

黛比·米勒提议，孩子在选书时可以问自己下面3个问题（Miller，2017）：

- 我认识书中的大部分文字吗？
- 这本书有趣吗？
- 这本书能激发讨论、引发思考吗？

关于朗读

《朗读手册》（Trelease，2013）的作者吉姆·崔利斯说，文学的价值在于为人们的生活赋予意义。他认为文学是最重要的媒介，其重要性远超电视和电影作品甚至其他艺术形式，因为它"拉近了人与人心灵的距离"。他说，通过朗读，我们可以"抚慰孩子，为其带来快乐；教导孩子，向孩子解释说明；激发孩子的好奇心，引导孩子深入思考"。

对此，我们深表赞同。在琅琅书声中，我们度过了很多美好的时光。斯蒂芬妮初次接触苏斯博士的作品是在幼儿园，当时比勒小姐给他们朗读了《巴塞洛缪的500顶帽子》（Seuss，1991）。安妮永远不会忘记给她5岁的女儿艾莉森读E.B.怀特的《夏洛的网》（White，1952）时的情形——当读到夏洛死去的情节时，她泪流满面，没能接着读下去。近年来有声读物的大量涌现，直接证明了一件事：我们一直以来钟爱高质量朗读内容是合情合理的。

有心的老师每天都会给学生朗读各种体裁和内容的文本。当我们在课堂上教授阅读策略时，也会用大声朗读的方式将教学内容呈现给学生。但是，我们会谨记，我们之所以热爱朗读，是因为它能带给我们纯粹的快乐。而只为教学进行的朗读，并未体现朗读的真正意义。

高效的阅读理解教学：教学方法、教学氛围和效果评估

安妮在给八年级学生读完艾伦·拜利耶的《反抗》（Baillie，1994）后，合上了书。这本充满智慧的绘本是她的最爱之一，讲述的是缅甸农民英勇反抗独裁军阀的故事。她由衷地想立刻跟学生交流，迫不及待地想知道他们对这个扣人心弦的故事做何感想。考虑到时间有限，她没有讲解，而是直接让他们把一张白纸分成两栏，第一栏写上"文本主要内容"，第二栏写上"我的所思所想"，然后让他们分别填写。根据以往的经验，她知道这种两栏式思维记录单能够有效地激发孩子深入思考。虽然她从未给眼前的这些孩子介绍过这种形式，但她觉得这是不言自明的。

学生回到课桌旁开始填写思维记录单。安妮走到一张桌子旁坐下，开始和贾斯敏交谈。附近几个孩子也纷纷加入，大家围绕书中的故事展开了激烈的讨论，对故事情节、发生地点、人物和斗争的原因提出了各种各样的问题。

然后，贾斯敏根据刚才的讨论开始解读故事。她在思维记录单的第一栏写下："这是一个关于部分缅甸人的故事。他们本来过着自由自在的生活，后来在腐败政府和一位残暴凶狠的将军的控制下失去了自由。最终，他们揭竿而起，共讨暴政。""理解得很深刻！"安妮对贾斯敏颇为赞许。贾斯敏在第二栏写道，这本书让她忆起了祖父讲的发生在越南的故事。安妮对贾斯敏的总结和贴切的联想很是满意。她离开贾斯敏那一桌时，贾斯敏正在写祖父在越南的经历，其他孩子也在奋笔疾书。

下课铃响了，安妮把思维记录单收了上来，学生陆陆续续走出教室。她开始浏览思维记录单里的内容，随即变得心灰意冷。因为所有的思维记录单中，只有贾斯敏和贾斯敏旁边的几个孩子以及其他几个无须指导就能领会老师要求的孩子写的内容比较充实，剩下的孩子的思维记录单大都是一片空白，没有多少实质性内容。她清楚，不是思维记录单用错了，以前也用过，效果很好。于是，安妮开始反思本次的教学效果为什么如此令人失望，然后意识到自己又犯了以前犯过的错误——没有给予孩子清晰的指导。她只跟贾斯敏和贾斯敏旁边的几个孩子讨论了故事内容，并没有为所有孩子做示范，也没有给他们足够的时间来练习。她想，如果用投影仪向学生说明她的要求，课堂效果肯定会大有改观。

安妮见到斯蒂芬妮时，给她讲述了这失败的一课，斯蒂芬妮会心一笑。她说自己曾多次跟学生强调，犯错误是可以接受的，但是绝不能多次犯同样的错误。但在课堂教学上，她却和安妮一样，屡屡犯下同样的错误。倘若老师不能给学生提供清晰的指导，教学效果就会大打折扣。

因此，不要因为时间紧迫就不给学生做示范，因为这很重要。在明确教学目标方面，老师应当细致入微。

高效的阅读理解教学

阅读理解教学的本质在于教会学生在阅读时理解文意。老师教授策略的目的是让学生理解所读内容并学以致用，而不仅仅是学会阅读。通过以下途径，老师可以有效提升阅读理解教学的质量：

- 明确教学目标；
- 根据学生的个性化需求制订教学计划；
- 给学生示范自己不同阶段运用的不同策略；
- 让学生认识到运用策略的目的在于理解文本；
- 向学生阐明思考对阅读理解的促进作用；
- 认识到运用策略只是手段而非目的，建立系统的阅读思维模式才是目的；
- 给学生示范如何对文本做出口头反馈和书面反馈；
- 通过逐步释放责任，培养学生主动运用策略的意识，鞭策他们独立阅读、独立思考；
- 给学生提供不同的机会，让学生既能在老师的指导下完成任务，也能独立完成任务；
- 向学生阐明如何将阅读策略运用于不同体裁、不同内容和不同语境的文本；
- 引导学生认识策略之间的相互关系；
- 留出足够的时间让学生阅读文本；
- 确保学生有足够的时间讨论所读内容；
- 给学生留出时间以写作和绘画等方式对所读内容做出反馈；
- 花时间走近学生，近距离观察学生的反应或直接与学生交流，并记录观察或交流结果，了解学生的进步情况，为下一步课堂教学提供参考；
- 根据学生的口头反馈和书面反馈评估教学效果，指导后续的教学，并对学生的表现做出评定。

目标明确的教学：逐步释放责任

我们的教学任务就是把隐含的内容清晰地表达出来。在教学工作中，我们对"提及教学"和"显性教学"有着严格的区分。"显性教学"要求老师给学生示范阅读时如何思考，就像本书第一章中斯蒂芬妮为孩子读《北方的小屋》时做的那样。我们明白无误地教授阅读策略，帮助孩子理解文意、学以致用，最常用的教学模式就是通过示范引导孩子有针对性地进行练习。除了将孩子划分为不同的组别，或要求他们找搭档外，我们也会给他们足够的时间独立阅读、练习运用阅读策略，皮尔森和加拉格尔（Pearson et al.，1983）将这种模式称为"逐步释放责任"。

很多阅读指导类出版物通常只是简单地提及阅读策略，并没有关于教授策略的内容。例如，一些基础性教学指南仅仅指出，老师应该要求学生推测人物的动机，却并没有指出如何教学生进行推测。本书的要义在于，老师要清晰明了地教授学生各种策略，这才是阅读理解教学的基石。高质量的教学离不开示范、引导和给孩子练习的机会。

我们对皮尔森和加拉格尔的逐步释放责任模式做了一些改编（Fielding et al.，1994）并呈现如下：

逐步释放责任模式

关联和参与

- 老师激发学生对该话题的兴趣。
- 老师帮助学生激活并确认背景知识。
- 学生通过互动将新知识与已有知识联系起来。

老师给学生做示范

- 老师向学生解释策略。
- 老师示范如何有效运用策略理解文本。
- 老师在阅读时运用有声思维向学生展示思考方法和策略运用方法。
- 学生分组讨论，表达观点。

学生在老师的指导下练习

- 老师有目的地让学生分组展开讨论，要求学生在讨论过程中专心致志，思绪不偏离。
- 老师和学生交流阅读心得，在这样的氛围中共同练习策略的运用，共同对文本做出推断，通过讨论共同解析文本。

- 老师鼓励学生勇于尝试、积极思考并给予学生具体指导，确保学生明白自己的任务是什么。

学生合作练习

- 学生通过找搭档一起阅读和分组讨论的形式分享思考过程。
- 老师参与每个小组的讨论，做出评判并解答疑惑。

学生独立练习

- 学生先在课堂上与老师互动，与同学合作，然后尝试独立练习策略的运用。
- 老师与独立练习的学生进行交流，为其解答疑惑。
- 老师定期向学生做出反馈，同学间也定期彼此反馈。

分享

- 学生聚在一起分享学习内容和自己的所思所想。
- 学生对阅读过程和阅读内容进行反思。

运用策略

- 学生将所学策略运用到真实的阅读情境中。
- 学生将所学策略运用到不同体裁、不同内容、不同语境和不同学科的文本中。

在过去的几年里，我们逐渐意识到课堂示范应该言简意赅、有亲和力。正是孩子时而争先恐后举手发言、时而跟同学窃窃私语的表现让我们清楚地认识到了这一点。如果我们只顾喋喋不休地给孩子灌输所读、所思，孩子就会渐渐走神。因此，我们总是先示范几分钟，阐明要点，随即指导孩子有针对性地进行练习。只有将大部分教学时间用在指导孩子练习上，才能帮助孩子养成独立阅读的习惯。我们在课上要求孩子积极参与、频繁交流、解读信息、分享想法，待时机成熟，则会要求孩子彼此合作或独立完成练习。在孩子完成任务之后，我们会引导他们再次讨论和分享。如需了解更多关于老师如何做好示范、引导孩子参与课堂教学的内容，请参阅黛比·米勒在汇编著作《理解的发展：现状与未来》中写的《逐步释放责任的反例》（Miller，2013）一文。

通过读书会教授策略

只有重视思考的课堂才能培养孩子运用策略进行阅读的习惯。通过课堂教学，我们发现，策略教学的效率取决于课堂环境，而读书会就可以创造出对本书所述的阅读理解教学最有利的课堂环境。

近年来，我们对读书会的认识打破了固有的观念，开创了旨在探讨科学和社会知识的探索型读书会和读写型读书会。在这些读书会上，孩子的阅读材料涵盖不同体裁和话题。在诗歌等文学作品的熏陶下，孩子的理解力有所提高，对阅读也愈发热爱。此外，他们对非虚构作品也广泛涉猎，集中阅读了大量社科领域的内容。

在读书会上，老师给所有孩子示范阅读策略的使用方法，然后留给孩子足够多的时间，让他们分成小组或结成对子共同阅读、练习使用策略。老师在教室中来回走动，时不时加入某个小组的讨论中，与孩子交流。有时候，老师也会有针对性地根据某些小组的需求提供额外指导。读书会的最后一个环节是所有成员分享所学内容。

在这种读书会的模式下，选书标准显得格外重要。研究阅读的学者理查德·阿林顿（Allington, 1994）建议读者选择自己有能力阅读且感兴趣的书，这样可以有效提高阅读能力。孩子可以按照兴趣自行选书，也可以从老师提供的书单中进行选择。阿林顿将后者称为"受控的选择"。例如，语言艺术学科的老师会为孩子提供几本文学书，让他们从中选择，并组建文学小组。社会学科的老师则会为孩子提供一些与内战相关的绘本，帮助孩子积累内战的背景知识。如果采用这种选书方式，那么老师应该尽量提供难度不一的高质量图书，这样孩子选到自己喜欢的书的可能性才最大。

老师一定要时刻牢记的是，课堂环境要适合开展策略教学，应多尝试一些不同的教学资源。有的老师采用"四步教学法"，有的则侧重提升孩子的能力并兼顾阅读指导。还有的老师使用已出版的选集、基础读物进行程式化教学。但无论选择何种教学资源，采用何种教学方法，老师都需要教授阅读策略，帮助孩子提高读写能力，促进他们彼此间思想的交流，让他们学以致用。

策略教学：达成目标的一种手段

策略教学的初衷在于教会孩子根据文本的体裁和阅读目的，有针对性地运用策略，通过阅读经验的增长增进理解、学以致用、获取更多知识。各种阅读策略并非彼此孤立，而是彼此关联的。我们总会跟孩子阐明策略之间相辅相成的关系，并给孩子示范如何通过综合运用各种策略提高阅读质量。

我们一走进教室，扑面而来的往往是孩子喋喋不休的提问。随着交谈的深入，我们注意到一个令人忧心的事实：有些孩子仅仅是在描述字面意义上的阅读策略，但对策略的内涵一无所知。这表明他们没有认识到运用策略的初衷是增进理解。因此，掌握策略本身并不是我们的目标，只是一种手段，我们的最终目标是让孩子学会运用策略理解所读内容。我们在课堂教学中必须体现出这一点。

如何开展策略教学？

给孩子介绍并教授了策略，并不意味着他们终能学以致用。考虑到教学实际，每次教授一种新策略时，为了不给孩子带来困惑，我们暂时不会结合别的策略一起讲解。而且，即使我们一股脑儿地将所有策略都灌输给孩子，他们也无法消化吸收。每当我们在课堂中引入某种策略时，都会清晰明了地解释其内涵，并给孩子示范如何运用该策略增进对所读内容的理解。例如，我们会向孩子诠释我们提问时的思考过程以及提问对理解文意的作用。然后，我们会留出时间，让孩子进行分组练习或独立练习。

我们的策略导入环节用时往往超过10分钟，这与经典阅读小课堂的导入环节不同。策略导入环节结束后，孩子开始阅读和讨论，我们要求他们在近一半的时间里保持交流。在整个课程中，他们有效地运用写字板、便利贴和铅笔等工具与文本互动，与同学交流。我们先用几分钟时间给孩子示范策略的使用，随即让他们在我们的近距离观察下进行练习。通过这种方式，我们可以达成双重目标：第一，我们可以近距离观察孩子，了解他们的讨论情况，判断他们的掌握情况；第二，也是最重要的，通过近距离观察，我们能够及时为孩子提供指导，帮助孩子运用策略理解整个文本，提升阅读体验。

一次只教一种策略吗？教多长时间合适？

经常有人问我们："一次真的只能给学生教授一种策略吗？"也有人问："我用了一周的时间教授推断策略，该什么时候开始教下一种策略呢？"

其实，问题的实质在于是否应将策略分开教授，以及如何把控教授特定策略的合适时长。对此，我们的答案很简单：每次只教授一种策略，但要迅速引入新的策略。通过这种教学方式，孩子能够掌握全部阅读策略并活学活用，提高阅读质量。否则，我们就会偏离自己的教学目标——过于关注策略本身而忘记了策略只是理解所读内容的工具。如果孩子养成了孤立理解每种策略的习惯，那么在阅读过程中，即使他们能够找到策略之间的联系，也无法融会贯通，更无法深入理解。我们最不愿看到的就是策略使用变得僵化，变成了死记硬背。

我们在教学过程中会及时告诉孩子，不能将策略孤立使用。我们不提倡在阅读科普书时只运用提问的策略，也不提倡在阅读诗歌时只运用激活并关联背景知识的策略。因为各种阅读策略相辅相成，读者应综合运用它们去解析文本。运用了提问策略，随即就应该运用推断策略。因此，如果孩子在我们教推断策略之前就尝试运用了该策略，我们会予以褒奖。"哎呀，今天不谈推断策略，千万别忘了我们现在正在教的是提问策略！"我们可不想听到老师说出这种话来，因为这是我们最不愿意做的事情。在教授一种策略的时候禁止孩子联系别的策略会严重限制他们的思维。

《阅读理解工具》（Harvey et al.，2016）是我们为阅读理解教学专门创作的一本书，其中的示例文本多为说明性文本。在该书中，我们分享了一些课程，也分享了教授阅读策略的一系列方法，揭示了策略之间相辅相成、相互促进的关系。虽然教学时长因人而异，但在我们看来，应尽量在较短的时间内教授策略。例如，我们可能会用短短几个月的时间带孩子认识并探究所有策略，这样每当我们引入一种新策略时，孩子都不至于将已经学过的策略忘得一干二净。这才是策略教学应有的样子。在全年的教学中，我们会在社会科学、自然科学等不同领域内不断地示范和巩固已学策略。可以说，阅读理解教学既是逐步积累的过程，又是不断回顾的过程。

是否有先后顺序？

我们最常听到的一个问题是："我应该按照什么顺序教授这些策略？"我们认

为，策略教学没有固定的顺序，只要教会孩子倾听内心的声音、记录思考轨迹、监控理解进程，他们就可以从整套策略中任选一种将其运用到阅读之中。

为了清晰起见，我们在第二部分的每一章都详尽介绍了一种策略。但是我们认为，教授阅读策略不必按照书中的顺序进行，根据文本要求和任务灵活安排才是关键。举例来讲，我们认为激活并关联背景知识是一个基本策略，因为它是孩子初读文本时必须要做的事情。我们会教孩子留意新信息和新学内容，借此引导他们明确重点内容。但是，如果你希望孩子在新学期伊始便掌握推测生词含义的方法，以便理解阅读材料中大量陌生概念和词语，那么先教授推断策略也是可以的。因此，教授策略时不必遵循特定顺序，而要考虑如下因素：孩子需要学习哪些内容以及掌握哪种策略才最有利于学习手头的阅读材料。

总而言之，老师要根据学生的现实情况决定教学内容。如果需要参考本书第二部分的内容，那么请一定从学生的实际出发，决定是按章节顺序按部就班教授阅读策略，还是打乱这个顺序。也许四年级学生已经学会了激活并关联背景知识这一基本策略，那么他们可以直接跳过关于该策略的章节。一定要时刻记住，我们的目标在于教给学生全套策略，使其阅读时更为投入，从而加深理解，构建知识体系。

营造良好的教学氛围

在鼓励孩子积极思考的课堂中，读写能力的提升必定是个循序渐进的过程。老师需要营造一种良好的教学氛围，即重视孩子的好奇心、想象力和思考过程，尊重他们的人格。在这种精心营造的氛围中，孩子会成为优秀的思考者、表达者、倾听者和学习者，师生也会自然而然地分享学习乐趣、积极交流思想。营造教学氛围的指导原则如下：

激发孩子的热情和好奇心

爱因斯坦说："我天分平平，但好奇心十足。"的确，爱因斯坦正是凭借热情和好奇心在科学领域取得了惊人的成就。热情颇具感染力，我们要不吝与人分享。当孩子满怀好奇地走进教室时，我们不要压制而要鼓励他们的好奇心。

重视合作式学习和思考

在激发思考的课堂氛围中，学生和老师会分组讨论，或以找搭档和组织读书会等形式共同解析文本意义。总之，每个人都会参与其中，分享自己的想法。

鼓励孩子多花时间独立阅读

独立阅读的重要性怎么强调都不为过，而阅读量是衡量阅读质量的重要指标（Cunningham et al.，2003）。孩子需要博览群书、深入思考所读内容，这是提高阅读质量的保证——就像只在周一上钢琴课而剩下的6天从不练习的孩子通常进步得非常缓慢一样。

你需要为孩子留出足够多的时间，鼓励他们选择难度适中而且自己感兴趣的书独立阅读，以此练习策略的运用。理查德·阿林顿（Allington，1994）指出，成绩好的孩子比成绩差的孩子在阅读上付出的时间更多，这证明独立阅读确实作用巨大。阅读会在真正意义上提升智力水平（Stanovich，2000），你和孩子都需要知道这一点。

重视教学语言

教学语言在营造课堂氛围中起着重要作用，它比诸如电灯、课桌和书架等硬件有意义得多。彼得·约翰斯顿在他的著作《咬文嚼字》和《打开思维》中指出，教育和学习都离不开语言，语言可以塑造和扩展思维。教学语言的内容和表达方式对孩子影响深远。尊重学生和重视学生思考过程的教学语言，能够帮助老师营造一种良好的教学氛围，激发学生的参与热情，获得他们的信任。我们希望孩子能接受我们的教学语言，并将其转换为他们自身的学习语言。当孩子理解并开始使用我们的教学语言时，我们便知道他们掌握了更为高效的学习方法。

重视真实的反馈

在轻松、活跃的课堂氛围中，孩子可以通过各种各样的方式对所读内容做出反馈——交谈、写作、绘画、在博客上发表文章、做手工等。通过这些方式，孩子可以将所思所想具象化。

重视回应式教学模式，因材施教

高质量教育应该兼顾所有孩子，但同一标准显然无法适用于所有人，回应式教学正是为了解决这个问题而出现的。它是一种灵活度高、目的性和适应性强的教学模式。因为深知孩子之间有着千差万别，所以我们给他们提供的是一系列难度不同的文本和相应的反馈方式。我们希望所有孩子都能通过分享式阅读，融入积极思考、学习热情高涨的阅读环境中。如需了解更多关于从学生需求出发、因材施教的内容，请参阅我们最爱的书之一——帕特里克·施瓦茨的《从无能到可能》（Schwarz，2006）。

重视文本

老师要为学生提供不同体裁、风格、形式和主题的文本。理查德·阿林顿（Allington，1994）指出，老师可以通过打造"多源性、多体裁的课程"，让课堂教学更有思想、更高效。老师为孩子提供种类繁多的纸质文本，能够激发他们的阅读兴趣。

重视教室的布置

桌子按排摆放、学生只听不说的传统课堂模式已经一去不复返了。如果前排的同学留给你的只是后脑勺，那么你该如何有效地参与课堂讨论呢？教室布置要利于孩子思考——孩子可以围坐在课桌旁，便于彼此间交流和协作。在这种利于交流的环境中开展教学，孩子既可以专心致志地听讲，也会乐于与他人沟通、倾听彼此的想法。另外，还要设置相对安静的空间，让孩子可以在其中独立阅读或开展小组合作。在规划教室空间时，也可以效仿书屋或图书馆的设计。亲和力十足、舒适温馨的教室环境有利于孩子学习、成长。

提供丰富的资源

在重视思考的教室中，一定会有丰富的资源作为读写能力教学的辅助。借助便携式写字板，孩子可以围坐在老师身旁给出阅读反馈；在所有的辅助资源中，便利贴的作用最为重要；笔记本和日记本在孩子的私人空间或者课桌里也很常见。书固然重要，但绝非教学中唯一的资源。照片、插图、信息图和视频等可以加深孩子对文本的理解。而且，好消息是，许多在线资源都是免费的！

阅读理解评估：带着目标开展教学

美国的很多阅读评估体系或入学考试都会考察阅读能力，常见的有早期识字技能动态指标测试（DIBELS）、发展性阅读测试（DRAs）、非正式阅读评测量表（IRIs）、大学入学标准化考试（SATs）、大学入学考试（ACTs）等。我们能想到的测试，孩子基本上都要体验或已经体验过，有时候测试时长可达数小时。不幸的是，无休无止的测试已成为阅读理解教学不可或缺的组成部分。既然无法避免，那么我们认为，测试不应局限于考察孩子，还应考察老师的教学质量。通过查看和反思孩子的阅读理解水平，老师可以对后续的教学工作进行富有针对性的改革。根据真实的测试成绩，老师可以在以下3个方面获得有价值的信息，并据此改进教学方法。

1. **学生的学习状态**。通过分析孩子的成绩，倾听他们的表达，了解他们的思想，老师可以清楚地掌握孩子的学习状态，明白他们学的哪些内容尚未消化。

2. **过往的教学质量**。孩子的学习质量取决于老师的教学质量。如果孩子学起来很吃力，那么老师就需要重新审视自己的教学方法并做出相应的调整。如果班上大多数孩子都听不明白，那责任肯定在老师。如果有25%的孩子听不明白，仍然是老师的责任。坦率地说，任何一个孩子听不明白，都是老师的责任。反复教授同一内容，效果不见得有多好，老师需要从测试成绩反映的问题中吸取教训，据此优化教学设计，改进教学方法。

3. **未来的教学计划**。回应式教学和测试是相辅相成的。根据孩子的成绩和理解水平，老师可以优化后续的教学设计，以适应孩子的需要。老师要分析孩子的成绩，找出需要特别关注的地方，据此制订下一步的教学计划。孩子的需求不尽相同，有些孩子会很快适应独立练习，有些则需要更多的时间、支持和指导。老师可以根据孩子的需求，让他们组成小组，也可以增加一对一的指导。

了解孩子的想法

在引导孩子展开讨论的同时，我们会观察和评价他们的反应。就像安妮给孩子朗读完《反抗》后做的那样，我们会在课后审阅孩子的书面回答，据此判断次日需要教授及重讲的内容。我们会鼓励孩子主动跟我们分享想法，从而客观、准确地评价其理解能力。衡量读者的理解水平无须让他们回答一连串字面意义上的问题，而是要看读者对文本的综合反馈。通过审查孩子对文本的反馈，我们可以评估其阅读理解水平。只有充分掌握了孩子在阅读过程中的表现，我们才能剖析他们的思想。

本书中的所有课程、讨论和反馈都指向一个共同的目的：让孩子独立阅读。我们的终极目的是让孩子将阅读策略内化于心，进而理解所读内容。你可以通过下列几种方式判断孩子对所读内容是否有实质性的理解。

认真倾听孩子的表达

判断孩子阅读和思考能力的最佳方式莫过于在他们表达时认真倾听。只要你愿意倾听，孩子就愿意分享。有时孩子会说："我运用了激活并关联背景知识的策略。"有时会说："我在用推断策略。"当然，这样的表达对你来说是远远不够的，你还需要检查他们的表达是否有实质性内容。

审阅孩子的作品

我们会通过审阅孩子的作品判断他们是否理解了文意，然后根据他们的反馈优化后续的教学设计。

与孩子交流

我们会通过阅读讨论会这种较为理想的途径，和孩子进行一对一的交流，帮助他们理清思路，让他们更深刻地领悟如何运用阅读策略理解文意。有时候，询问是了解读者内心想法最直接的方式。那些天生健谈的人非常乐意把内心的想法与别人分享；即使是沉默寡言的孩子，只要你愿意提问，他们也会敞开心扉，给你惊喜。

"旁听"孩子的对话

在一旁聆听孩子的对话，一定能够获悉他们的真实想法。"旁听"不是偷听，所以你尽可以通过这种有效的方式了解孩子阅读时的所思所想。

察言观色

每当孩子皱起鼻子、扬起眉毛，或者露出疑惑的表情，我们都可以据此参透他们的内心活动。在孩子读书的过程中察言观色，可以有效地了解他们内心的想法。

用图表记录孩子的阅读反馈

我们会用图表记录孩子在课堂讨论中的发言。利用这种方式，我们能够将孩子的想法具象化、公开化，也可以将其永久保留下来，以备日后孩子在讨论中参考。孩子也可以参考我们的做法，自己做图表来记录阅读中的所思所想。

保留会议和谈话的记录

在课堂上，我们会记录与孩子的互动情况，据此追踪孩子的思考轨迹，并定期回顾。老师可以使用各种各样的工具（如笔记本、活页夹等）记录孩子的学习和进步情况。此外，借助时下的各种应用程序，老师可以轻而易举地记录和分享孩子的学习情况。

本书第二部分介绍了一系列阅读策略课。在每一章的结尾部分，我们分享了孩子的阅读反馈，并附上了我们的评价。通过审阅孩子的阅读反馈，我们得以把握孩子的学习现状以及后续的努力方向。

正确的评估方式

我们会给学生足够多的时间内化阅读策略，然后再对其理解能力进行评估。分数旨在评估学习效果，所以我们没有必要针对学生的已有知识进行评分，而要针对他们对新知识的掌握情况进行打分。用打分的方式评估学生时，我们会确保打出的分数是基于持续的、真实的测试，建立在有大量证据（比如文字作品、谈话记录、绘画和手工作品等）的基础之上。只有这样，我们才能通过测试给予学生真实客观的评价。

仅仅在厚厚的作业本上打分，并不能帮助我们了解学生的真实学习水平。我们还会参考学生更为系统化、开放式的阅读反馈，因为这样的反馈能够全面展示他们的思考能力和学习水平。学生的阅读反馈通常以便利贴、两栏式或三栏式思维记录单、或长或短的总结、讨论笔记、缜密思考后绘制的图表和读书笔记等来呈现。

　　时不时地观察学生如何运用我们教授的知识，可以评估他们的学习是否符合我们的预期。因此，我们要求学生完成阅读练习，并将他们的阅读反馈收集起来，然后给他们打分。有的学生在阅读反馈中展示了较强的理解能力，有的则不然。通过这种方式，我们既可以检测所教授的内容是否合适，也可以对学生的学习水平、理解能力进行评估。这有利于我们改进教学思路，更好地适应学校和社会的要求。

让孩子打开心扉

　　经常有人问我们："阅读策略对孩子有什么用？它们如何帮助孩子理解所读内容？它们能促使孩子专注阅读吗？"我们没有直接回答这些问题，而是把它们转给了孩子。毕竟，对于阅读策略是否有助于理解、能否提高专注度，孩子是最有发言权的。而且，孩子永远渴望分享自己内心的想法。

　　五年级老师埃莉诺·赖特认为，让学生对所学策略进行描述，对理解文本很有帮助。例如，她的学生艾米在给出的反馈中谈到了如何运用构建感官图像策略解析文本，艾米说："我在阅读方面遇到了很多困难。我能读懂字面意思但无法深入理解。现在通过构建感官图像，书中的内容在我脑海中以类似电影的形式出现，就好比我自己成了书中的一个人物，效果大不一样了。"

　　埃莉诺的另一个学生斯盖琳则告诉我们，她每读完一段便会停下来，花1~2分钟的时间进行回顾和反思——她实际上正在运用整合信息这一策略。她说：

> 从今年开始，我每天放学回家都会抽出30分钟读书，因为我爱上了阅读！自从老师教会我们使用便利贴，每读完一段，我便会停下来花1~2分钟的时间思考文本内容，并把我的想法和疑惑记在便利贴上。每次重新阅读之前，我都会回顾一下自己记录下来的相关问题，看看能否回答。当然，我通常是能够给出答案的。

最后，凯西打开心扉抒发了学习阅读策略对她的影响以及她对埃莉诺老师的感激之情（图5.1）。

我们一边回答这些问题，一边"思考"。我之所以把"思考"两个字放在双引号中，有两个原因：第一，你一直在教我们如何"思考"；第二，我们回答问题时并不局限于文本的字面意思，实际上也表达了自己内心的好奇。我们绝大多数同学心中都藏着各种各样的想法，但从来没有机会表达。这些想法在我们心中积压了很久，而你终于给了我们表达和释放的机会。最后我想说，我认为五年级是我人生的重要转折点，它为我今后几年的学习打好了基础。

凯西

图5.1　凯西对"阅读策略有什么用？"这一问题的思考

这些反馈令埃莉诺颇为惊讶，让她对学生的学习效果和所思所想有了全面的了解。学生如此专注于阅读，这让埃莉诺喜出望外。学生通过运用这些策略，既提高了阅读质量，又丰富了生活阅历。

第二部分

阅读策略课

第六章

阅读理解教学方法

老师若能花时间亲自给学生做示范，往往会收到理想的教学效果。这一部分介绍了各种类型的教学方法和反馈方式，旨在诠释优秀的读者是如何在阅读过程中解析文意的。我们将这些教学方法和反馈方式应用于不同的语境、不同的策略、不同体裁和内容的文本和不同的阅读目的，教会孩子在实践中使用，帮助孩子全面掌握阅读策略。孩子需要大量的辅助工具，才能对所读、所听和所观察的内容进行深入思考。为了揭开阅读理解过程的神秘面纱，我们会与孩子分享自己的想法，向孩子展示自己的内心活动，借此帮助孩子学会独立思考。

我们将形式多样的教学方法和反馈方式

结合使用、融会贯通，然后教授给所有孩子，并使他们保持阅读热情。有时我们带领孩子进行互动式朗读，有时我们教孩子在文本上做批注，有时我们组织孩子进行小组讨论。孩子各有特点，他们的反馈也不尽相同。我们采用全员授课、小组讨论或一对一的形式给孩子展示我们的思维模式。正因为这种多样性，我们的生活才如此丰富多彩！

　　这一部分所有的阅读策略课都融入了一种或几种教学方法和反馈方式，用以辅助阅读理解教学。在讲解具体的课程之前，我们将简要介绍通用的教学方法和反馈方式。

教学方法

运用有声思维

　　在阅读理解教学领域的相关文献中，"有声思维"指"将思维活动公之于众的具体过程"（Davey，1983）。在本书中，我们对"有声思维"的定义是：剥开思维的层层外壳，向孩子展示我们处理文本的方式，让孩子清楚地看到我们理解不同类型文本的过程。有时我们只将有声思维当作特定的策略使用，有时则通过有声思维与孩子分享自己对文本的各式各样的反应。

让孩子反复阅读

　　反复听或者反复阅读文本可以激发孩子的兴趣，从而使孩子学到更多知识，有更深刻的理解。我们会给孩子示范如何通过反复阅读使文意明晰、深入理解文本并扩充知识储备。

开展互动式朗读

　　我们会给孩子朗读文本，展示自己的思维过程，讲解如何使用阅读策略。孩子会认真听讲，然后与同学交流，将自己的想法、疑问和评论写出来或者画出来。

在文本上做批注

　　批注是促进学习、理解和记忆最为强大的思维工具之一，做批注的方法包括画画、写注解和感想以及用批注符号在文字、图片上做标记等。我们会给孩子做示范，用批注的形式记录自己的思考，然后和孩子一起通过文字和图片对之后的内容做出推断，后续的批注任务由孩子独立完成。

和孩子一起制作要点图

我们会和孩子一起制作要点图（anchor chart）。要点图在教学活动中起着承前启后的作用，它通常包括我们与孩子分享自己的所思所想时运用的教学语言。我们会在要点图上记录自己和孩子对所读文本、所上课程、所学策略的思考，这样的要点图可以帮助我们适时回顾所学内容。

引导孩子展开讨论

我们会引导孩子讨论文本中的思想、重要议题和概念，并尽量将孩子的想法和问题糅合在围绕中心思想开展的集中式讨论中。同时，我们循循善诱，帮助孩子按照一定的思路做出反馈，进而推动讨论走向深入。

与孩子分享学习经历

我们向孩子展示如何进行阅读和思考的最后一种方式是与孩子分享自己的学习经历，包括我们读书、写作以及作为读者的经历。通过这种方式，孩子会感同身受，知道我们和他们一样，也会为了不同的目的读书、写作，也会为了寻求答案苦苦钻研。这不仅仅是一种教学方法，更是一种言传身教，是揭示学习生活真实样貌的有效方法。

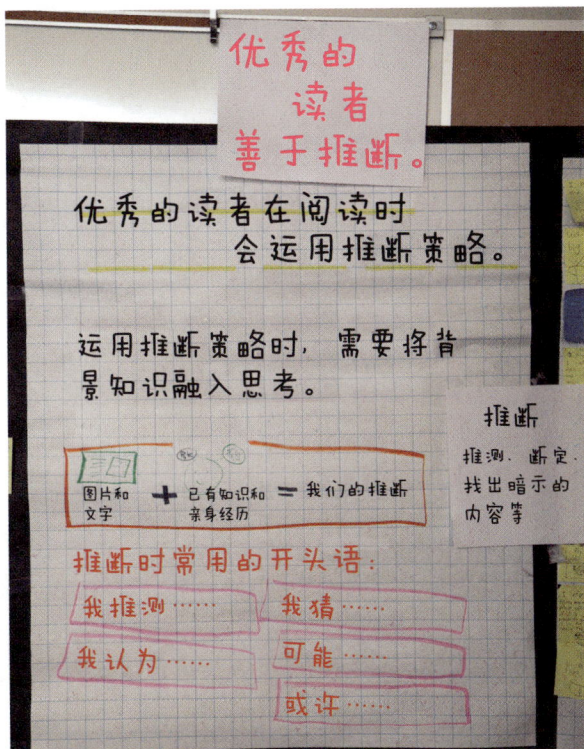

关于运用有声思维的几点建议

提前规划，突出教学重点

我们会提前在文中标出特定知识点，便于后期给孩子示范如何使用具体阅读策略、如何分析和解读文本。对于与重要概念或思想相关的问题，我们会时不时停下来与孩子讨论，从而帮助孩子深入理解。

与孩子分享内心的对话

我们会向孩子展示如何在阅读过程中监控理解进程。我们会将自己的反应、联想、疑问等记下来，与孩子展开类似的讨论："通过《格里姆和格鲁》这本书，我们可以想象一下，如果自己的父亲像故事中的父亲一样远离家乡、奔赴战场，那将是一件多么可怕的事。"还要让孩子知道，我们在阅读时注意力也会分散，思绪也会偏离，但我们会及时纠正。在我们分享这些经验后，孩子就能明白如何在走神时及时让思绪重回正轨，比如，他们可以留下思考印记——在便利贴或页边空白处快速记下自己的想法。

给孩子示范激活并关联背景知识的方法

我们会向孩子展示如何将已有知识与阅读过程中新学到的知识结合起来，如："我知道鲨鱼牙齿很大，但没想到会这么大。哇！"我们也会向孩子展示我们的想法是如何随着阅读而改变的，如："我一直以为鲨鱼喜欢吃人，现在才知道它们其实非常挑食。"

与孩子分享阅读时遇到的问题

我们会向孩子展示在阅读过程中遇到的问题，并告诉他们有些问题文本中给出了答案，有些则没有。接着我们会给孩子示范如何带着问题阅读，并阐释一个问题是如何催生另一个问题的，如："为什么海獭濒临灭绝？是因为没有足够的食物吗？是因为捕食者的伤害吗？是因为水被污染了吗？"通过上述方式，我们向孩子展示了如何通过一个个问题使我们的思路变得清晰连贯。

与孩子分享对文本做出的推断

我们会给孩子示范如何结合上下文推测生词和概念的含义，向他们展示如何推断虚构作品（如小说）的主题，以及如何利用插图、照片和其他文本特征解读非虚构作品，如："文中提到泰坦尼克号上的广播人员很疲惫。我猜'疲惫'这个词的意思是说他们累了，因为文中下一句话提到他们整晚都没睡。"

说出不懂的地方并给孩子示范如何解决问题

我们会时刻监控自己的理解状态，当遇到无法理解的内容时，我们会给孩子讲述自己的感受："嗯？这部分内容我理解不了，它有点儿难懂。"我们还会给孩子示范如何采取补救措施，比如退回去重读或跳过晦涩难懂的部分继续阅读等。问题解决后，我们会跟孩子这么说："哦，现在我明白了。我第一次读的时候居然没注意到这里。"

给孩子示范如何通过分类的方法筛选重要信息

我们会告诉孩子我们也没法记住所有读过的细节，继而向他们展示如何筛选需要记住的重要内容，如："天哪，光合作用的细节太多了。但真正重要的内容是植物利用阳光制造养分的机制。我之所以这么判断，是因为作者用了大量篇幅来讨论阳光以及阳光与植物的关系。"

关于反复阅读的几点建议

　　反复阅读是解除疑惑的有效方式。通过反复阅读，读者可以对文本有更全面的理解。我们会给孩子示范如何通过反复阅读来达成各种不同的阅读目标。

　　我们通过以下几个方面示范如何进行反复阅读：

- 澄清疑惑和错误；
- 反复审视问题并解决问题；
- 寻找并确认证据；
- 重点留意在初次阅读过程中学到的东西，在后续的阅读过程中拓展思维、加深理解；
- 整合并推测复杂文本的重要思想；
- 适时停顿，留意作者的行文风格以及文中的优美语句；
- 反复欣赏我们初读便爱不释手的文本。

关于开展互动式朗读的几点建议

与示范有声思维的运用一样，我们在给孩子示范如何开展互动式朗读时也是先向他们展示我们的思维模式，让他们清楚地了解我们是如何解读文本的。随即我们会把时间留给孩子，让他们展开讨论，交流对文本的理解。我们让孩子分享他们对所讨论话题的已有认知，借此激活并关联阅读文本所需的背景知识。然后，我们会留出一两分钟的时间，听孩子说一说自己的背景知识，这样做能够调动孩子的积极性和参与热情。

我们会给孩子朗读一段文字，边读边讲解我们对这段文字的思考。我们会根据这堂课的重点与孩子分享相关内容，比如内心的对话、所用的策略、内心的疑惑、背景知识、内容知识等。在朗读过程中，我们会适时停顿，把我们的想法记录在便利贴、思维记录单、页边空白处或笔记本上。

做完示范后，我们通常会要求孩子以读者的身份回答通过观察老师的示范学到了什么，这样，他们在独立阅读时便能活学活用。我们还会在要点图上记下孩子从老师的示范中学到的东西以及孩子自己的想法。

在课堂练习中，我们会多读一些内容，并鼓励孩子围绕文本观点和问题展开进一步的讨论。在朗读过程中，我们会时不时停下来，给孩子一点时间把他们的感想写出来或画出来并与同学交流。

关于在文本上做批注的几点建议

在阅读、聆听和观察过程中，做批注是保持思考持续性最有效的方法。在阅读理解教学中，我们会要求孩子拿好各自的写字板并时刻集中注意力。我们会适时停下来向孩子解释特定策略的使用方法，然后要求他们将各自的反馈用批注或绘画的方式呈现出来。

我们会告诉孩子如何做批注：暂停阅读，将自己的所思所想在页边空白处、便利贴或思维记录单上写出来或画出来。通过这种方式，孩子可以留下思考印记并保持思路清晰。

　　为了让孩子认识到做批注的重要性，我们通常会跟孩子这样说："阅读时，思考是重中之重，而保持思考持续性以及分享和铭记思考内容最好的办法就是做批注。"

　　我们会向孩子展示自己做的批注，并分享各式各样的文本批注符号，孩子也会分享自己的批注符号。

　　以下是我们常用的一些批注符号：

- "＊"代表重要信息；
- "？"代表问题；
- "A"代表回答；
- "L"代表新学到的知识；
- "R"代表"这让我想到了……"；
- "！"代表不可思议的或令人惊讶的信息；
- "I"代表推断；
- "V"代表构建感官图像。

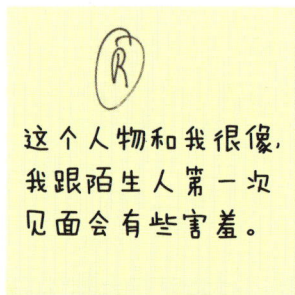

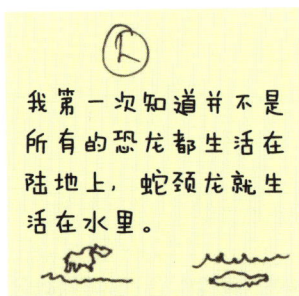

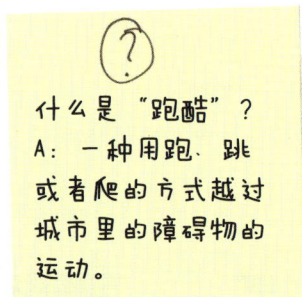

这个人物和我很像，我跟陌生人第一次见面会有些害羞。

我第一次知道并不是所有的恐龙都生活在陆地上，蛇颈龙就生活在水里。

什么是"跑酷"？A：一种用跑、跳或者爬的方式越过城市里的障碍物的运动。

关于制作要点图的几点建议

　　我们借助要点图使我们的思路更清晰并拓展思维。我们会和孩子共同制作要点图，这样孩子也做出了贡献，成了要点图的所有者。随着时间的推移，孩子越学越多，不断往要点图中加入新内容，要点图就会变得更丰富。

要点图用于记录课程的实施过程，记录孩子对文本、课程、阅读策略的所思所想，这样我们就可以通过它来回顾所学内容。

针对课堂教学，我们设计了形式多样的要点图，用以记录课堂学习和思考的过程。以下是几种常见的要点图：

• 策略要点图。在教授阅读策略时，我们会和孩子一起制作要点图，其中包含课程内容以及孩子的评论和见解。我们给出策略的定义，记下教授策略时所用的教学语言，并展示孩子使用策略的例子。

• 内容要点图。内容至关重要。我们用内容要点图记录在阅读和探究文本时发掘到的有趣且重要的信息。有时我们记录新学的内容，有时则记下思维演变的过程或获得的新信息。

• 体裁要点图。我们会先通过讨论确定文本的体裁，并分享一些制作体裁要点图的实例，之后与孩子一同制作要点图。当孩子阅读特定体裁的文本并围绕内容展开讨论时，我们会记下他们的想法。我们会将非虚构作品的文本特征或小说的各种要素融入要点图中，然后将要点图贴在教室里，供所有人观看并记忆。

• 反馈要点图。我们会收集孩子以文字和图画表达出来的想法和其他形式的反馈，以示对其思考过程的重视。反馈要点图涵盖了我们教过的策略和孩子学习的内容。右图是反馈要点图示例。

监控理解进程

在监控理解进程时，我们会聆听自己脑海中的声音。我们读了罗宾·克鲁斯的故事《健忘的祖母》故事的主人公名叫露西，她与爸爸妈妈、弟弟还有祖母一块儿生活。随着年事渐高，祖母变得越来越健忘，但她从来没有忘记自己有多么爱小露西以及其他家庭成员。

我们读了这个故事以后，写下了感想。

这个故事让我想起了……

我想起了我最爱的伯伯，他有些老了，但是仍然乐观开朗。

我想起了我的爷爷，他也常常忘东忘西。

当读到故事中的一家人早餐吃玉米圆饼时，我也觉得很饿。

我也不喜欢小睡。

为什么她会忘记吹灯？这非常危险。

我很好奇为什么人老了就会变得健忘。

关于引导孩子讨论的几点建议

引导式讨论的目的在于教给孩子对话的艺术，让他们学会独立开展讨论。

我们会选取文本中的重要内容，围绕这些内容展开讨论并探究文本的中心思想。

我们会选取文本中涵盖了重要概念的焦点问题，它们能激发孩子更多地加入自己的见解。

我们有意将孩子的观点融入对话，用他们的想法推动讨论走向深入。

我们会教给孩子一些讨论用语，帮助他们在别人的想法的基础上形成自己的想法，比如：

> 这个想法很有意思，让我想到了……
>
> 在这个观点的基础上……
>
> 就像刚才 ×× 说的，我在想……
>
> 我不赞同这个观点，我是这样想的……
>
> 我不敢苟同……

我们会问孩子一些开放式的问题，以鼓励他们进行更深入的思考，比如：

> 你为什么会这么说？
>
> 能再多跟我们分享一些你的想法吗？
>
> 谁有不同的想法？
>
> 你是怎么想到这一点的？
>
> 关于这一点你能再多谈谈吗？

关于分享阅读体验的几点建议

我们每天都会跟孩子强调老师也是读者，会与孩子分享从图书、报纸、网络、读书会中学到的东西。

我们会为孩子提供各种体裁的妙趣横生的文本，会与他们分享阅读文本时提炼的思想和得到的乐趣。

我们也会将自己读的文本、自己写的文章用于示范课，只要它们与示范课内容相吻合。

我们会乐此不疲地搜寻短文、图片等材料，只要这些材料与我们在课堂上学习的内容契合，都可以分享给孩子。

当然，我们也会跟孩子分享那些我们非常感兴趣但晦涩难懂的读物，这么做会让他们明白，即使像我们这样有经验的读者，阅读时也会遇到障碍，此时必须反复推敲才能理解文意。

我们还会与孩子分享去图书馆和博物馆、听音乐会、看戏剧和参加讲座的经历，让他们学会利用课外时间在感兴趣的领域中拓展学习。

反馈方式不限于制作立体模型

露西·卡尔金斯是哥伦比亚大学教育学院读写项目的教授兼主任，她说过，每当深夜在床上读完一本书后，她绝不会一把抓住丈夫的胳膊说："啊！我已经迫不及待要下楼做一个立体模型了！"我们理解她的意思。多年来，美国各地的学校都要求孩子在读完书后完成一系列活动，典型的活动包括制作立体模型、玩填词游戏和搜集优美词句等。事实上，阅读后的反馈并不需要这样刻意和复杂。我们的同事哈维·丹尼尔斯曾经说："为什么孩子在读完书后不能像一个真正的读者那样围绕书的内容讨论一番就继续读下一本呢？"

即使真的需要非讨论式反馈，也不必那样刻板和无趣。本书的阅读策略课以不同形式融入了孩子形形色色的反馈。无论是口头的、艺术性的，还是书面的、实用性的，也无论它们复杂还是简单，都反映出了孩子的所思和所学。通过这些反馈，我们可以评估孩子的学习效果，判断他们的理解是否到位，了解他们是全身心投入阅读还是因为厌倦而把书弃置一旁，等等。上过我们的阅读理解课的孩子往往更乐于分享他们的观点，我们也受益匪浅。

判断孩子能否理解文本的最好证据莫过于他们各式各样、灵活开放的反馈。口头反馈和书面反馈是课堂上最常用的反馈方式，本书中列举的诸多反馈都属于这两种。日新月异的科技让反馈方式变得多样化起来。孩子可以录视频、做音频，甚至可能因此成为技术娴熟的准一流媒体制作人；他们可以就某一研究主题采访自己最喜欢的作者或专家，录制整个采访过程，在班上或线上分享；他们可以制作信息图用于总结新学到的知识，也可以将学到的知识付诸实践，比如学习回收废品的方法、做成科普传单分发给左邻右舍等。

其实，自本书第2版问世以来，反馈方式就愈发多样化，这是一件好事。而且，无论是仅用纸和笔做出的简单反馈，还是运用高科技做出的复杂反馈，都是孩子对所读内容的创造和展示，是孩子分享思维和理解过程的绝佳途径。我们正是通过这些反馈真实客观地评估他们的学习情况的。

口头反馈

交谈可在潜移默化中促进读写能力的发展（Britton，1970）。这一部分的阅读策略课中涵盖了以下几种口头反馈方式：

与同伴交流

我们给各年龄段需要帮助的孩子做示范，让他们学会如何就课程内容与同伴交流。通过这种方式，所有孩子都有机会参与对话并理解文意。

结对子阅读

可以让孩子根据共同的兴趣、问题或研究主题两两结对。我们会提醒孩子，在结对子合作中最重要的是学会倾听。我们常常要求孩子在听搭档读文本时将遇到的问题和想法记在便利贴上，当搭档读完后，他们便可以围绕这些内容展开讨论了。

合作做出反馈

我们先给孩子示范如何使用策略，然后鼓励结成对子的孩子回顾、研读文本，并合作做出反馈。当然，我们也会示范具体该怎么做，让孩子很好地理解如何高效做出反馈。

小型非正式讨论小组

3~5个孩子为一组，就文本的内容展开讨论。孩子可以按照罗盘的形式围坐成一圈，这样位于正北方的孩子发言结束后，位于正东方的孩子就可以接着发言。

拼图式讨论

我们有时会为孩子提供众多主题相同但视角不同的文本，要求孩子进行拼图式讨论。对于年幼的孩子，我们会提供图片或一段文字供他们讨论。

读书会式的讨论

让每个孩子阅读同样的文本，然后像成年人参加读书会那样，让孩子聚在一起，讨论并做出反馈。这种真实的对话环境能够激励参与者积极提出问题、发表观点，并将文本与个人生活经历联系起来。

信息学习小组

在这些小组中，孩子就共同感兴趣的话题进行交流、研究，构建知识体系。

这些话题可能来自课程中的某个方面，也可能单纯源于孩子的兴趣。

探究小组

在这些小组中，孩子合作探究感兴趣的问题并从中挖掘信息。如需了解更多这方面的信息，请参阅《理解与合作：好奇心和参与度在探究性学习中的作用（修订版）》。

以书面、艺术和数字化方式做出反馈

尽管口头反馈最为直接，但读者通过写作、绘画等方式做出的反馈能够促使他们对文本进行深入思考。这一部分的阅读策略课中涵盖了以下几种反馈方式：

批注式反馈

我们采用形形色色的书面和数字化方式做批注，包括在页边空白处做笔记、用符号在文本上做标记、在便利贴上做记录、做电子笔记、制作思维记录单以及用谷歌文档、Edmodo 和 Padlet 等做批注，所有这些都有助于在阅读过程中捕捉文意。

简化式反馈

我们会用多种多样的方式（比如速写、写博客、做小调查、列清单、画信息图等）做出言简意赅的反馈。

小作品式反馈

当孩子打开思路解读所读内容时，会用各种方式做出反馈，比如写作、绘画或制作手工制品等。这些反馈方式往往能激发孩子创作出篇幅更长、主题更丰富、体裁更多样化的作品，如诗歌、小说、散文等。

创造式反馈

自本书第2版问世以来，新兴的创客运动催生了新的反馈方式。创客运动利用了电脑编程的便利性，为孩子提供了一种基于真实环境、可以亲身实践、有创造感的反馈方式。孩子可以通过编程对所学、所思做出反馈。孩子也可以走低技术路线、如搭积木、制作模型等。凡是孩子能想象到的，他们就能创造出来。

艺术表达式反馈

这类反馈的具体形式有巨幅海报、壁画、视频、歌曲、戏剧等。我们很高兴看到世界范围内新的反馈方式层出不穷，我们也正与孩子一起努力让他们以各种各样的方式进行反馈。但是，无论以哪种方式做出反馈，关键在于要有意义和价值。我们必须确保反馈真实有效、紧扣主题。以前，如果一个孩子在写作和交谈方面能力欠佳，那么他在课堂上的学习就会困难重重。而现在，孩子的天赋和兴趣可以通过各种全新的反馈方式得到开发，再也不会只局限于口头和书面反馈了。今后，培养出像乔治娅·奥·吉弗、雪莉·桑德伯格或莱昂纳多·迪卡普里奥那样杰出的人物应该不是什么难事，因为我们拥有无限可能！

第七章

监控理解进程：跟随内心的对话

"同学们，跟我说说，你们中有多少人会在读书的时候走神？"在一天的课程接近尾声时，斯蒂芬妮向七年级学生提出了这个问题。同学们纷纷举起手来。"哇！原来这么多人都会走神啊。那好，现在回想某一次你走神的经历，然后和你的搭档说说你当时阅读的内容和脑海中的所思所想。"大家按照斯蒂芬妮的提示开始彼此分享，教室中充满了欢快的聊天声。显然，走神是孩子共有的经历，他们很有共同语言。几分钟后，斯蒂芬妮问是否有人愿意跟大家分享一下自己的经历，同学们非常踊跃。

"我上节科学课就遇到了这种情况。"涂妮亚第一个说，"当时我们在阅读关于原子的内容，但我脑子里却在想别的事情。"

"你在想什么？"斯蒂芬妮问。涂妮亚解释说，当时她在想，周五将举行今年的第一场中学舞会，妈妈已经答应她，如果她愿意包揽所有的家务活，就给她买一件新衣服——上周末她在商场精挑细选的一件衣服。科学课那天便是约定的日期，所以她全部的心思都在那件衣服上。她最担心的是那件衣服是否还在，因为她知道那家店的许多商品都是孤品。为了确保自己能够抢到那件衣服，她已经把衣服从女装区偷偷移到了男装区，藏在挂着46号尺寸衣服的架子上。这可是非常有策略性的行动呢！要是所有的孩子在阅读过程中都能像涂妮亚为了得到舞会衣服这样学会巧用策略就好了。

阅读过程有时非常流畅，有时却因为缺乏背景知识导致进度缓慢；有时读者能够一口气读完整篇文章，有时却因为文本难度过大停滞不前；有时读者会被一个扣人心弦的话题深深吸引，如痴如醉，有时却无法投入，像涂妮亚一样注意力涣散，没有意识到自己的思绪早已飘离了文本。这都是很正常的现象。

不过，令人惊讶的是，涂妮亚说她能够回答文章末尾提出的问题。其实，这并不是因为她理解了所读内容，而是因为所有的答案在原文中都是用粗体字印刷的。因此，只要快速浏览一下要点，她就可以把答案与问题进行匹配——这是涂妮亚的一种策略。

但我们并不希望孩子仅仅通过浏览粗体字寻找答案，而是希望他们能够结合文本信息积极思考，真正从阅读中获取知识。我们希望孩子全身心投入阅读，在这个过程中开拓思维。

在本章介绍的课程中，我们将通过清晰直白的语言教孩子如何在阅读过程中监控理解进程，借此帮助孩子关注内心的想法并将想法表达出来。在学习这些课程时，有些孩子可能会说他们需要停下来想一想，理解一下文本信息，这说明他们在倾听内心的对话。如果出现这种情况，请予以理解。我们希望通过这样的努力，孩子能够成为策略型读者，能够通过阅读获得独到的见解。

阅读策略课：监控理解进程

跟随内心的对话

预期目标： 倾听内心的声音，留下思考印记。
阅读素材： 伊芙·邦廷的《格里姆和格鲁》。
反馈方式： 便利贴。
适用对象： 小学生和初中生。

阅读理解是思维不断升级演化的过程。读者在阅读和解析文意的过程中要与文本进行内心的对话。阅读时，读者会在脑海中听到一个声音与他对话，这个声音或是在质疑，或是在关联，或是在大笑，或是在呐喊。这种内心的对话有助于读者在阅读过程中监控理解进程，促使自己将注意力集中在故事情节、概念、文本信息和反映的思想中，从而理解所读内容。如果读者能够掌控这种内心的对话，就能对自己的思维过程有更清晰的认识，也就更易在阅读时有效运用某种阅读策略，如提问、激活并关联背景知识、筛选重要信息等。

互动式朗读

在这堂"跟随内心的对话"课上，斯蒂芬妮的授课对象是八年级学生。这个班级里大多数孩子都是移民，来自索马里、苏丹、柬埔寨和墨西哥等地。斯蒂芬妮选择的文本是伊芙·邦廷的绘本《格里姆和格鲁》（Bunting，2001），这本书讲述了波斯尼亚战争中的一个真实故事，情节扣人心弦。在这个故事中，一个家庭的两个孩子因为战争流离失所、天各一方，最终在一个难民营中团聚。斯蒂芬妮知道，这个班里的很多孩子都能理解这个故事，因为他们也是难民出身，有些甚至在难民营里生活过。她特意挑选了这本书，就是为了让孩子与书本中的内容产生共鸣。在我们的《策略性思维》（Harvey et al.，2004）系列视频中，你可以看到这堂课。

故事中，两个孩子永远忘不掉他们养的两条鱼——格里姆和格鲁。为战争所迫，两个孩子抛弃鱼儿随家人逃难去了远方。历经战争摧残，两条鱼竟然在老房子后面的池塘中生存了下来，并且繁衍了后代。战争让这个家庭变得一贫如洗，过往的生活离他们远去，但他们一家活了下来，且每个人都比以往更加强大。他们坎坷的经历与格里姆和格鲁这两条鱼的经历颇为相似，整个故事蕴含了关于决心、希望和生存的积极寓意。

大家聚集在斯蒂芬妮身边，她开始讲道："在阅读过程中，没有什么比读者的思考更重要。我选择这本书是因为它让我想到了很多。读者如果全身心投入到文本中，积极思考文本中的遣词造句和思想，就会与文本展开一场内心的对话。这种对话是在读者的脑海中悄无声息地进行的。"

接着，她通过举例给孩子阐释读者在阅读时脑海中可能出现的声音："当我全神贯注阅读时，我会听到脑海中有很多声音。例如，在我困惑的时候，我可能会听到脑海里一个声音在说：'我没能理解这部分内容。'而当我继续读下去的时候，就会听到另外一种声音：'哦，现在我明白了。'当我读到新信息时，可能会听到惊讶的声音：'哇！我以前居然从来不知道。'这其实都是我在阅读时内心与作者进行的对话。当我给你们读书的时候，我希望你们也一边思考一边留意聆听自己内心的声音。"

然后，斯蒂芬妮以《格里姆和格鲁》的第一页内容为例，给孩子示范了她的思考过程。她一边读故事，一边指出自己如何运用激活并关联背景知识、提问等阅读策略。同时，她快速在便利贴上记下自己的所思所想，以此给孩子示范如何记录思考印记。

接着，斯蒂芬妮继续读故事，并让孩子在她的指导下练习。有时她只是简单地要求孩子与同伴交流自己的想法，以此锻炼他们的开放性思维——我们建议老师多使用这种方法。有时，她会给出一个明确的要求，比如："和同伴谈一谈这个故事中的母亲。你觉得她在这个故事中扮演着什么角色？"这个更为具体的要求旨在锻炼指向性思维。通过谈论故事中的特定内容，孩子可以将全部注意力集中于某一特定的主题。斯蒂芬妮提出这样的要求，并给孩子留出足够的时间解读文本，是在帮助他们从开放性思维向指向性思维过渡，这一点是十分重要的。

讲完故事后，斯蒂芬妮把所有孩子分成4个小组，让他们根据自己在便利贴上记下的内容（图7.1）展开讨论，她则在几个小组间来回走动，旁听他们的讨论。

这堂课快结束时，斯蒂芬妮邀请一些孩子谈了谈读了这个故事后的感想，以及对监控理解进程和跟随内心的对话是如何认识的。

> 这个男人对动物很公平，因为他认为鱼也有活下去的权利。但故事为什么一定要从两条鱼的名字命名呢？

> 我们终于看到了一个美满的结局！
>
> 家庭的力量……

> 可怜的格里姆和格鲁！真不应该丢下它们。我真希望他们能找到自己的父亲……

> 他们真的找到了父亲，太好了！但若遇到炸弹袭击怎么办？这座老房子能躲过袭击吗？那两条鱼能安然无恙地活下去吗？

> 妈妈很坚强，她并没有放弃。我很好奇她哪来的勇气？但是，谁来照顾它们呢？它们有没有足够的食物？

> 那两条鱼在哪儿呢？很明显它们肯定没有死，因为这个故事就是从它们命名的。如果它们真的死了就会漂到水面上，它们可能藏起来了吧……

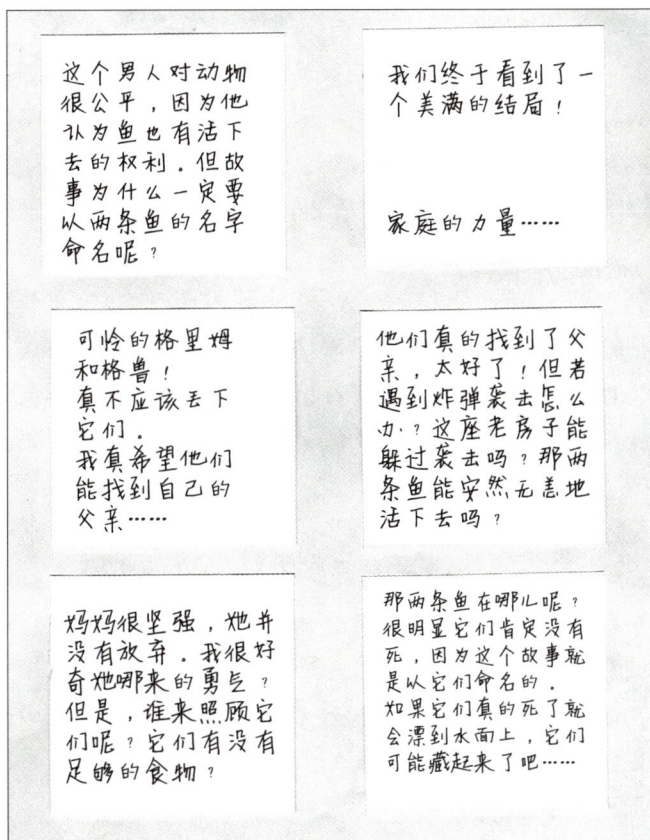

图7.1 孩子读了《格里姆和格鲁》后在便利贴上做出的反馈

阅读数字文本时，跟随内心的对话

预期目标：将阅读纸质文本所用的策略应用到数字文本中，以便更好地记录思考印记。

阅读素材：以数字化形式呈现的短诗集或其他短文本，如网站文章、PDF 文件、共享文档、旅行手册等。这堂课我们选择了安·特纳的一首诗，名为《街头绘画》。

反馈方式：组织图（graphic organizer）或便利贴，用于在阅读数字文本时做笔记。

适用对象：小学生。

我们注意到，孩子读的数字文本越多，越容易忘记阅读纸质文本时运用的策略，而实践证明，这些策略能有效提升孩子的阅读水平。孩子可以将纸质阅读和数字阅读进行对比，在此基础上学会灵活运用各种阅读策略。一旦学会在阅读过程中倾听内心的声音，孩子就能迅速成长为勤于思考、心思缜密的读者。进行数字阅读时，阅读策略的运用变得更加重要，因为数字文本往往会给读者带来更多的挑战。

五年级老师凯蒂·马赫达里斯通过"逐步释放责任"模式教学生如何跟随内心的对话。凯蒂让大家坐好，仔细听她读诗。她选择的是安特纳的一首诗，名为《街头绘画》（Turner，2011）。这是一首稍有难度的诗，孩子需要不停地做笔记和思考才能完全理解。选择什么样的文本至关重要，稍有难度且发人深省的文本能够让读者清醒意识到记录思考印记的重要性。

今天我们要阅读一篇数字文本，阅读时我们要确保大脑保持高速运转。今年我们一直很努力地学习边读边思考的技巧。但是，你们有没有注意到，有时当你阅读电子屏幕上的文字时，大脑会变得懈怠？你的大脑似乎在向你暗示，电子屏幕上的文字远比不上纸上的文字重要。因此，我们必须时刻提醒自己：阅读数字文本同样需要不断思考。

在这堂课的示范环节，凯蒂使用了投影仪，以便孩子清楚地看到她是如何在平板电脑上将诗的原文和自己的组织图并排放置的。她要求孩子在自己的写字板上画出组织图，然后找个搭档一起观察并交流意见。她示范的时候运用了有声思维，将自己的所思所想表达如下：

你注意到我现在正在做什么了吗？我是不是反复读了很多次？是的！当阅读数字文本时，我常常需要更努力地集中注意力。

我要确保我记下了我的想法，并将引出这些想法的原文摘抄了下来。

我发现我不太懂这部分的意思。我要把这些疑点加到我的组织图中，这样过后就可以反复琢磨。

这一段内容格外重要。我不太明白它的意思，我猜可能是……

然后，凯蒂要求孩子与自己的搭档分享从老师的示范中学到了什么。她这样问孩子："老师是如何将之前反复给你们示范的策略应用在阅读数字文本中的？数字文本给我带来了哪些新的挑战？"她又往下读了几行，并要求孩子记下自己的想法，然后与其他同学交流。接着，孩子开始与各自的搭档一起练习，他们一边练习一边记下阅读时遇到的障碍以及在哪些地方成功地克服了障碍等（图7.2）。

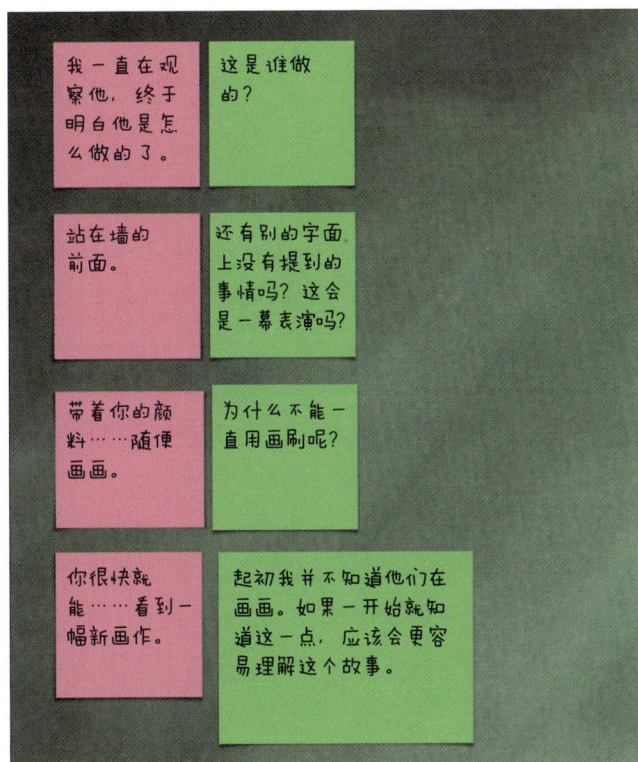

图7.2 孩子的笔记。左列是从文本中摘抄的文字，右列是孩子的想法

在这堂课快结束的时候，凯蒂让全班同学聚在一起讨论他们是如何在阅读过程中运用策略的，在阅读数字文本时他们有什么新收获，以及记录思考印记对理解文本起到了什么作用。

及时察觉思绪的偏离

预期目标：倾听内心的声音，及时察觉思绪的偏离，重新将注意力拉回文本中。

阅读素材：一段适合成年人的文本。

反馈方式：名为《思绪偏离的原因及应对之策》的两栏式要点图。

适用对象：初中生。

读者需要在阅读过程中仔细倾听自己内心的声音，只有这样，当思绪偏离时才能及时察觉。事实上，读书时分神是一件再正常不过的事情。无论是阅读纸质文本还是数字文本，文中的某个观点都可能在不经意间引发你的联想。于是在某个时刻，你对所读内容感到一片茫然；却能清楚地记得自己走神时在想什么，比如在想中学时的第一次舞会。有时候你对所读内容缺乏背景知识，因而无法有效解读文本，云里雾里的，最终思绪飘到了别的地方，比如开始想自己的日程安排。总之，无论你多么努力，都会有无法集中精力阅读的情况发生。孩子如果学会了倾听内心的对话，便能在阅读过程中及时注意到自己正在走神，随即停下来重新集中注意力，而不至于完全不知道自己在读什么，更不会因缺乏理解文意的有效策略而在遇到较难的内容时直接放弃。

给孩子示范如何解读文本以及如何在走神时重新将注意力拉回文本中，这是帮助孩子克服阅读过程中思绪偏离最有效的方法。更重要的是，要让孩子明白，你也是和他们一样的读者——你完全可以把自己阅读的文本带进课堂，跟孩子分享你的阅读体验，从而更好地帮孩子认识到这一点。在跟孩子交流时，你必须谨记，要不吝分享自己在阅读过程中遇到的障碍和惊喜，自己在走神或遇到晦涩难懂的文本时的体验也尽可以讲出来供孩子参考。

给孩子展示一段曾对自己构成不小挑战、让自己注意力涣散、极难理解的文本。给孩子举例说明，在读到晦涩难懂的内容时自己如何心不在焉，又是如何发现大脑在走神，继而将注意力重新拉回文本中的。和孩子一起制作要点图，把阅读时会让自己分神的原因列在要点图上。然后，让孩子与搭档聊聊阅读时分神的原因，讨论一下应该如何解决这个问题，之后与全班同学分享讨论结果。我们发现，孩子的一些想法颇有价值，值得我们铭记于心并运用到日后的阅读教学中。下面是我们与五年级学生共同制作的要点图的内容。

思绪偏离的原因及应对之策

思绪偏离的原因	应对之策
感到疲劳	反复阅读，重新理解文意
	过度疲劳时可暂停阅读
背景知识不足	比平常付出更多的精力，补充知识
口渴	起身喝点儿水
压力大	找老师或朋友聊聊，倾诉一下自己的想法
不喜欢正在读的文本	更换阅读材料
觉得内容过难	想想自己已有的知识，将新信息与已有知识联系起来
觉得内容无聊	更换阅读材料或者找一个对该阅读材料感兴趣的人聊聊

探究思考在阅读中的重要意义

预期目标: 阐明复述故事和解析故事的区别。

阅读素材: 罗宾·克鲁斯的《健忘的祖母》。

反馈方式: 大尺寸的便利贴和一张名为《〈健忘的祖母〉读后感》的要点图。

适用对象: 小学生。

当读者在阅读过程中留意并拓展自己的思维时，就是在监控理解进程。本书的所有课程都提倡这种积极的学习。在有些课程中，我们给孩子读文本，并要求他们边听边写。而在有些课程中，我们要求他们自己读自己写。还有些时候，他们只是单纯地阅读。更多的情况下，我们大声朗读，同时要求孩子分成小组交流和讨论。

在这堂课上，我们只是单纯地给孩子读文本，不多加阐释。读完后，我们要求孩子根据我们的朗读内容写下他们的想法，标出能够引发他们思考的句子或段落，并通过与搭档展开对话和讨论分享他们的所思所想。在小学课堂上，复述起着举足轻重的作用，我们也认为它是一项不可或缺的技能。但是在教授阅读理解时，我们不仅希望孩子能够复述，还希望他们有自己的见解，能够与故事中的人物产生共鸣，能够提出富有针对性的问题并做出推断，等等。我们希望孩子能够认识到，在阅读、倾听和观察过程中，思考起着举足轻重的作用。

二年级老师利兹给孩子选择的读物是罗宾·克鲁斯的《健忘的祖母》（Cruise，2006）。这本书讲述了一个小女孩和她深爱的、饱受老年健忘症折磨的祖母的辛酸故事。在书中，作者探讨了小女孩和祖母之间位置渐渐互换的微妙关系：小女孩逐渐长大成人，祖母却因为年龄增长变得越来越健忘。利兹认为这个故事可能会引起孩子的共鸣，让他们想起自己的祖父母、他们生命中的其他老人或者他们曾听到过的其他家庭中的老人的故事。

在给孩子介绍这本书时，利兹讲述了自己深爱的祖父的故事——她的祖父也因为年龄渐长而变得越来越健忘。她告诉孩子，这个故事让她回忆起和祖父共度的时光。她大声给孩子读了这个故事。读完后，她给每个孩子发了一张大尺寸的便利贴，告诉他们不要复述故事，而要写下由这个故事引发的思考、反应和内心的对话。

孩子把自己的所思所想写在了便利贴上，然后利兹让他们与搭档聊聊，读一读彼此写的内容并讨论一下。讨论结束后，有些孩子与全班同学分享了自己的感想。在这堂课的最后，利兹收回了孩子的便利贴，在征得他们的同意后，把所有便利贴粘在了那张名为《〈健忘的祖母〉读后感》的要点图上。这堂课效果很好，课上制作的要点图也发挥了很大的作用，它时刻提醒孩子在阅读时要积极思考，而不是单单关注故事情节的发展和细节描写。

"读、写、说"

预期目标：放慢阅读节奏，静心思考，对说明性文本做出反馈。

阅读素材：《时代·儿童版》中一篇名为《你能坚持一周不看电视吗？》的文章。

反馈方式：在页边空白处记下自己的想法。

适用对象：小学生和初中生。

阅读是一种社会行为。所有人都喜欢分享读过的内容，比如跟朋友分享最近读的小说，和同事聊骇人听闻的时事评论文章，和孩子一起探索绘本里的秘密。

读者可以通过"读、写、说"的途径达到最佳分享效果，即先静心思考，再用批注的形式记下所思所想，最后与他人交流。

我们会给孩子展示阅读文本时自己内心的对话，示范如何在页边空白处写下感想，最后留出时间，让他们自己练习。我们会告诉孩子，在阅读说明性文本时，最好时不时暂停阅读，记下自己的所思所想。通过这种方式，他们就可以扩充知识储备，记住更多新信息，对文本有更深层的理解。这就是"暂停—思考—对信息做出反馈"法（简称 STR 法），它可以帮助读者有效地解读文本。

孩子读完文本后，可以参考他们在页边空白处写下的感想，与读了同一篇文本的人更深入地讨论读过的内容。如果孩子能在阅读时关注自己的所思所想，读完后能与他人进行富有针对性的讨论，那么说明他们对文本已经有了更为全面的理解，并且能突破文本局限拓展思维了。

在这堂课上，斯蒂芬妮选择的是《时代·儿童版》中一篇名为《你能坚持一周不看电视吗？》（*Time for Kids*，2002）的文章。她利用这篇文章给四年级学生讲解如何通过"暂停—思考—对信息做出反馈"法解读文本。她给孩子示范了自己是如何边读边思考的——她在阅读过程中时不时停下来，仔细琢磨，然后做出反馈。在这个过程中，她要求孩子仔细观察她是如何通过记录关联内容、提问和反馈等方式将读到的信息融入思考的，她希望通过这样的方式让孩子对她的思考过程有一个清晰的认识。

给孩子读了几段文字并示范了如何解读文本后，斯蒂芬妮鼓励孩子在她的指导下进行练习，学着边阅读边记录思考内容。然后，她继续往下读，但每隔几分钟就会停下来，让孩子在页边空白处写下反馈，然后跟搭档分享心得。全部读完后，斯蒂芬妮让孩子把纸翻过来，在背面写下了以下3个问题：

1. 你学到了哪些自认为重要且应该记忆的内容？

2. 跟搭档分享心得是否提升了你的理解力？

3. 你还有哪些悬而未决的问题？

接下来，每个孩子都跟同学们分享了自己阅读时的所思所想，谈了自己是如何通过"暂停—思考—对信息做出反馈"法与同伴交流并增进对文本的理解的。

在全班同学一起学习这一方法后，我们建议孩子单独练习。我们通常会提供3篇难度或话题不同的文章，让孩子从中选择一篇，要求孩子在阅读过程中记下自己的所思所想，并与读同一篇文章的同学交流。孩子们对几篇文章的反馈如图7.3所示。

居然有人会支持考试！我在想：他们难道没有经历过学生时代吗？

我和艾玛的对话非常有用，因为我们讨论了考试的不公平。她让我想到了我在阅读这篇文章时从来没有意识到的一些事。

了解别人的观点是件很有意思的事情，我获益良多。

我简直无法相信在94年里，有93000只老虎丧生。还有，每只老虎身上的条纹都不同，这真是太酷了！

电视节目中有太多的暴力
电视节目让孩子变得更加好斗

我从电视节目中积累了一些背景知识

图7.3　孩子对几篇文章的反馈以及与搭档的交流内容

　　"读、写、说"不是一门课程，而是一种练习活动。这种练习活动适合所有年龄段的孩子，可以帮助孩子更好地与文本互动、与他人交流。后面的课程中列举了不少针对幼儿园孩子和二年级学生的教学案例。如需了解如何在课堂中开展这种练习活动，请参阅我们的视频《读、写、说》（Harvey et al.，2005a）。

　　我们不会将"读、写、说"的作用局限于解决读写障碍，它是一种可以频繁用于多种课程的练习活动。我们会从孩子最感兴趣的内容中选择趣味十足的文本，在课堂中引入这一练习活动。因为只有对文本内容有浓厚的兴趣，孩子才能学得更快、理解得更深入。当孩子在课堂中通过这一练习活动积累了足够多的经验，"读、写、说"就会成为一种在英语语言艺术（ELA）、科学、历史甚至数学等科目中或联合运用、或独立运用的方法。

留下思考印记：小学生的批注

预期目标： 仔细观察照片并解读说明文字。

阅读素材： 乔伊·考利的《红眼树蛙》或其他含有大量有趣照片和少量文字的非虚构图书。

反馈方式： 在照片和说明文字旁写批注。

适用对象： 小学生。

　　开学后第三周，杰西卡·诺埃班级里的26个一年级学生已经学会如何使用写字板、便利贴和记号笔了。我们的同事乔安妮·达勒姆曾说："简简单单一张便利贴和一本带有妙趣横生的图片的非虚构图书便能激发五六岁孩子的好奇心。"

　　杰西卡的学生每天都聚在一起，兴致勃勃地听她读小说或非虚构作品。班里的墙上贴了很多要点图，上面贴满了他们在阅读《小熊可杜罗》（Freeman，1976）、《勇敢的希拉·瑞伊》（Henkes，1987）和非虚构大字书后在便利贴上做出的反馈。

　　孩子一般通过绘画来表达所思所想。但有时候，比如他们在看到毛茸茸的狼蛛的照片或雪崩的照片时，也会把所思所想写下来。当孩子越来越擅长对所读内容做出反馈时，我们便可以教他们通过批注留下思考印记了。

给孩子朗读乔伊·考利的《红眼树蛙》（Cowley，2006），能够促使他们对书中的图片和文字进行思考，从而学到有价值的内容。杰西卡一边大声朗读，一边示范如何在便利贴上写下自己的反馈，之后把那些便利贴贴在了书页上。等她朗读完，大家迫不及待地学着做了起来。每个孩子桌上都放着一张照片，照片旁有说明文字，他们开始用画和写的方式记录新学到的知识。约西亚看到树蛙嘴里叼着蛾子翅膀的照片，惊呼道："哇！我现在才知道，原来树蛙吃昆虫！"随后，他在照片旁写下了自己的问题（图7.4）。在这堂课快要结束时，很多孩子自豪地分享了自己做的批注。一张张写着批注的照片，充分展现了学习的力量。

图7.4 约西亚以文字和图画的形式呈现的包含问题的批注

阅读、交谈、记笔记：解读非虚构文本

预期目标：以文字和图画的形式做批注，留下思考印记。

阅读素材：杂志、报纸上的文章或其他短文本。

反馈方式：提问、记笔记、将新学到的知识以文字和图画的形式
　　　　　呈现出来。

适用对象：小学生和初中生。

　　孩子渴望了解真实的世界，他们经常自发地把教室中的所见所闻和外面广阔的世界联系起来。在一堂讲解濒危动物的课程快要开始时，洛雷娜冲进教室，手里拿着一份报纸，报纸上刊登了一篇关于北极熊濒临灭绝的文章。因为担心北极熊这种奇异的动物灭绝，这些二年级学生聚在一起，希望能从文章里找出更多信息。

　　这堂课的授课老师布拉德·布罗意识到这是一个绝佳的机会，他可以借这个机会让孩子留下思考印记、提出相应的问题、激活并关联背景知识并记下新学到的知识。考虑到这篇文章对大多数孩子来说都颇具挑战性，他把这篇配有大幅照片的文章贴在了班级里一张教学要点图的正中间（图7.5），在文章四周留出了足够多的空白。他分别在要点图的左上方和右上方写下了"信息"和"我的所思所想"两个标题，然后开始和孩子一起做批注，留下思考印记。

　　布拉德老师和孩子一起阅读这篇文章，并围绕北极熊及其栖息地变化等主要背景知识展开了讨论。

　　他先仔细观察了照片，继而阅读说明文字，最后开始阅读文章的第一部分。这时，他提醒孩子关注自己内心的声音——即在阅读、倾听和观察时脑海中出现的声音。他先和孩子分享了自己的所思所想，讲解了如何用自己的话把文章中的信息表达出来，然后他在要点图左侧"信息"标题下的空白处写下了"海面的冰层正在减少"。之后，他让孩子与同学谈论这个话题，并告诉他们可以把自己的想法写在"我的所思所想"这个标题下面。此时，一个叫胡奈的孩子大声说出了心中的疑惑："北极熊会游泳，冰层的减少为什么会对它们的生存构成威胁呢？"他听出这个孩子运用了自己的背景知识，于是夸奖道："你做得很好，把自己对北极熊已有的认识与文章结合了起来。"接下来，他们讨论了北极熊能否在冰层减少的情况下生存，而这个问题关系到北极熊能否适应环境变化这一更

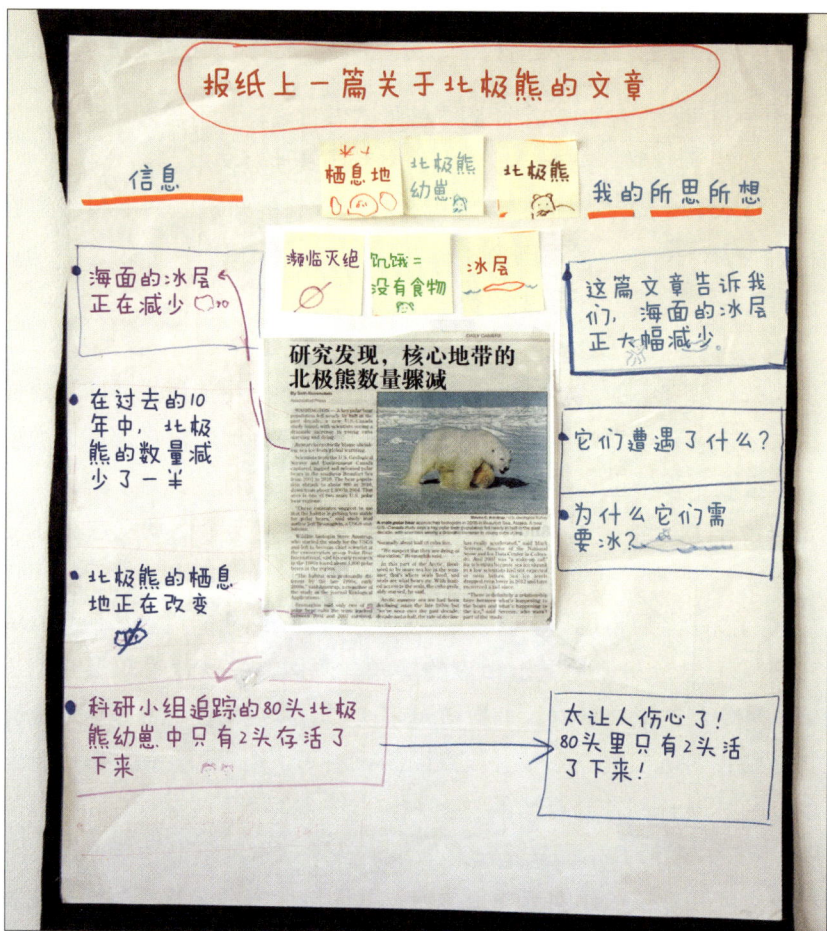

图7.5　老师和孩子针对报纸上一篇关于北极熊的文章做的批注

为重要的问题。

　　文章最后的部分提到，科学家在追踪和研究北极熊的种群数量时发现，很多北极熊都死了。很多孩子在读到这部分时，显得忧心忡忡，迫不及待地想知道人们针对这一问题采取了哪些补救措施。他们能够结合北极熊的相关信息做出推断，并在此基础上探究全球变暖和栖息地变化给北极熊带来的影响。虽然对这些问题的探究超出了二年级学生的认知水平，但围绕这些问题获得一些相应的知识，有助于孩子了解课堂之外的世界。

在网络阅读中监控理解进程

预期目标：进行网络阅读时，克服外界干扰和阅读障碍，监控理解进程。

阅读素材：网站上的时事文章。

反馈方式：留意干扰因素并制作要点图。

适用对象：小学生和初中生。

网络阅读往往会给孩子带来额外的困扰。网页上使人分散注意力的广告、被分割成一小块一小块的文本和插在其中的链接，都会给网络阅读增添难度。因此，我们要特别教给孩子如何分辨和应对这些外界的干扰因素，涉及的方法有聚焦式阅读、将注意力重新转移到文本上、精准搜索网站等。当孩子渐渐发展成勤于思考、精通网络阅读的读者后，他们便能掌握这些特殊的方法了。

我们会以班级为单位，通过集体朗读的方式，跟孩子分享我们的阅读经验。当孩子分神时，我们会引导他们重新将注意力拉回文本。一旦孩子学会高效阅读所需的策略，我们就会给他们提供实践的机会，让他们运用对自己十分有效的策略独立阅读并做出反馈。

凯蒂·马赫达里斯在史密森尼学会的网站上选取了一篇文章，投在教室的屏幕上，开始给五年级学生上课。凯蒂给孩子示范了预习的方法，同时也展示了她在阅读这篇文章时遇到的一些干扰。然后，她要求孩子回顾教室里挂着的关于监控理解进程的要点图。这张要点图是她在早些时候和孩子一起制作的，上面列出了一些在阅读过程中会干扰理解的因素以及有效的应对策略。

当孩子回顾这张要点图时，她提出了一系列问题："哪些干扰是网络阅读特有的？哪些干扰在阅读纸质文本的过程中也会遇到？我在想，网络阅读和纸质阅读真的有那么大的区别吗？"接着，她给孩子朗读了一篇网络文章，并示范如何运用有效的策略排除干扰。在这个过程中，她要求孩子持续思考刚才提出的问题。孩子一边听，一边在笔记本上快速记下老师频繁使用和展示的策略，并时不时和同伴讨论。

接下来是孩子的练习时间，他们需要先选出一篇难度较大的文章来。凯蒂认为，孩子应该有自由选择权，这一点非常重要，只有这样他们才能找到一篇既有难度又能激发他们兴趣的文章。在阅读过程中，孩子需要记下遇到的障碍，并格外留心干扰因素是只存在于网络阅读中，还是也存在于纸质阅读中。

最后，凯蒂把大家召集到一起，让他们讨论经过刚才的练习有哪些收获，并根据自己的阅读情况提出建议。有些孩子说，他们在阅读网络文章时虽然确实需要借助额外的策略排除干扰，但是在阅读过程中并没有遇到太多障碍，能够轻而易举地通过聚焦式阅读克服绝大多数干扰。有些孩子还发现，他们可以借助阅读纸质文本时使用的策略解读网络文本，这一点让他们颇为惊讶。凯蒂将他们的想法一一记录在要点图上。

在网络阅读中监控理解进程

- 遇到干扰时一定要采取补救措施。阅读策略的选择与文本形式关系不大。
- 想想是否可以用科技手段排除干扰。

凯蒂在记录时，一个孩子说他在阅读网络文本时无法做批注，而批注恰恰是他在阅读纸质文本时用来收集信息最常用的方法。凯蒂让大家集思广益，想想在进行网络阅读时，他们可以用哪些方法使自己集中注意力和保持思考。他们将讨论内容和反馈都写进了要点图。

适时停顿、积极思考的方法

- 一边阅读一边在笔记本或便利贴上做记录。
- 截屏并使用合适的软件在文本上做批注。

接下来，凯蒂提供了一些网站链接，供孩子进行拓展阅读。在课程快结束时，凯蒂让孩子快速录制一小段反馈视频，内容包括当天的阅读情况以及在阅读过程中运用策略的方式、时机和效果。通过反馈视频，孩子得以反思当天的课程，凯蒂也获得了颇有价值的评估信息。

监控理解进程要求读者全身心投入阅读，因为专心阅读的读者更有可能高效地解读文本。若读者对文本不感兴趣、觉得文本太难或者没有足够的背景知识帮助理解，只是被动阅读，则会效率低下，很难理解文意。被动阅读的读者总会因注意力不集中而走神，而主动阅读是一个由读者主导的动态过程。

带着目标开展教学：评估教学效果

监控理解进程

基于本章的教学内容，我们会重点留意以下几个方面：

1. 孩子能否跟随自己内心的对话并通过做批注留下思考印记。我们会关注孩子是如何运用提问、激活并关联背景知识、推断等策略推进阅读的，也会关注他们使用便利贴、思维记录单和各种软件记录所思所想的效果。

2. 孩子能否注意到自己什么时候中断了与内心的对话，并采取补救措施重新理解文意。我们会关注孩子是否明白自己为何无法理解文意，以及应该如何解决这一问题。

3. 孩子能否在阅读过程中适时停顿、积极思考，并对文中信息做出反馈。我们会关注孩子在阅读非虚构文本时是否会频频暂停，以揣摩文中信息并记录想法和反馈。

因材施教的若干建议

对理解进程的监控应该是开放式的。读者应该掌握提问和推断等策略，但他们最应该具备的能力是：本能地对所听和所读内容进行思考并做出反应。

在互动式朗读环节，绝大多数时间都是老师读、孩子听，所有的孩子都可以自主且自由地解读文本，因为他们不需要费劲识读文字。通过这种方式，所有的孩子都可以读完文本并留下思考印记。对那些写作能力还比较弱的孩子，我们鼓励他们用图画或简短的文字表达自己的想法。我们也鼓励孩子在下笔之前彼此交流，借此优化自己的想法，为记录和分享做好准备。那些还完全不会写的孩子也可以通过谈话和讨论理解文意，并分享自己的想法。

通过和孩子交谈，我们意识到语言初学者在表达想法和做出反馈时，文字能力常常不及口头表达能力。因此，我们会尽量频繁地与孩子交流，以确保他们有机会持续整理和分享自己内心的想法。

对于年幼的孩子或语言初学者，我们会提供字号较大的文本，然后与他们一起在阅读过程中练习监控思维，并以要点图的形式做出反馈。这种海报大小的要点图在孩子独立阅读和练习监控理解进程的过程中能够起到引导作用。

如果孩子初步学会了监控理解进程，且能够使用诸如提问、激活并关联背景知识、推断之类的策略，我们会先进行简单回顾，然后开始教授更为复杂的策略。

监控理解进程策略效果评估

在"跟随内心的对话"这堂课的互动式朗读环节，孩子写在便利贴上的关于《格里姆和格鲁》的反馈

"氨"是什么？
带着那么多东西搬家一定很困难吧？
我养了两条鱼，它们活了一年了。
这个家庭选择了远离家乡——这是一个非常勇敢的举动。但我担心两条鱼会不脱水而死。为什么人们不帮帮它们呢？

▶ 这个孩子问"氨"是什么，这其实说明他知道自己遇到了看不懂的内容，也能看出他对自己的理解进程进行了监控。事实上，他很可能是产生了误读，因为故事中的女孩得了肺炎，与"氨"并没有什么关系。这个时候，我们会帮他认识"氨"（ammonia）和"肺炎"（pneumonia）的区别。当然，我们也会对他暂停阅读、提出问题的做法给予肯定，这正是阅读理解所需的技巧。此外，这个孩子在反馈中说"带着那么多东西搬家一定很困难吧？"，说明他联想到了自己的经历，并且提出了更多问题——这些都能证明他被这个故事深深吸引了。

▶ 这幅画画的是一位父亲离开的场景。我们并没有明确给孩子讲过阅读中可以用哪些方式做出反馈，但这个孩子选择用绘画的方式表达自己的感想。这是一个极好的例子，它提示我们在阅读文学作品时可以用各种方式抒发真情实感。

爸爸离开了家。

吉姆

看到他们找到了父亲我真的很高兴，而且父亲还能留下来，这样他们就能一起回家乡了。
但是他们的老房子还在吗？两条鱼的命运如何？
天哪！现在他们该怎么生活？但至少他们都活下来了，还团聚了。即使一贫如洗，家还是家。

▶ 这张便利贴上的文字写得非常流畅。在我们朗读的过程中，有些孩子可以轻松地写下感想，有些则不行。对于后者，我们需要时不时暂停朗读，给他们留出时间整理思路，然后再让他们动笔。在读到故事中一家人的老房子被烧的时候，这个孩子写道："天哪！现在他们该怎么生活？"——这便是她跟随内心的对话的有力证据。她在最后总结出了自己的观点："即使一贫如洗，家还是家。"

▶ 这个孩子在反馈中充分表达了自己的感想，展现了富有个性的写法，她写的那句"我也是女性，听听我内心的咆哮"就是绝佳的例证。但最重要的是最后那句"我们找到爸爸啦"。请注意，她在这里用的代词是"我们"。她并没有说"他们找到爸爸啦"，这证明在那个时候，她与故事中的人物已经融为一体——孩子的这种状态正是我们做老师的最期待看到的。

— 这两条鱼为什么如此特殊？
— 为什么维克托会那样对待鱼？
— 我为玛丽娜感到难过！
— 他们还能和爸爸团聚吗？
— 故事中描绘的是哪场战争？
— 我也是女性，听听我内心的咆哮！
— 个子虽小，也要为自由而战！
— 我们找到爸爸啦！！！！！！

他们为什么要烧掉房子？
人怎么会做出这样的事情？

两条鱼还活着！

鱼和人一样活了下来。

▲ ▶ 这个孩子被诊断出大脑在处理信息方面有缺陷。他每周都会有几天去矫正学习障碍，另有两天，会有一位特定的老师来教室帮他。他不可能凭一己之力读完这本书，但他的思考力却是无人能及的——这一点从他的笔记中便可以看出来。在第一张便利贴上，当读到故事中这家人的房子被夷为平地时，他的反应是："他们为什么要烧掉房子？"在这个反馈的下面，他又提出了可能是当天全部问题中最重要的一个："人怎么会做出这样的事情？"他还在第二张便利贴上揭示了鱼和人相呼应的命运——故事中的鱼和人一样，都活了下来。班里许多孩子都没有意识到这一点。互动式朗读营造了一个公平的环境，让每个人都有机会思考问题。

"在网络阅读中监控理解进程"一课中用于监控理解进程的思维记录单

理解进程中断的原因	干扰类型	解决办法
走神	数字信息干扰	聚焦式阅读
字体太小	与文本相关的干扰	集中精力进行聚焦式阅读
文章中出现了链接	数字信息干扰	忽略这些链接
对内容不感兴趣	与文本相关的干扰	跳过这些内容
出现了生词	与文本相关的干扰	推测生词含义
无关的联想	数字信息干扰	忘掉它，继续阅读
有干扰性广告	数字信息干扰	直接忽略

◀ 一个名叫吉利亚的孩子制作了这张思维记录单，用于在阅读过程中监控理解进程和纠正理解偏差。在这里，吉利亚采取的补救措施包括聚焦式阅读、利用上下文推测生词含义、忽略干扰因素等。

"阅读、交谈、记笔记：解读非虚构文本"一课中孩子针对关于北极熊的那篇文章做的批注

▶ 这个二年级学生给报纸上那篇关于北极熊的文章做了批注。她提出了一些问题，推测出了文中的部分思想，并对北极熊的困境表达了同理心，她说："这太令人心痛了！"她准确地总结了北极熊栖息地的现状以及各种变化对它们生存的影响。

激活并关联背景知识：构建知识体系

安妮给围坐在她身旁的一群二年级学生读威廉·史塔克的绘本《小老鼠和大鲸鱼》（Steig, 1971）。这本妙趣横生的绘本讲的是一头鲸鱼和一只老鼠之间结下友谊的故事，其中有一段讲述了鲸鱼鲍里斯在海滩上搁浅时的困境。一只名叫阿莫斯的小老鼠用尽一切办法想让它的大块头朋友鲍里斯回到海洋里。因为这些二年级学生之前读过很多威廉·史塔克的绘本，所以这次阅读给他们原有的背景知识又增添了新内容，同时也引发了他们各式各样的联想。拉希德注意到，故事中大多数人物都是拟人化的动物。朱莉安娜通过观察插图发现，故事中所有的人物似乎都遇到了困难。这些孩子读过威廉·史塔克的不少书，所以当再次读到他的书时，便会不自觉地猜测故事的主题是什么、有哪些幽默的桥段、反映了作者的什么思想。这种现象并不奇怪，因为我们几乎想不出还有哪个作家能像威廉·史塔克一样，能够让孩子如此痴迷，能够激发出孩子如此大的热情。

无巧不成书。读完《小老鼠和大鲸鱼》的当天晚上，安妮在国家公共广播电台里听到了一则不可思议的新闻：一头鲸鱼搁浅在得克萨斯海滩上。在营救阶段最关键的24小时里，当地居民轮班给鲸鱼喷水，试图在直升机赶来之前使它保持身体湿润。安妮曾去加利福尼亚海岸看过鲸鱼，所以此刻电台里的故事深深吸引了她。

第二天早上醒来，安妮满脑子想的都是那头不幸的鲸鱼，迫切想知道它有没有挺过那个晚上。她打开手机上网搜索最新消息——鲸鱼还活着！这让她颇为振奋。于是，她保存了几则新闻来到教室。

她给学生讲了自己的故事。随着她的讲述，大家的讨论内容渐渐转向了在得克萨斯州搁浅的那头鲸鱼和绘本中的鲸鱼鲍里斯的困境有何相似之处。有几个孩子记下了他们发现的两头鲸鱼的共同点。

不幸的是，就在当天，一些孩子在网上看到了那头搁浅的鲸鱼死亡的消息。于是，有两个孩子写了下面这条简短总结，指出了两个故事的结尾截然不同："鲍里斯活了下来，但得克萨斯州的那头鲸鱼不幸死亡。有时候，书中的故事会有一个美好的结局，而现实中的故事并非如此。"有些孩子对这件事非常感兴趣，他们准备继续探究鲸鱼搁浅后的困境以及搁浅的原因。

读者在阅读过程中激活并关联的背景知识影响着学习和理解的方方面面。对于新获取的信息，读者如果没有任何背景知识与之关联，则很难理解。对于某个特定的主题，如果有足够的背景知识做支撑，那么理解起来就相对容易。即使遇到写作风格和内容结构比较特殊的文章，只要有足够的背景知识做支撑，也很容易理解。

与个人经历联系起来，有助于读者更好地理解内容。通过把鲍里斯和得克萨斯那头鲸鱼联系起来，这些二年级学生对它们的困境有了更深刻的理解。他们对威廉·史塔克幽默的写作风格非常痴迷，只要把他的书从书架上取下，他们便知道下一刻一定会笑声连连，书中的人物一定会克服困难、走出困境。是现实给了孩子多角度认识世界的机会。

人们过往的经历和背景知识为建立阅读关联奠定了基础。书籍、杂志、互联网、讨论、经验，甚至是每晚餐桌上的闲谈，都可以成为人们与文本建立联系的基础，它们可以帮助人们形成全新的见解。我们希望教会孩子的，正是激活背景知识和建立联系的方法，这些方法可以帮助他们在阅读过程中更容易地找到相关线索。

将新知与已知联系起来，构建知识体系

　　教授阅读策略时，选择与孩子生活经历相近的故事，对引入新的阅读思维方式颇为有效。读者自然而然会将书中内容与自己的生活经历关联起来，会习惯性地将正在读的书与读过的其他书联系起来。当孩子学会将文本内容与个人生活联系起来后，便会将所读内容与更广阔的真实世界联系起来。这会激励孩子跳出自己的家庭、学校和社区，从更广阔的角度、更大的格局上进行思考。

　　我们对阅读策略课的建议是：以周边事物为出发点，逐渐拓展到孩子不熟悉的领域，比如探讨全球性问题和孩子生活范围外的陌生文化。有些课程侧重于对文本的理解，有些则侧重于围绕特定的主题构建知识体系。然而，不管侧重点是什么，两者都有一个共同的目的：利用个人和集体的经验加深理解、获取知识并学以致用。

　　经过在这个领域20多年的探索，我们发现，运用阅读策略能够有效促进知识的获取，这已是一个不争的事实。但是，这些年来，我们的一些行为也遭到了误解。在此，我们想做出声明——其实我们在以前的版本中和这一版开篇部分也做过同样的声明，那就是：我们不是为了教授策略而教授策略。归根结底，阅读策略是帮助孩子构建知识体系、理解自身、理解文本、理解世界的工具。

　　我们在教孩子激活并关联背景知识的策略时，有时会遇到一些意想不到的问题。在本章结尾部分，我们会探讨这些问题。我们教授这一策略的目的是增进孩子的理解而不是阻碍孩子的理解，如果孩子过度关联，就容易陷入误区。出现这种情况，我们可以帮孩子理清思路，消除由此导致的理解上的障碍。

阅读策略课：激活并关联背景知识

联系个人经历，提炼重要观点

预期目标：将文章中的观点与个人经历联系起来，建立同理心。

阅读素材：杰奎琳·伍德森的《每一个善举》。

反馈方式：开展互动式朗读，让孩子在便利贴上写下反馈并分组提炼书中的重要观点。

适用对象：小学生和初中生。

一本了不起的绘本在教学技巧娴熟、创意十足的老师手里，能够完美折射出孩子的人生经历和生活体验。杰奎琳·伍德森的《每一个善举》便是这样一本书，它能激励孩子打破个人经历的局限，与他人产生共鸣。此外，这本书还能加深孩子对自我和人际关系的认知。

《每一个善举》中的玛雅是班里的新同学，同学们对她很不友好。这种状况持续了很长时间，虽然玛雅尽了最大努力，但同学们（尤其是以克洛伊为首的一群女生）仍然很排斥她。有一天，玛雅突然失踪了，再也没有回到教室。那些尖酸刻薄的孩子的态度渐渐发生了转变，但这一切都太迟了——玛雅消失了，这使得故事中的孩子和读者都感到分外遗憾和悲伤。以下是老师通过与孩子分享这个故事营造和谐班级氛围的例子。两个例子虽然过程不同，但结果大致相似。

希拉里·巴塞尔为她所教的四年级学生提供了大量绘本，主题均与同理心和同情心有关。她试图借助这些绘本打造一个充满友爱的班级。

当学生沉浸于绘本中时，希拉里引导他们谈论自己的人际关系。她首先阐述了何为同理心，然后说，具备同理心的人能够设身处地地为他人着想。而书中的人物能够帮助他们从他人的角度看世界。

这些四年级学生很娴熟地将自己的人生经历与书中的内容联系了起来。他们一边听老师朗读绘本，一边在便利贴上快速记下自己的所思所想。在此期间，他们会时不时停下来，与同伴交流，并将写好的便利贴贴在班级要点图上。很快，他们注意到：故事中的孩子对玛雅很不友好。薇拉一针见血地指出："他们仅从外表评价玛雅，毫不关心她的内在。"接着，他们开始写自己的感想，其中一个孩子写道："当玛雅试图分享她的新玩具时，没有人愿意和她玩。读到这里我感到很愤怒也很难过，因为我想起自己曾经想要和一个女孩做朋友，但她拒绝了我，当时我的感觉就和玛雅一样。但是最后，那个女孩成了我的朋友，她的朋友也成了我的朋友。我不知道玛雅是不是也有这样的经历。"

随着对故事的深入解读，很多孩子注意到，故事中的人物渐渐发生了转变，表现出了内疚、悲伤和遗憾，同时也深刻认识到了善良和同理心的重要性。其中转变最明显的就是克洛伊。

三年级老师詹妮弗·肯尼森尝试在《每一个善举》的讲解中引入一些新的元素。新学年伊始，她花了大量时间与学生探讨做个好公民、好学生以及值得信赖的好朋友的重要意义。讲这本书之前，她强调每个人每天做出的选择都会产生一定的影响。然后，她模仿故事中的老师，取来一些石头和一个装满水的玻璃碗。她让大家回忆自己昔日的某一善举，或对他人表现出同理心的小举动，然后让他们选一块石头扔进碗里，并思考水中激起的涟漪代表着什么。因为故事中的老师解释说，石头代表善举，涟漪代表它带来的影响。

詹妮弗说："当我读到故事中的老师像我们在课前做的那样取来碗和石头时，这些孩子瞬间就回忆起了几分钟之前自己参与过的活动，马上就与故事里的人物建立了关联。这种反应写在他们脸上，也写在他们的眼睛里。我知道，他们现在能够将自己的经历和善举与故事中的人物联系起来了。"

当听到玛雅再也没有回来的消息时，希拉里和詹妮弗班里的孩子产生了颇为相似的反应：既震惊又悲伤。也许有人会说，这个年龄段的孩子最习惯接受的是圆满的结局。但即使是成年人，我们对如此具有感染力的故事也会产生和孩子相同的反应。可以说，我们所有人，无论老少，都乐意阅读那些可以和自己的生活产生共鸣的故事，并希望它能有一个圆满的结局。然而，现实往往不尽如人意。一本真正打动读者的书给读者带来的最大影响，莫过于激发读者的同理心，就像石头落水产生涟漪一样。这样的书与读者产生了意义深远的联系，如同读者的"窗户"和"镜子"，让他们得以看到自己的行为、待人接物的方式和相应的感受。

文本与个人经历的结合

预期目标：结合个人经历来理解文意。

阅读素材：凯文·亨克斯的绘本，包括《阿文的小毯子》《我的名字克丽桑丝美美菊花》《朱莉斯——世界的小宝宝》和《勇敢的希拉·瑞伊》。

反馈方式：用文字或图画呈现如何将文本与读者的个人经历结合起来。

适用对象：小学生。

克里斯廷·埃尔德·鲁宾诺和梅利莎·奥维亚特在课堂上介绍了一位作者——凯文·亨克斯。小孩子很容易由凯文·亨克斯的书联想到自己的生活。克里斯廷和梅利莎通过这些书给孩子讲解如何在阅读时结合个人经历来理解文意。

凯文·亨克斯笔下的人物和她们的学生年龄相仿，经历也基本相似，像《阿文的小毯子》（ Henkes，1993 ）中的阿文和《我的名字克丽桑丝美美菊花》（ henkes，1991 ）中的克丽桑丝美美这样的人物都是孩子非常感兴趣的。阿文对他那破旧的毯子情有独钟、不愿割舍；虽然克丽桑丝美美这个名字读起来非常拗口，但幼儿园的小朋友很感兴趣。克里斯廷和梅利莎之所以选择这些故事，就是因为她们知道孩子肯定能与其中的人物产生共鸣。

和前文中斯蒂芬妮老师运用有声思维讲解《北方的小屋》一样，梅利莎和克里斯廷也一边朗读文本，一边示范如何将故事与自己的经历关联起来。她们在绘本上贴上一张标记了字母 R（代表"这让我想到了……"）的便利贴，时不时快速写下或画出自己关联的内容。在示范过程中，克里斯廷使用了"文本"这个词，杰拉尔德迅速举起小手问道："什么是'文本'？"克里斯廷对他及时提出了这个问题表示感谢，因为这些幼儿园的孩子的确必须先理解了"文本"一词的意思，才能继续学习。克里斯廷解释说，"文本"指任何写出来供阅读的材料，比如图书、报纸、杂志、信件和电子邮件等。

在读《勇敢的希拉·瑞伊》时，路易斯尖声说道："希拉·瑞伊让我想起了我的哥哥。他总是吹嘘自己有多强壮。"这说明他已经把文本与自身经历结合起来了。不仅如此，当孩子听过凯文·亨克斯写的各种各样的故事后，还会在不同文本之间建立关联。他们注意到，亨克斯书中许多人物的境遇都有相似之处。一个孩子发现，《朱莉斯——世界的小宝宝》（Henkes，1990）中的莉莉和《阿文的小毯子》里的阿文一样固执，前者不愿意接受家里刚出生的小宝宝，后者不愿意丢掉自己的旧毯子。梅利莎记下了孩子在不同文本间建立起的关联，并继续帮助他们找到不同故事中的人物和思想的联系。

　　孩子通过将故事里的人物、发生的事情和遇到的问题与自己的生活建立有意义的关联，对凯文·亨克斯的故事有了更深刻的理解，同时也加深了对自我的认识。

干扰性关联

预期目标：识别干扰性关联，继续解读文本。
阅读素材：任何能够引发干扰性关联的文本（或部分文本内容）。
反馈方式：对话。
适用对象：初中生。

　　我们不但会教孩子在阅读时建立关联，还会告诉孩子如何识别干扰性关联。干扰性关联会使读者的思绪偏离文本，扰乱读者对文意的理解。例如，有时候文本中的某些内容可能会使读者产生某个念头，然后他们便会一直琢磨这个念头，继而思绪偏离，中断了理解文意的过程。短暂地陷入干扰性关联并无大碍，怕的是持续沉浸其中。

　　为了让孩子了解干扰性关联这个概念，也让他们在遇到这种情况时能及时察觉，斯蒂芬妮给他们示范了干扰性关联是如何产生的。她说，"7月4日"这几个字很容易让她走神。因为她在威斯康星州中部的一个小镇长大，这个小镇一整年都非常平静，只有7月4日是个例外。这一天小镇会举行狂欢活动，有自行车游行，还会燃放烟花。因此直到今天，无论上下文是什么，每当读到"7月4日"这几个字，她的思绪都会飘回到小时候所在的威斯康星州，和众人一起欢庆节日。接着，斯蒂芬妮展示了一段包含"7月4日"字样的文本。当读到这几个字时，她停下来，分享了自己记忆中7月4日的热闹场面。又读了两段后，斯蒂芬妮再次停下来，说她什么都看不懂了，因为她还在想着7月4日发生的事。用这种方式，她很好地解释了什么是干扰性关联，让孩子明白了她是如何走神的。那么，如何重新回到文本中自己开始走神的地方并继续阅读呢？她说，她是在"7月4日"这几个字出现的位置走神的，因此她要有意识地强迫自己把注意力拉回文本中，然后从断开处接着往下读。又读了几段后，她再次停下来，和大家分享她刚刚读过的内容，以此证明现在她又能够重新读懂文本了。她的讲解让大家明白，因为成功将"7月4日"抛到脑后，她才得以把全部注意力重新集中到文本上。

走神时的思绪是没有界限的。斯蒂芬妮认识一位老师，他一遇到"钓鱼"这个词就走神。另一位老师一看到"高尔夫"这个词，思绪就会飘到高尔夫球场第15洞的位置。因此，试着从一段文本中找出有可能引发其他念头并最终导致自己走神的话题或观点，然后像斯蒂芬妮那样给孩子做示范。这样当孩子遇到同样的问题时，就能及时察觉，及时收回思绪。

通过阅读获得关于重要概念的内容知识

预期目标：将新知与已知联系起来，获得关于重要概念的内容知识。

阅读素材：尼古拉·戴维斯的《蝙蝠喜欢黑夜》或任何阐释动物的适应性和生存等概念的图书。

反馈方式：在便利贴上记录新学到的知识和阅读中产生的疑问，整理与重要概念相关的信息。

适用对象：小学生。

无论老师提到哪一种动物，孩子一定会滔滔不绝地说出很多与这种动物相关的惊人的信息。因此，老师可以从动物入手，教孩子把新知识和已知信息结合起来，以此激发孩子的好奇心和阅读热情。

这堂课的授课对象是二年级学生，课上进行了互动式朗读，讲的是尼古拉·戴维斯的《蝙蝠喜欢黑夜》（Davies，2014）这本书。孩子可以从这本书中了解蝙蝠的基本特征以及它们是如何适应各种环境的。这本书采用了非虚构写作法，描写细致，重点突出，孩子能够将蝙蝠的行为和身体特征等细节与"适应性"这个大的概念联系起来，即因为适应了环境，它们才得以存活。在这些知识的基础上，孩子就能够明白内容大意，理解书中的重要概念。

上完这堂课后过了几天，我们观察到这样一件事。几个孩子兴奋地从图书馆跑回教室，他们手里挥舞着一本杂志，杂志里有一篇讲述蝙蝠利用回声定位在夜间导航和寻找食物的文章。这些小研究员们读完这篇文章后，想搞清楚是否还有别的动物也能运用回声定位，以及它们的回声定位机制是否与蝙蝠相同。为了解决这些问题，他们搜遍了教室中关于动物的书，之后继续在网上查找相关信息。最后，这几个孩子向全班同学展示了研究成果：能够使用回声定位的动物还有海豚、一些鲸鱼和少量鸟类。通过解读自然科学类文中较抽象和较大的概念，孩子既丰富了知识，也学会了如何整合和吸纳新知识。随着不断学习，孩子可以逐步探讨更抽象、更大的概念，最终轻松地把零散的信息内化为知识。

以诗歌映射生活

预期目标：用文字或图画呈现诗歌与个人生活的关联。

阅读素材：洛丽·玛丽·卡尔森的《朝朝夕夕》。

反馈方式：通过阅读和关联，创作关于自身生活经历的短诗。

适用对象：小学生。

洛丽·玛丽·卡尔森的《朝朝夕夕》（Carlson，1998）是一本引人入胜的短诗集，描绘了家庭生活中的琐事，孩子阅读时能够感同身受。书中的诗歌用英语和西班牙语写成，短小、充满张力且通俗易懂，插图生动活泼。这样的短诗集是老师指导孩子练习写作的最佳文本。

诗集中的诗歌主题涉及骑自行车、晚餐后跳舞、做玉米饼、数星星等。我们先跟孩子一起朗读了部分诗歌，然后尝试一起创作篇幅短小的自由诗。孩子先与同伴交流自己准备写的内容，然后开始独立进行关联和反馈，并用图画和文字描绘自己的生活。

我们常常通过让孩子写短诗的方式讲解激活并关联背景知识的策略，告诉他们如何把我们生活中的一个小片段用文字和图画表达出来。这种方法能够有效促进新同学间的相互认识和了解，让他们有机会与对方分享自己生活中的点点滴滴。图8.1展示的就是两个孩子写的短诗。

与朋友一起
欢快地舞蹈
音乐悠扬
我为乐狂

我在花园中看到一只猫
紫花与黄花交相辉映
太阳下点缀着朵朵白云
我的花园中妙趣横生

图8.1 孩子通过分享短诗来增进了解

利用背景知识提升视频观看技巧

预期目标：将阅读纸质文本时使用的策略用于观看视频。

阅读素材：教学视频网站上一段介绍牙膏成分的视频。

反馈方式：针对汇总了各种阅读策略的名为《思考型读者的特点》的要点图做批注。

适用对象：小学生和初中生。

很多孩子每天盯着屏幕的时间长达数小时，但如果要求他们在这几个小时内通过观看视频来学习，那么被动的观看肯定起不到太大的作用。因为在阅读纸质文本时需要积极主动，在观看视频时同样需要积极主动。

在这堂课上，我们引导孩子将阅读策略（包括提问、监控理解进程、推断等）运用到通过观看视频来学习的过程中，取得了不错的效果。

课程一开始，四年级老师丹顿·哈维便要求学生复习汇总了各种阅读策略、由全班同学花了好大力气才做出来的要点图。他要求学生与搭档讨论要点图中列出的每一种策略是如何帮助他们成为思考型读者的。以下是要点图的具体内容。

思考型读者的特点

- 他们会在阅读前、阅读过程中、阅读后提出问题。他们阅读的目的在于获取更多知识并形成自己的见解。他们会坚持阅读，直至找到答案。
- 他们能够将文本的各个部分结合起来进行分析，以从全局上理解文本。
- 他们不惜花时间从琐碎的细节中筛选文本的重要信息。他们熟谙文本的重要内容，因此能够更好地理解文本。
- 他们能够以文本中现有的信息为依据推断出文本中隐含的信息。
- 他们会适时停顿并自问：这个地方我理解了吗？我理解得对吗？

在学生交谈的过程中，丹顿与其中几组学生进行了交流，整合了他们的观点，并与全班同学分享。随后，他请几组学生分享感想，最后才开始讲解视频。学生分享的感想如下：

> 我们重点学习了提问的策略。这一策略使我受益匪浅，因为它教会我带着问题读书，帮我明确了阅读目的。
>
> 我以前在阅读过程中常常被细节困扰，现在我明白必须以全局为重。我需要重点思考的问题是：文本的主旨是什么？

丹顿继续讲课，他明确指出了今天的教学要点："同学们，通过学习这些阅读策略，你们都成了更加善于思考的读者。现在请把你们已掌握的阅读策略运用到新的载体上，那就是：视频！今天，我们看一段视频，同时也需要你们思考一个问题：如何运用你学到的阅读策略使自己在观看视频时也主动思考。"

丹顿把要点图印成多份发给学生，并在要点图周围留出了足够的空白，供他们写下自己的感想。教学视频是他在自己最喜欢一个为课堂教学提供各式各样视频的网站上找到的。他这次选择的是《国家地理》系列中一段介绍牙膏成分的视频（由乔治·宰丹讲解），他知道这段视频能够激发孩子的兴趣，对孩子来说也颇具挑战性，最重要的是，孩子想要理解它需要用到很多阅读策略。

丹顿播放了一小段视频后暂停，给学生讲解观看视频时所用的策略，同时记下学生的一些想法，然后继续播放。全部播放完后，他给学生布置了任务，要求他们与搭档讨论，同时做好笔记，思考自己已掌握的阅读策略在解读视频里的新信息时所起的作用，并在要点图周围写下自己的感想。

在分享环节，他要求孩子找一个新的搭档，不能是自己的同桌。他们需要通过交流确定哪种策略最有效，然后在课程结束时向全班同学展示自己带有批注的要点图（图8.2）。

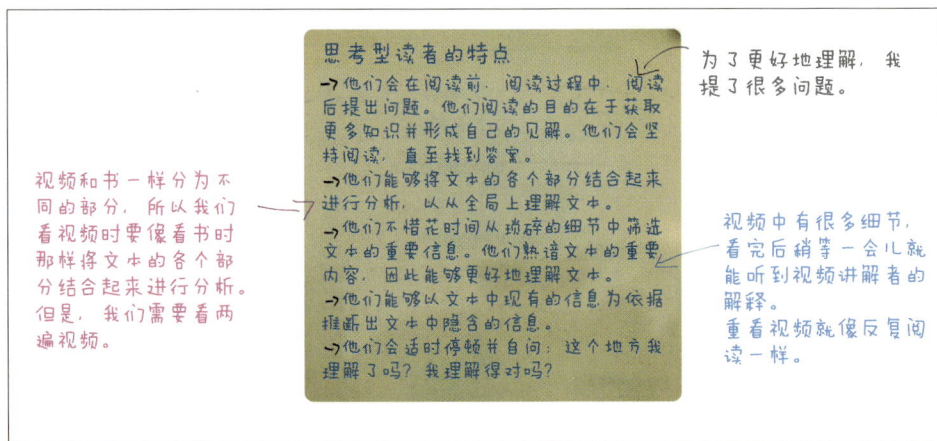

图8.2　孩子针对《思考型读者的特点》要点图做的批注

留意并思考新信息

预期目标：将新信息融入思考。
阅读素材：斯蒂芬·克雷默的《雪崩》或其他主题的非虚构图书。
反馈方式：便利贴。
适用对象：小学生和初中生。

读者阅读非虚构图书的目的在于获取新知识。但他们能学到什么，取决于他们已掌握了哪些背景知识。留意并思考新信息是我们教孩子通过阅读非虚构文本获取新知识的第一课。当遇到新信息时，我们的脑海中或许会发出这样的声音："哇！我以前从来不知道……"或者"嗯，真有意思……"像斯蒂芬·克雷默的

《雪崩》(Kramer，1992)这样引人入胜的书就很容易激发孩子的兴趣，促使孩子倾听自己内心的声音，在阅读时积极思考。此外，这本书信息量丰富，每个孩子都能从中学到新东西。

课程一开始，斯蒂芬妮便向五年级学生展示了她在遇到新信息时脑海中出现的声音。她解释说，在阅读过程中仅仅反复咀嚼文中的信息还远远不够，为了更好地学习、理解和记住这些信息，还必须在脑海中与作者对话、倾听内心的声音，同时对文本信息进行深入思考。

斯蒂芬妮运用有声思维朗读文本，与学生分享自己内心的声音，尤其是遇到新信息时。例如，她在文本的第10页读到了这样的信息："发生雪崩时，从山体上滑落的东西不只是积雪，还有岩石、冰块、泥土等。"然后她顿了顿，对学生说："我一直以为发生雪崩时从山体滑落下来的只有积雪。这条新信息太让我意外了，我要把它记在便利贴上，标上字母 L，代表'新学到的知识'，然后去求证一下。我会把这张便利贴贴在这条新信息所在的页面，那样我就能在需要的时候轻而易举地找到它。"

斯蒂芬妮接着朗读，并继续跟学生分享遇到的新信息。她依旧在便利贴上标上字母 L，对读到的信息进行深入思考，并将新学到的知识记下来以便加深记忆。她先自己读了两页，然后让学生也参与进来。

学生在她面前的地板上围坐成一圈，每次听到新信息时，他们都会从内心的对话中筛选出一两个词，连同新信息一并记在便利贴上。

朗读环节结束后，斯蒂芬妮让学生根据自己的喜好选择适合他们水平的文本独立练习。在课程接近尾声时，大家围成一个圈，分享了他们在文本中新学到的知识。图8.3展示的就是孩子们新学到的知识。

总而言之，我们会教孩子如何结合文本信息进行思考，如何在阅读过程中适时停顿、仔细斟酌并对信息做出反馈。若孩子以这种方式解读文本，那么他们掌握的知识绝不会只够应付每周的测试。若想了解更多相关信息，请参阅我们的 DVD《非虚构作品阅读过程中的思考：示范阅读与研究》(Harvey et al.，2002)。

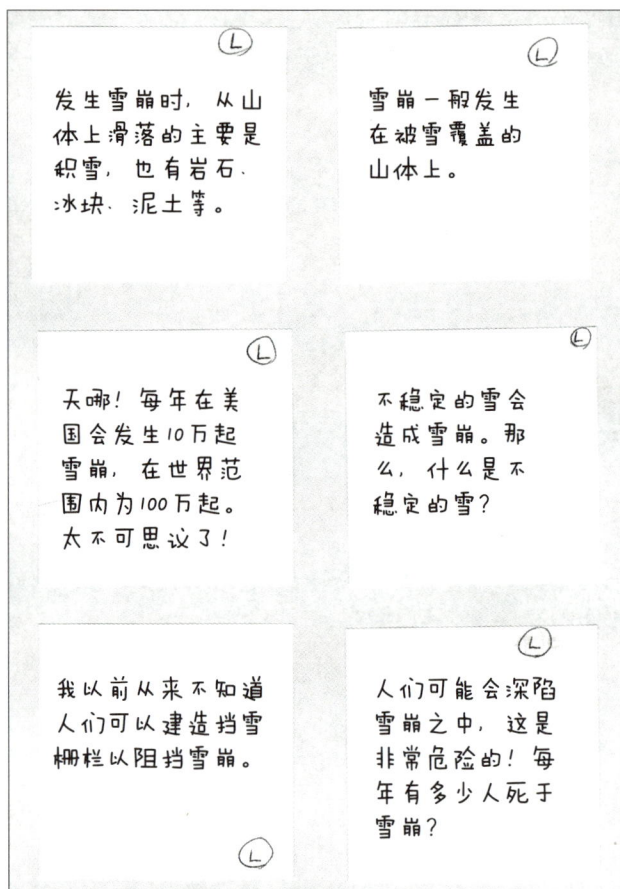

图8.3　孩子在便利贴上记录的新知识和自己的想法

学习新知识，纠正错误认知

预期目标：以"学懂"为目的，而不仅仅满足于"知道"。

阅读素材：尼古拉·戴维斯的《令人称奇的鲨鱼》。

反馈方式：要点图和便利贴。

适用对象：小学生和初中生。

错误的认知往往根深蒂固，比如斯蒂芬妮，她直到长大后才知道"40"这个单词正确的拼写是"forty"，而不是"fourty"。在这之前，肯定有人提醒过她，但她对这个错误认知习以为常，并没有真正纠正它。我们很清楚，用正确的信息取代有局限性的认知或错误的认知绝非易事。我们也清楚，必须明确无误地教导孩子摒弃错误的认知，以兼收并蓄的态度学习新知识并从中获得自豪感，才能真正纠正这些错误认知。

在相当长一段时间里，为了提高孩子的阅读积极性并激活他们的背景知识，我们一上课便让孩子分享与课堂话题相关的已有知识，并把它们记录在要点图上。但很快我们便发现，孩子已有的知识并不完全正确。当然，这并不奇怪，毕竟孩子"资历尚浅"。可是，如果在两栏式要点图上标注其中一栏是孩子的错误认知，那真是一件让人为难的事，这样会伤害孩子的自尊心。恰恰在这个时候，托尼·斯特德解决了这一难题——他在《真实性核实：非虚构作品阅读理解教学K-5》（Stead，2005）中给出建议：将要点图和思维记录单其中一栏的标题由原来的"已有的知识"改为"我们自认为已有的知识"。文字上的微小调整一下子起到了巨大的作用。

但是，即便如此，有些孩子仍会因为自己分享的知识不够准确而感到难堪。因此，在课堂上，我们会一边阅读，一边给孩子展示自己的错误认知并示范如何纠正。孩子看到老师通过学习新知识而纠正了自己的错误认知，会深受启发，进而深刻意识到：老师更看重的是"学懂"而不是"知道"。

在这堂课上，斯蒂芬妮选择的阅读材料是尼古拉·戴维斯的《令人称奇的鲨鱼》（Davies，2005）。书中关于鲨鱼的信息极其丰富，可谓精彩纷呈。她要求孩子与搭档讨论，自己觉得已经知道了哪些关于鲨鱼的知识。然后她在要点图上写下了自己的已有知识，包括关于鲨鱼皮肤的错误认知。

我们自认为已有的知识	新学到的知识
鲨鱼是捕食者。	
鲨鱼皮肤光滑。	鲨鱼的皮肤坚硬粗糙。

上堂课孩子学习了用字母 L 标记新学到的知识，在这个基础上，斯蒂芬妮和孩子一起通过互动式朗读解读《令人称奇的鲨鱼》。她一边读，一边和孩子一起把新学到的知识记在便利贴上，并标上字母 L。当斯蒂芬妮看到其中一个孩子的便利贴上写着"鲨鱼的皮肤坚硬粗糙"时，她停下来，说她从来不知道原来事实是这样的。她给孩子讲解"错误认知"这个术语，告诉他们错误认知指不准确的

事实。整个讲解过程中，她非常开心，丝毫没有表现出尴尬的样子。她高高兴兴地把自己先前的错误认知划去，然后在"新学到的知识"一栏写下：鲨鱼的皮肤坚硬粗糙。同时她还说："我为自己能学到新知识感到非常开心。"

如果孩子意识到成年人也会有错误认知，而且在持续不断地学习，那他们就会更有动力纠正自己的错误认知，而不会为此感到难为情。在这方面，有些孩子可能比其他孩子进步慢，这也是正常现象。我们不会停留在只跟孩子分享一两次错误认知上，而是经常将这样的话挂在嘴边："我以前一直以为……直到昨天晚上我读了一些东西才改变了想法……"我们对学习新知识越重视，孩子学习的积极性就越高。

斯蒂芬妮开始与孩子交谈，这时她发现杰茜卡有一个错误认知，于是她在杰茜卡身旁停了下来。书上写得清清楚楚，人对鲨鱼的危害比鲨鱼对人的危害更大，但杰茜卡并没有注意到这一点。于是，斯蒂芬妮建议杰茜卡退回去重读，最终杰茜卡纠正了错误认知，下面的笔记证实了这一点（图8.4）。

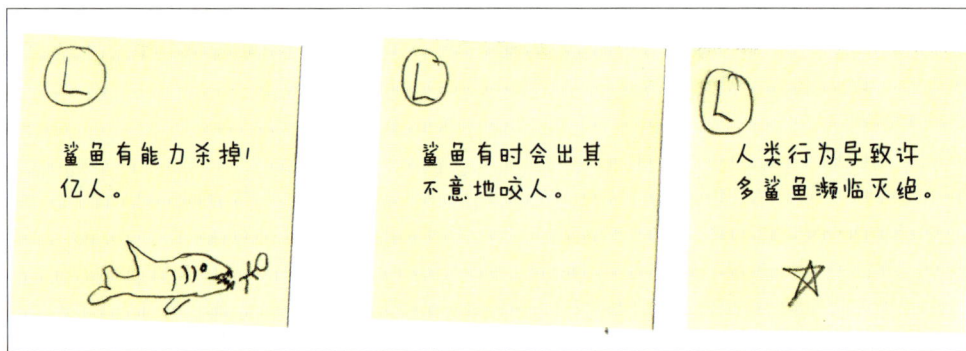

图8.4　杰茜卡在便利贴上写下的关于鲨鱼的新知识

幼儿园里的"研究室"

预期目标：通过探索、研究获取知识。

阅读素材：图片或带有图片的文本。

反馈方式：观察图片，记录新学到的知识和相关问题。

适用对象：幼儿园孩子和小学生。

一天，幼儿园里发生了一件事。教室里的生活中心入口贴了一张纸，上面是孩子用自创的拼写方式写下的几行字：

Research Lab
Cooper Tony
marsupials
No home living

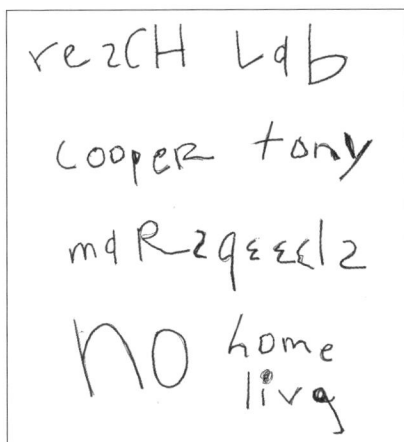

有望成为未来持家小能手的孩子对此可能颇有微词，但实际上，用作研究是对这个地方最好的利用，除非真有同学想在这儿洗碗。

餐桌上堆满了各种关于有袋类动物的书，记号笔和便利贴散落其中。库珀和托尼正聚精会神地研究着有袋类动物。正是他们为了寻找一个安静的研究场所贴出了告示，暂时关闭生活中心，将它作为研究室使用。

库珀仔细观察了几张袋鼠的图片，注意到有两只袋鼠似乎卷入了一场类似拳击比赛的争斗中，于是他称它们为"两只摔跤的袋鼠"。此外，他还想知道"袋鼠以什么为食""它们睡在哪里""袋鼠宝宝多大的时候离开妈妈的育儿袋"等问题。他的老师把他对图片的想法都记录在了图片周围。

库珀和托尼这样"搞研究"不是第一次了，以前也有过先例，之前他们也"征用"过生活中心。他们为什么这么做呢？因为从进入幼儿园的第一天起，这个班的孩子就一直在阅读和解析非虚构文本，所以他们都擅长学习新知识，也都是提问的小能手。他们都养成了独立探究的习惯。

无关紧要的关联：理解的各种陷阱

孩子一旦理解了关联这个概念，就可以将个人经历和想法与文本内容联系起来，阅读过程就会变得非常顺利，因为这个过程充满了乐趣。

我们认为，只要老师能在课堂上教会孩子激活背景知识、合理关联，并且及时进行策略应用练习，孩子就能在便利贴上满满地记下自己与所读内容建立的正确的关联。然而，事实上，我们在教授激活并关联背景知识的策略时，常会遇到很多陷阱，导致孩子关联的内容意义不大，与主题的契合度不高，这时就需要格外留意了。

前文介绍的干扰性关联是孩子在运用激活和关联背景知识这一策略时遇到的陷阱之一，下文阐述了其他一些陷阱。

宽泛的关联

有时候，当我们让孩子分享与所读内容建立了哪些联系时，孩子给出的答案是这样的："这本书提到了圣地亚哥，我去过圣地亚哥。"或者是这样的："书里的人物是个男孩，我也是个男孩。"甚至还有孩子会这样说："文中最酷的人物是贾斯敏，而我恰恰也叫贾斯敏！"

我们教授激活并关联背景知识这一策略的主要目的是帮助孩子增进理解，而与书中人物性别相同、同名或去过同一座城市，显然不太可能增进理解。说实话，孩子掉入这样的陷阱，会让我们面临尴尬的局面。因为我们向来将思考置于首位，跟孩子说这样的关联根本无关紧要，实在是件难以启齿的事。然而再难也要开口，因为这样的关联根本无法促进理解。

我们称上述关联为"宽泛的关联"。例如，你和文本中的人物名字相同、出生地相同，或者有亲戚与某小人物重名，那你和文本间便有了宽泛的关联。虽然这些宽泛的关联对阅读理解的帮助不大，但它们能够激发孩子的兴趣，因为孩子喜欢那些与他们重名的人物或与他们去过同一地方的人物。因此，宽泛的关联虽然对理解文本起不到太大作用，但对读者本身或许有着重要意义。

为了帮助孩子进行有效关联，我们使用了一张三栏式思维记录单，标题分别为"我的关联""对我是否重要""对理解文本是否重要"。孩子可以把关联内容记在第一栏中，然后分析这些内容是对孩子本身有重要意义，还是对理解文本有重要意义。

我们通过这种方式想要告诉孩子的是：他们的思考并非无足轻重，而是至关重要。不过，孩子必须自行判断这些关联是否有助于自己理解文本。

任何关联都有用吗？

某些时候，尤其是初学激活并关联背景知识策略时，有的孩子往往希望讨好老师，为了练习而练习，以至于过度关联，误以为只要有关联就胜于没有关联。另外，在便利贴上写字的快感常常让年幼的孩子习惯写下自己想到的任何内容，无论它是否真实。例如，三年级学生杰克在读了罗伯特·巴拉德的《探索泰坦尼克号》（Ballard，1988）后写下了这样的话："这让我回忆起自己身处那艘沉船时的场景。"老师私底下问他，他不好意思地承认其实自己从来没有登上过一艘沉船。因此，我们要格外留意那些对阅读起不到实质性帮助的以及不真实的关联。

米歇尔·梅尔的一年级班里，有只宠物不幸死了，借这个机会，她给学生读了朱迪思·弗伊奥斯特的绘本《喜欢巴尼的第十个原因》（Viorst，1971）。这本书讲述了一只深受家人宠爱的宠物死后，这个家庭如何应对的故事。读完这个故事，米歇尔鼓励学生在笔记本上写下自己的联想。凯蒂显然对这个故事深有感触，用大段文字记录了她自己相似的经历（图8.5）。丹尼尔写的内容篇幅相对较短，但很真实，这让米歇尔露出了会心的微笑（图8.6）。米歇尔最后跟全班同学

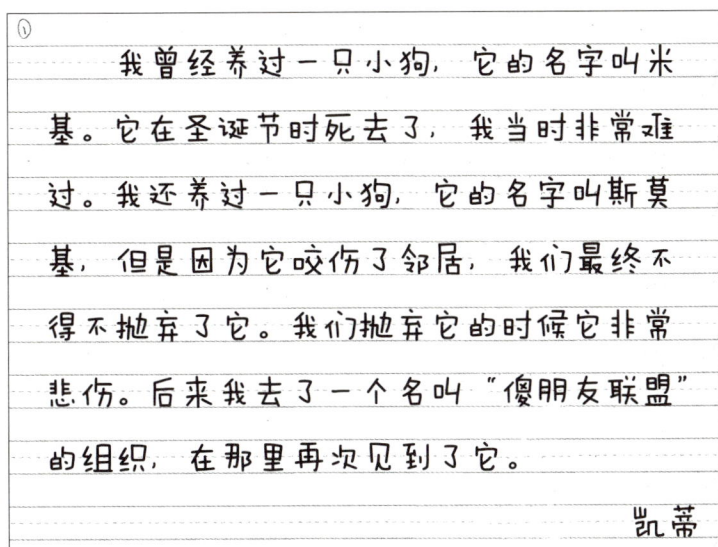

我曾经养过一只小狗，它的名字叫米基。它在圣诞节时死去了，我当时非常难过。我还养过一只小狗，它的名字叫斯莫基，但是因为它咬伤了邻居，我们最终不得不抛弃了它。我们抛弃它的时候它非常悲伤。后来我去了一个名叫"傻朋友联盟"的组织，在那里再次见到了它。

凯蒂

图8.5　凯蒂读完《喜欢巴尼的第十个原因》后产生的联想

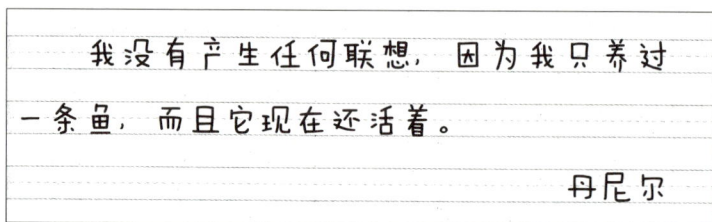

我没有产生任何联想，因为我只养过一条鱼，而且它现在还活着。

丹尼尔

图8.6 丹尼尔读完《喜欢巴尼的第十个原因》后产生的联想

分享了丹尼尔和凯蒂关联的内容，这让孩子体会到老师非常重视每个人的想法。

如何运用激活并关联背景知识策略增进理解？

一天，斯蒂芬妮和七年级学生艾莉森聊天，得知艾莉森正在读艾米莉·阿诺德·麦卡利的《钢丝上的米瑞特》（McCully，1992）。这本书讲的是一个勇敢的小女孩帮助一位上了年纪的走钢丝者克服恐惧的故事。斯蒂芬妮注意到，艾莉森在便利贴上标记了字母 R（代表"这让我想到了……"），对应的笔记内容为："我和贝里尼一样，在高处也会特别害怕。"

斯蒂芬妮说："给我讲讲你的恐惧吧。"

艾莉森说："其实我也不清楚为什么，每当站在高楼上或者悬崖边往下看时，就会特别害怕。"

"原来是这样子。那么，这种关联对你理解这个故事有什么帮助呢？"斯蒂芬妮问道。

"我也不知道。"艾莉森回答。斯蒂芬妮知道，因为这个孩子只顾着阅读和写下自己想到的内容，所以没有时间去思考这个问题。

"我认为你很容易就能理解贝里尼的感受，是因为你和他一样都恐高。这说明，只要我们用心揣摩，就能与故事中的人物感同身受。在这方面，你肯定比我擅长，因为虽然我也有害怕的事，但我不恐高。"斯蒂芬妮引导说。

最后，艾莉森认识到，下次阅读时应该适时停顿，反思一下自己的关联对理解故事起到了什么作用。

刚开始接触激活并关联背景知识这一策略的孩子或许无法产生深刻的联想，但随着反复观察老师的示范和向同龄人学习，久而久之，他们自然能够提高关联的质量，从而深化理解。

带着目标开展教学：评估教学效果

激活并关联背景知识

基于本章的教学内容，我们会重点留意以下几个方面：

1. **孩子能否在阅读现实主义小说时关联自己的生活经历，借此深入理解小说中发生的事、人物的性格、面临的问题和反映的思想。**我们会通过孩子的反馈判断孩子是否真正理解了故事中人物的行为和行为背后的原因，是否为理解文本的思想进行了合理的关联。

2. **孩子能否在阅读文学故事或诗歌时进行关联。**孩子需要将自己的关联以各种方式（如口述、写和画）进行反馈。我们会关注孩子反馈的方式和内容，而不仅仅是告诉他们怎么做。我们也会检查孩子的反馈与阅读内容是否相辅相成。

3. **在阅读说明性文本时，孩子能否激活背景知识并获取新知识。**我们会关注孩子需要哪些背景知识，并观察孩子是如何获取新知识的。我们还会关注孩子是如何将背景知识转化为新知识的。

因材施教的若干建议

绘本中的插图是对文本的有效补充，可以帮助孩子激活背景知识，并在孩子学习新主题时促进理解。每引入一个新主题，我们便会花几分钟时间指导孩子将文本中的句子、词汇与插图进行关联，以此来确保孩子能够在整个阅读过程中不偏离故事主线。

安妮和她所教的一个班的孩子探讨美国西部拓荒者以及西进运动时，选用的阅读材料是安·特纳的《红色花的西行》（Turner，1997）。安妮希望所有孩子都能够理解文中的词汇和概念，包括"拓荒者""大篷马车""公牛""过河"等。为了达成这一目标，她决定把与这些词汇、概念相关的图片贴在班级要点图上，然后和全班同学一起做批注。这对那些缺乏背景知识的孩子来说帮助很大。当然，安妮希望具有一定背景知识的孩子也能在这个环节有所收获。阅读前，她让大家展开交流，分享了对拓荒者以及驾驶大篷马车参与西进运动的人已有的认识。之后，她让大家将这些背景知识写下来或画下来，并贴在班级要点图上。

这么做的好处非常明显：在阅读前，大家利用短暂的时间交流了各自的已知信息，让那些对词汇和概念不甚熟悉的孩子了解了一些背景知识；而那些已经有了一定背景知识的孩子，也会因为跟别人分享自己的已知信息而提升阅读兴趣。简而言之，所有孩子，无论是否有背景知识，都会积极参与这个环节。这个环节对所有孩子起到了"热身"作用，让他们对接下来的阅读和互动式朗读充满了期待。

激活并关联背景知识策略效果评估

"联系个人经历，提炼重要观点"一课中孩子在阅读《每一个善举》时在便利贴上写下的重要观点

▼ 孩子根据他们在讨论中提炼的重要观点对便利贴进行了整理。他们在反馈中既记录了被别人评头品足的经历，也揭示了这堂课的主题——不要以貌取人，应该更多地关注一个人的内在。

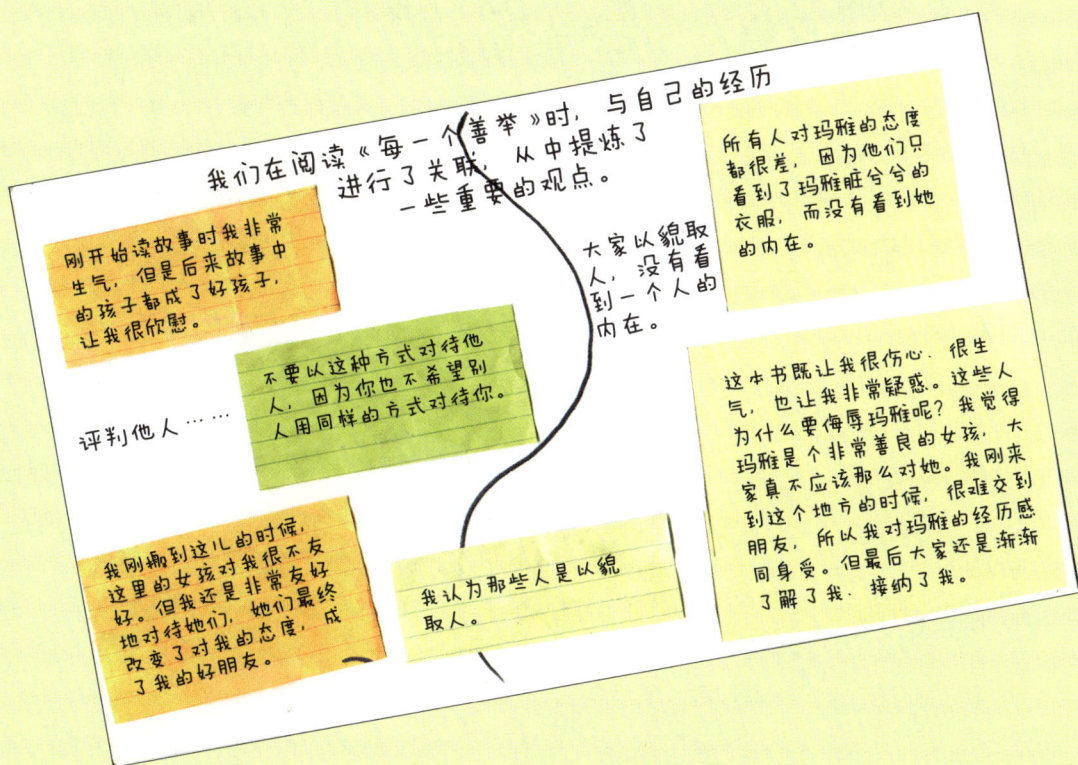

我们在阅读《每一个善举》时，与自己的经历进行了关联，从中提炼了一些重要的观点。

所有人对玛雅的态度都很差，因为他们只看到了玛雅脏兮兮的衣服，而没有看到她的内在。

刚开始读故事时我非常生气，但是后来故事中的孩子都成了好孩子，让我很欣慰。

不要以这种方式对待他人，因为你也不希望别人用同样的方式对待你。

大家以貌取人，没有看到一个人的内在。

评判他人……

我刚搬到这儿的时候，这里的女孩对我很不友好。但我还是非常友好地对待她们，她们最终改变了对我的态度，成了我的好朋友。

我认为那些人是以貌取人。

这本书既让我很伤心，很生气，也让我非常疑惑。这些人为什么要侮辱玛雅呢？我觉得玛雅是个非常善良的女孩，大家真不应该那么对她。我刚来到这个地方的时候，很难交到朋友，所以我对玛雅的经历感同身受。但最后大家还是渐渐了解了我，接纳了我。

145

"留意并思考新信息"一课中孩子在独立阅读斯蒂芬·克雷默的《雪崩》时在便利贴上做的笔记

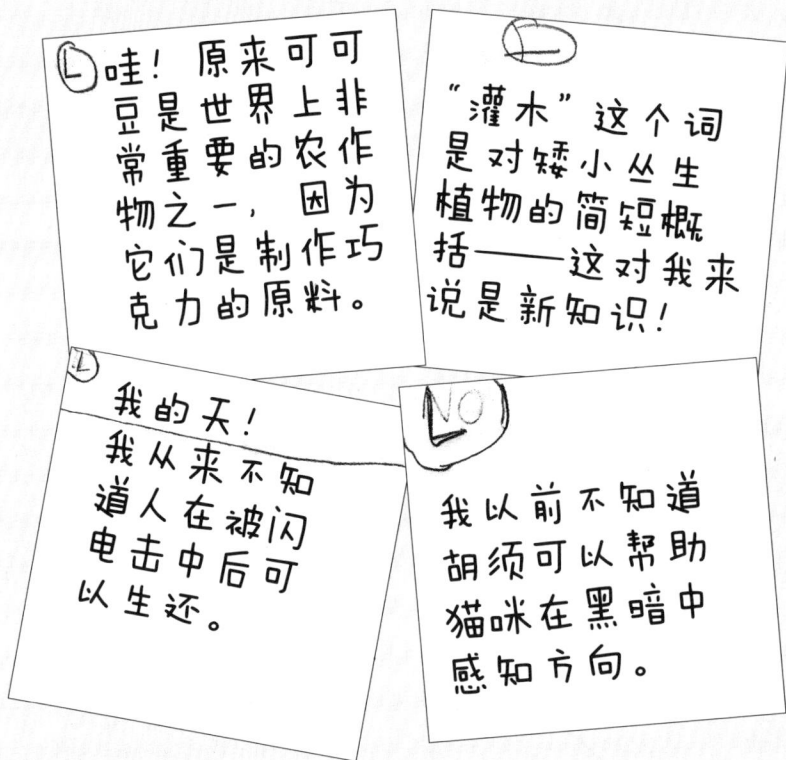

哇！原来可可豆是世界上非常重要的农作物之一，因为它们是制作巧克力的原料。

"灌木"这个词是对矮小丛生植物的简短概括——这对我来说是新知识！

我的天！我从来不知道人在被闪电击中后可以生还。

我以前不知道胡须可以帮助猫咪在黑暗中感知方向。

◄ 从这些便利贴我们可以看出孩子是如何记录新信息以及如何边读边思考的。他们在便利贴中用了"哇""原来""我的天""这对我来说是新知识""我以前不知道""我从来不知道"等，清晰地展现出了他们对新信息的思考，而这正是我们这堂课要达到的目的。

▼ 这两张便利贴出自同一个孩子，她正在读一本与太阳有关的书。我们看到，她通过适时停顿、积极思考的方式，消除了之前认知上的许多错误。她以前认为太阳是固体，而且不是星星，但这本书让她改变了认知。关于太阳她还有很多东西要学，但她很有可能会永远记住这本书，因为她在这次学习中融入了自己真实而深刻的思考。看到孩子能够通过阅读来纠正错误的认知，我们深感欣慰。

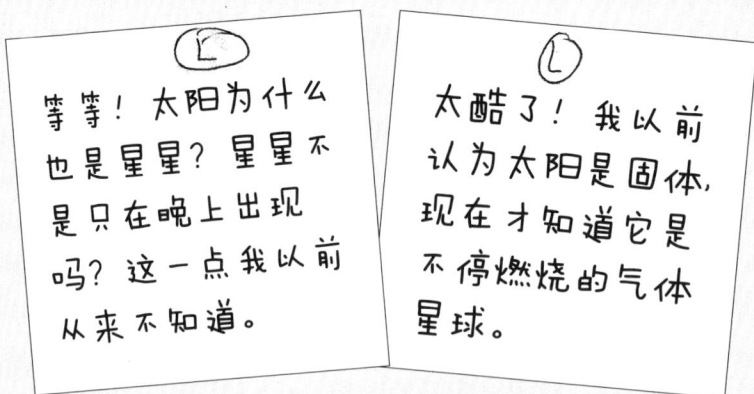

等等！太阳为什么也是星星？星星不是只在晚上出现吗？这一点我以前从来不知道。

太酷了！我以前认为太阳是固体，现在才知道它是不停燃烧的气体星球。

孩子在便利贴上写下的一些理解不到位、需要纠正或干预的反馈

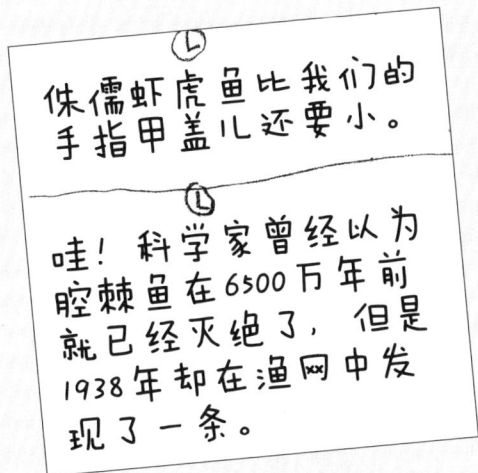

◀ 这张便利贴上的内容是直接从所读文本中摘抄的。孩子刚开始记录新信息时，常常会这么做。我们会把那些直接从文本中摘抄内容的孩子组成一个小组，给他们示范如何解读文本中的新信息，告诉他们可以使用诸如"我从来不知道""我以前不知道""我刚知道"等说法来表达。这样做可以引导孩子用自己的话把文本中的信息表达出来，并据此形成自己的观点。

> 侏儒虾虎鱼比我们的手指甲盖儿还要小。

> 哇！科学家曾经以为腔棘鱼在6500万年前就已经灭绝了，但是1938年却在渔网中发现了一条。

> 哇！

▶ 这张便利贴上仅仅写了一个字——"哇"，除此之外没有任何内容。我们找到了写下这张便利贴的孩子并问他："是什么内容让你如此惊讶呢？"然后我们鼓励他将令他感到惊讶的信息详细记录下来。

> 月亮是围着地球运转的行星。

▶ 这张便利贴记录了一个错误认知。看到这样的便利贴，我们会尽快与孩子交流，因为错误认知极易深入人心，必须及早纠正。读孩子写的便利贴是帮助孩子纠正错误认知的有效方法。

孩子在观看视频过程中运用阅读策略独立做的笔记

▼ 这个名叫以利亚的孩子很好地运用了《思考型读者的特点》要点图中列出的阅读策略。他自主提出了问题，并且因为对视频中的细节感到困惑，所以努力将注意力集中在重要观点上。这份笔记字里行间折射出了他对阅读的热爱。

以利亚观看关于牙膏成分的视频时做的笔记

→ 他们会在阅读前、阅读过程中、阅读后提出问题。他们阅读的目的在于获取更多知识并形成自己的见解。他们会坚持阅读，直至找到答案。
→ 他们能够将文本的各个部分结合起来进行分析，从而全局上理解文本。
→ 他们不惜花时间从琐碎的细节中筛选文本的重要信息。他们熟读文本的重要内容，因此能够更好地理解文本。
→ 他们能够以文本中现有的信息为依据推断出文本中隐含的信息。
→ 他们会适时停顿并自问：这个地方我理解了吗？我理解得对吗？

我经常这么做。

思考型读者的特点

我从来没有想过牙膏的成分是什么。我很想知道人们在里面放了哪些东西。

解说者在讲解中提到了"粉碎的骨骼"和"石块"等成分，这让我大吃一惊。人们真的会用这些东西做牙膏吗？

我从来不知道原来牙膏中有这么多成分。

通过这个视频我了解了关于牙膏成分的诸多细节，但同时也感到很困惑。现在我打算拓宽视野来增进理解。

解说者在视频里对成分进行了分类：摩擦剂、保湿剂、甜味剂、芳香剂、发泡胶。我觉得知道这些主要的成分就够了。此外还有增稠剂和氟化物，这些重要信息我是从牙医那里获取的。

他真能做出自己的牙膏吗？太酷了！

我觉得这个视频非常有意思，但是因为里面有很多生词，所以理解起来有一些费力。我使用了诸如提问一类的阅读策略来尝试找到答案、增进理解。我发现里面有好多我无法理解的细节，所以努力将注意力集中在重要观点上。当看到他制作自己的牙膏时，我有了更深的理解。我觉得自制牙膏这件事太酷了，我也想在家里尝试一下。我们能在教室中试着做一下吗？

第九章

提问：激励读者深入探究

好奇心催生问题，而可以激发钻研热情的问题，正是理解文意的关键。问题会促使人们深度挖掘阅读内容以追寻答案。这种对答案的追寻，是人类了解世界的内在驱动力。诺贝尔奖得主、物理学家理查德·费曼（Feynman，1985）称这种内在驱动力为"谜题驱动力"（puzzle drive）。对于那些让他困惑不解的事情，他无法做到视而不见，非要找到答案不可。本书提及的老师每时每刻都在激发孩子的"谜题驱动力"。

马特是一个太空迷，正在写自己对最爱的太空话题的已有知识和新学到的东西。但是，刚写了一半，好奇心占了上风，他的脑子里一下子冒出很多问题，打断了他反馈的进程（图9.1）。马特的例子说明，好的问题来源于已有的背景知识。马特对太空非常感兴趣，对与太空相关的知识了解得很多，所以才能问出许多高质量的问题。对于一无所知或者毫不关心的话题，人们是很难提出有价值的问题的。

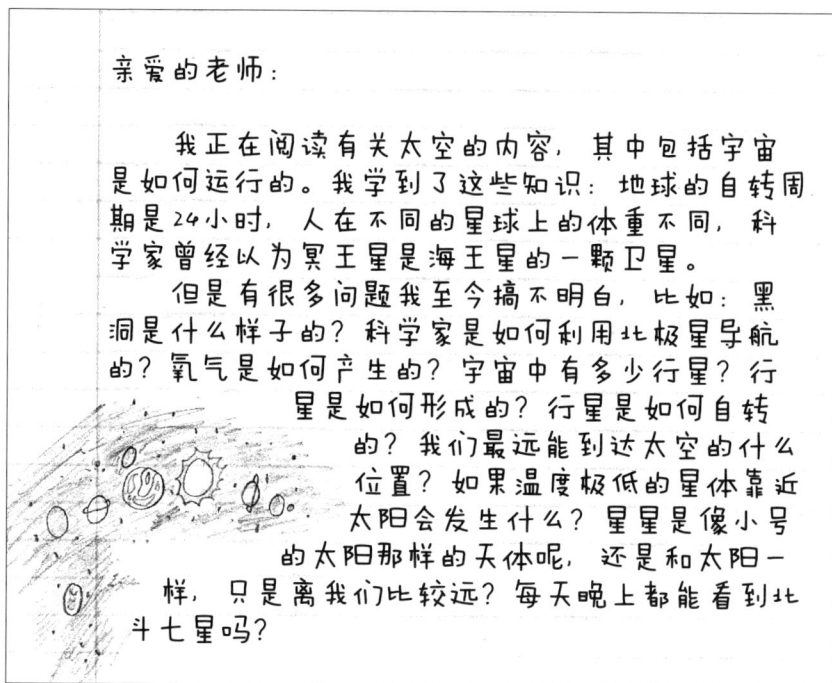

亲爱的老师：

　　我正在阅读有关太空的内容，其中包括宇宙是如何运行的。我学到了这些知识：地球的自转周期是24小时，人在不同的星球上的体重不同，科学家曾经以为冥王星是海王星的一颗卫星。

　　但是有很多问题我至今搞不明白，比如：黑洞是什么样子的？科学家是如何利用北极星导航的？氧气是如何产生的？宇宙中有多少行星？行星是如何形成的？行星是如何自转的？我们最远能到达太空的什么位置？如果温度极低的星体靠近太阳会发生什么？星星是像小号的太阳那样的天体呢，还是和太阳一样，只是离我们比较远？每天晚上都能看到北斗七星吗？

图9.1　马特在写给老师的反馈中提出了很多问题

　　作为成年读者，提问或许已经成为你的习惯，有时候你可能会不假思索地提出问题。如果你在阅读过程中留意自己的所思所想，一定会对自己提出问题的数量感到震惊——有时候，一段短小的文本就能催生出许多问题。只要你耐心引导，孩子无须等到长大，就能明白"提不出问题的读者不是好读者"这个道理。不过，比起提问，学校教育似乎更关注如何回答。因此，我们要做的是，教孩子在阅读前、阅读过程中、阅读后提出自己的问题并思考，在此基础上给出答案。

　　鼓励孩子在阅读过程中适时停顿、积极思考，记录自己的问题，确认在阅读之后是否仍有悬而未决的问题，这些都非常重要。孩子需要知道提问的重要性，需要知道如何提问及如何回答。提问能够使人在阅读时更为投入，更好地保持阅读状态。提不出任何问题的人很可能会将书弃置一旁，只有不断提问并寻找答案的人，才能通过监控理解进程、与文本互动来理解文意，而这恰恰是我们希望孩子拥有的能力。

阅读策略课：提问

分享阅读中出现的问题

预期目标：了解成人在阅读有一定难度的文本时提出的问题。

阅读素材：安东尼·多尔的《所有我们看不见的光》。

反馈方式：标有问号的便利贴以及后续的小组讨论。

适用对象：初中生。

下次当你阅读一篇有一定难度的文本时，请一定留意脑海中浮现的问题，并且把这些问题展示给孩子。这样做的目的是让孩子意识到，所有的读者，包括成年人，都有不解的问题。

斯蒂芬妮通过跟学生分享安东尼·多尔的小说《所有我们看不见的光》（Doerr，2014）中的一段内容，给他们讲解提问策略。这本书曾经使她深受触动，所以她至今回味无穷，仍能时不时提出一些疑问。

她让学生聚在周围，给他们示范自己是如何针对文本进行提问的。她把自己的问题写在便利贴上，然后贴在引发问题的段落旁，并标上问号。她告诉学生自己在文本中找到了哪些问题的答案，还有哪些问题悬而未决。其中一张便利贴上写着："我喜欢《所有我们看不见的光》这本书的书名，可它为什么叫这个名字呢？"她解释说，这个问题的答案一直到她读到书的结尾部分才逐渐明朗。此外，她还有一个问题："什么是风蚀的海盗船？"这个问题她是通过后面文本中提供的信息推测出答案的。一旦推测出问题的答案，她便将便利贴移到答案对应的文本位置，然后将答案写在上面，并且标上字母A。对于那些暂时无法解答的问题，她会在便利贴上写上问号，表示她陷入了困惑。这意味着她需要退回去重读前面的内容，或者继续读下文，看看能否找到答案。

这堂课快结束的时候，斯蒂芬妮请同学们谈一谈学习提问这一策略的感想。罗比说，他以前从来不知道原来老师在阅读过程中也会产生这么多疑问。他的潜台词大概是："连老师都有疑惑，那我也可以有，这没什么大不了的。"

有些问题可以找到答案，有些则不然

预期目标：将问题分类以增进理解。

阅读素材：芭芭拉·阿伯克龙比的绘本《查理·安德森》。

反馈方式：用列表汇总孩子的问题，标记表示各类问题的符号并做出相应处理。

适用对象：小学生和初中生。

我们在教授提问策略时会跟孩子分享自己在阅读前、阅读过程中、阅读后遇到的问题，然后跟孩子讨论。所有文本都会引发疑问，但有些文本从头至尾都在引发疑问。芭芭拉·阿伯克龙比的《查理·安德森》(Abercrombie，1990)就是这样一本书，它讲述了一只游走于两个家庭之间的猫的故事。这只猫白天生活在一个家庭，夜晚生活在另一个家庭，而且这两家人对此毫不知情。这条故事线与书中另外两位主人公——萨拉和妹妹伊丽莎白的故事线平行存在。这对姐妹和许多孩子一样，因为父母离异，只得游走于两个家庭之间。这本书非常适合那些有类似经历的孩子阅读。我们在教学过程中发现，生活在离异家庭中的孩子更易找出书中的两条平行故事线，相比之下，其他孩子一般不会从离婚的角度解读故事，他们的注意力基本都在那只每晚消失、次日清晨返回的神秘的猫身上。

列出问题

我们发现，这本书非常适合用来教授提问策略，因为孩子在阅读该书的过程中会提出无数问题。这本书每页只有短短的5~6句话。二年级老师玛丽·劳勒在朗读《查理·安德森》时，每到一页末尾，便会向学生收集问题，并把这些问题做成列表。学生提出了各种各样的问题，有关于封面插图的，有关于读前讨论的，还有关于阅读过程中读到的文字和图片的。

读完故事后，列表上有以下问题：

为什么这本书叫《查理·安德森》？——A

院子里的那只猫是谁？——A

为什么门只开了一条缝？

猫真的喜欢薯条吗？

这只猫每天早上去哪里？——A

这两个女孩是双胞胎吗？

萨拉会因为猫更喜欢伊丽莎白的床而嫉妒吗？

为什么这只猫一天比一天胖？——A

她们周末去爸爸家时会想念查理吗？

她们更喜欢爸爸家吗？

为什么查理有天晚上没回家？——A

它会好起来吗？——A

为什么安德森与查理看起来一模一样？——A

查理更喜欢哪个家庭？

玛丽一边读这些问题，一边让孩子在那些文本中已经明确给出答案的问题旁标上字母 A。做好标记后，他们围绕这些问题展开了讨论。一般来说，那些悬而未决的问题更能激发孩子的好奇心，因为这些问题既深化了主题也探讨了更高层次的思想。关于女孩们更喜欢住在哪里的问题引发了激烈的讨论。我们发现，文中没有得到解答的问题往往更能引发激烈的讨论。

将问题分类

我们从一年级开始就会教孩子如何将问题分类，随着孩子年级的升高，我们会增加问题的类型，下面列举的是部分问题的类型以及相应的标记符号：

- 文本中给出答案的问题——A
- 利用读者的背景知识解答出的问题——BK
- 可以从文本中推测出答案的问题——I
- 可以通过进一步讨论得到解答的问题——D
- 需要进一步研究才能解答的问题——RS
- 感到困惑不解的问题——？或 C

尽管有些问题（比如"猫真的喜欢薯条吗？"）孩子可以结合自己的背景知识给出答案，但有些问题可能需要进一步研究才能得到明确的答案。因此，教学过程中要以班级为单位将问题分类，做好标记并展开讨论，集体练习一段时间后，孩子便可以独立阅读、独立练习了。

围绕问题进行合作

预期目标：使用数字工具查看其他同学的问题。
阅读素材：一本适合朗读的绘本、一部可以接入互联网的电子设备和一款聊天软件。
反馈方式：通过合作提出问题。
适用对象：初中生。

在这堂课上，老师用投影仪展示了一本绘本，这样孩子就可以集体观看其中的图片并阅读文字了。另外，使用投影仪还有一个目的，就是让孩子分享每个环节中自己提出的问题。

课前，米歇尔·斯科特老师在聊天软件上创建了一个聊天室，并让孩子都加入聊天室。她给孩子示范如何操作，然后让他们在聊天室里发一句简短的问候，以确保自己可以参与讨论。在课程开始阶段确保孩子已学会使用聊天软件为米歇尔节省了宝贵的课堂时间，保证了课程的顺利进行。

> 同学们，今天我们的课程有点儿特殊。通常在阅读时，我会要求你们带着问题对文本进行批注或者记下思考的内容，而今天我们要在电子设备上分享各自的问题！借助这个设备，你可以了解别的同学在阅读时会产生什么疑问，看看这种方式是否有助于你从全新的、不同的角度理解文本。大家可以将这种方式视为探索阅读新思维的一种尝试。

米歇尔要求孩子先将平板电脑屏幕朝下放置，以便把全部注意力集中在投影仪上。在课堂上，什么时候使用电子设备，什么时候禁止使用，米歇尔把控得恰到好处，这对保证课堂质量来说是非常必要的。

将绘本投到投影仪上后，米歇尔开始朗读，一边读一边提问，并时不时停下来跟孩子分享她对每个问题的思考，并决定哪些问题适合全班同学一起讨论。

> 我有一肚子的问题，但我觉得应该和大家分享最重要的思考内容。我发现我提出的第一个问题很快便有了答案，所以打算把第二个问题留给全班同学一起讨论，因为第二个问题更具体、难度更大、更不容易回答。我认为同学们会从这个问题中受益，因为它能引发思考，让大家积极投入讨论。

米歇尔发现，将"借助投影仪给孩子朗读"和"停下来让孩子与同伴分享自己的问题"结合起来，能够把所有孩子的注意力吸引到课程内容上，有效活跃课堂气氛。

朗读和示范结束后，接下来的时间交由孩子自由发挥，他们开始在聊天室中输入自己的问题。此时，老师的工作重点转移到了收集和审视问题上。当孩子输入自己的问题后，米歇尔快速地浏览投影仪的屏幕，据此判断哪些孩子能够很好地分享自己的问题，哪些孩子还需要多一些指导。

分享结束后，米歇尔要求孩子花几分钟时间审视和探究同学们提出的部分问题。于是，大家开始分组讨论，或解答问题，或纠正对文本的错误认知。

然后，米歇尔让孩子结合部分问题对这堂课做个总结。这些问题可以是他们觉得很有趣的，也可以是激励他们以一种全新视角进行思考的。

最后，米歇尔让孩子通过截屏的方式将自己感兴趣的问题保存下来，然后逐一做出反馈。反馈内容需要包含他们选择问题的理由以及这些问题对他们的阅读方式和观察方式有什么影响。他们的反馈也会在聊天软件上显示出来。

课程结束了，但思考并未结束——聊天软件可以记录所有人的观点，便于孩子课后回顾。

关于这种教学方法，米歇尔还有一些建议：

• 让孩子模仿老师的做法，分成小组朗读和讨论；
• 让所有的孩子一起梳理并分析问题；
• 针对某一问题做出简短的书面说明；
• 将问题分类保存，以备日后使用。

在日常教学中创造条件，引导孩子提问、思考、寻找答案

预期目标：提出自己的问题，思考并寻找答案。
阅读素材：各种的非虚构图书、博客、网站等。
反馈方式："好奇之书""好奇之墙""好奇之盒""天才时间"。
适用对象：小学生和初中生。

好奇心不是刻意教出来的，有过学前教育经历的老师都知道这一点。孩子每天都带着各种各样离奇的问题冲入教室，有时候老师几乎要被这些问题逼疯。为什么天空是蓝色的？为什么只有老虎和斑马身上才有条纹？为什么……这些充满好奇心的问题都是发自内心的。不幸的是，从五年级开始，孩子提出问题的数量就会骤减，再引导也收效甚微。等升到八年级，这种情况就更严重了。传统的学校教育扼杀了孩子的好奇心，所以老师需要在日常的教学设置和教学环节中不断地激发孩子的好奇心，而不能反其道而行之。

"好奇之书"

新学年伊始，五年级老师埃莉诺·莱特跟同学们分享了自己的问题，同时还分享了一些她一直渴望深入探究的话题。这些内容一部分来自课程，另一部分是她自己想知道的事，它们都被记录在一本叫作"好奇之书"的笔记本上。孩子通过老师的分享，了解了老师是如何把这些让人产生好奇的内容以问题的形式记录下来的。接下来，埃莉诺鼓励孩子从自己的问题中至少选择3个，记录在自己的"好奇之书"里。从下面的问题列表可以看出，凯西是一个好奇心十足的孩子，老师邀请她与全班同学分享自己的问题（图9.2）。

好奇心是会"传染"的，所以那些不善于提问的孩子很可能会从凯西或其他孩子那里获得灵感。老师要做的，就是尽可能多地与孩子分享问题并多让孩子与他人分享问题。老师营造的重视培养好奇心的课堂氛围，一定能够激发孩子提出精妙绝伦问题的热情。孩子通过"好奇之书"记下自己的问题，有利于他们不断思考，并不遗余力地寻找答案（图9.3）。

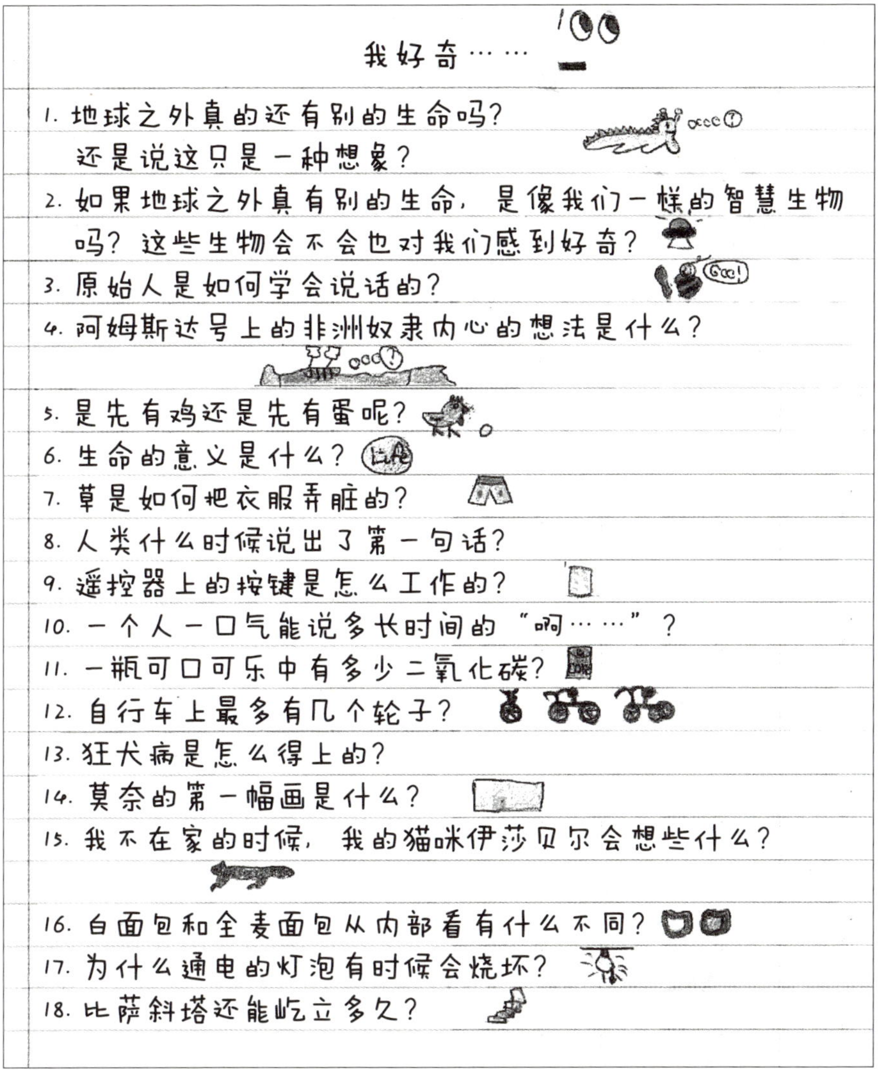

我好奇……

1. 地球之外真的还有别的生命吗？
   还是说这只是一种想象？
2. 如果地球之外真有别的生命，是像我们一样的智慧生物
   吗？这些生物会不会也对我们感到好奇？
3. 原始人是如何学会说话的？
4. 阿姆斯达号上的非洲奴隶内心的想法是什么？

5. 是先有鸡还是先有蛋呢？
6. 生命的意义是什么？
7. 草是如何把衣服弄脏的？
8. 人类什么时候说出了第一句话？
9. 遥控器上的按键是怎么工作的？
10. 一个人一口气能说多长时间的"啊……"？
11. 一瓶可口可乐中有多少二氧化碳？
12. 自行车上最多有几个轮子？
13. 狂犬病是怎么得上的？
14. 莫奈的第一幅画是什么？
15. 我不在家的时候，我的猫咪伊莎贝尔会想些什么？

16. 白面包和全麦面包从内部看有什么不同？
17. 为什么通电的灯泡有时候会烧坏？
18. 比萨斜塔还能屹立多久？

图9.2 凯西的问题列表

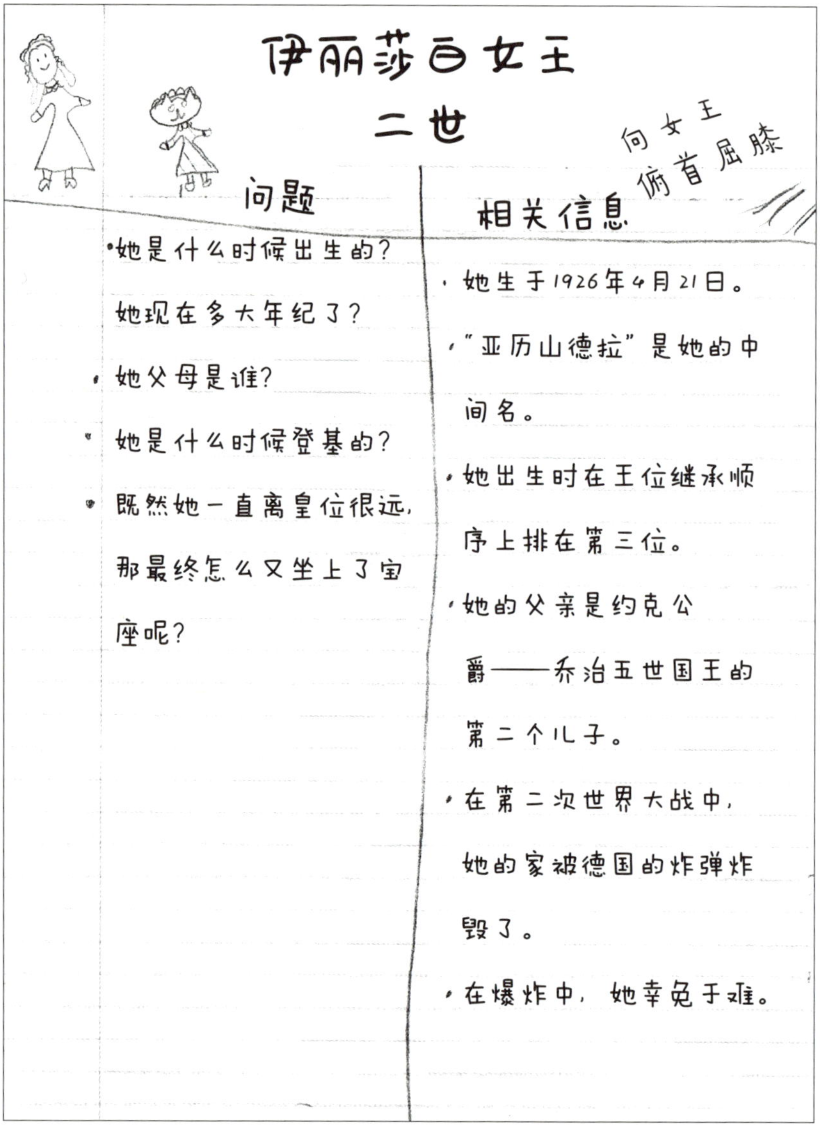

伊丽莎白女王二世

向女王俯首屈膝

问题	相关信息
• 她是什么时候出生的？她现在多大年纪了？ • 她父母是谁？ • 她是什么时候登基的？ • 既然她一直离皇位很远，那最终怎么又坐上了宝座呢？	• 她生于1926年4月21日。 • “亚历山德拉”是她的中间名。 • 她出生时在王位继承顺序上排在第三位。 • 她的父亲是约克公爵——乔治五世国王的第二个儿子。 • 在第二次世界大战中，她的家被德国的炸弹炸毁了。 • 在爆炸中，她幸免于难。

图9.3　阿曼达在“好奇之书”中写下的问题及相关信息

"好奇之墙"

二年级老师布拉德·布罗在教室的墙上设置了一块展示板，取名为"好奇之墙"，专门用来粘贴大家提出的问题。

布拉德把自己的部分问题写在便利贴上，贴在了"好奇之墙"上。同学们也学着老师的样子，把问题写下来，贴在"好奇之墙"上。

在接下来的一周里，布拉德鼓励孩子对自己的问题进行分析、研究和解答，并从"好奇之墙"上筛选出相近的问题，鼓励提出这些问题的孩子以合作的方式一起探究。这么做已经成了他的一种习惯。

"好奇之墙"有时被用于课堂教学（图9.4），有时则专供孩子记录各式各样稀奇古怪的问题。

图9.4　用于学习昆虫知识的"好奇之墙"

好奇之盒

黛比·米勒是一位教育家、作家，也是一位杰出的一线老师。她为自己教的一年级孩子设计了"好奇之盒"。这种小素材盒由常见的塑料或金属制成，里面有26个英文字母标签，每个标签后面有很多问题卡片。她给孩子示范如何把自己的问题画在或写在卡片上，然后把卡片放在相应的标签后，比如将与"小狗"（puppies）有关的问题卡放在字母 P 标签后，将与"自行车"（bike）有关的问题卡放在字母 B 标签后。"好奇之盒"勾起了孩子强烈的好奇心，他们纷纷写下或画出自己的问题，认真探究，然后在对应的卡片上画出或写下答案。

　　如果一个老师能用像"好奇之盒"这样的工具把图像和文字完美结合，那么他的教学一定可以打满分。因为这样的工具不仅满足了孩子探究新事物的好奇心，而且让他们对字母读音有了初步的认识，学习到了更多的知识。

"天才时间"

　　如果你接到的课程表和大多数学校的一样，排得满满当当，那么你就需要在每天或每周的课程设置中为孩子探究感兴趣的话题留出一些时间了。丹尼尔·平克在《驱动力》（Pink，2011）中这样写道："如果我们在工作单位、学校和家庭中有良好的表现和令人满意的业绩，那么秘诀一定来自我们的内在需求。这种内在需求为我们的人生指明方向，鼓励我们孜孜不倦地学习并创造新事物，引导我们持续不断地提升自我，让世界变得越来越美好。"

　　一些我们认识的老师非常重视孩子的这种需求，每周都会留出固定的时间，专门让孩子探索自己感兴趣的事物。有些老师甚至每天都会留出半小时到一小时的时间，让孩子有更多的机会提出心中的疑问，自主学习。

　　我们和这些老师一样，会专门为孩子留出时间，鼓励他们发展自己的爱好，提出自己的问题并尝试去解决，探索感兴趣的事物，独立或与伙伴合作学习新知识，分享他们最喜欢或他们认为最重要的问题。这就是我们在教室中设置的"天才时间"环节。实践中，因为孩子对这个环节太感兴趣，我们经常不得不留出更多的时间供他们探索。即便如此，大多数孩子还是感觉没有足够多的时间进一步探索兴趣，满足自己的好奇心。

用Seesaw应用程序提问和回答

预期目标：在线分享问题。

阅读素材：Seesaw 应用程序，伊莱恩·帕斯科的《种子和幼苗》
或其他非虚构图书。

反馈方式：在 Seesaw 应用程序上分享问题。

适用对象：小学生。

　　金纳曼老师一年级班上的孩子最近一直在阅读有关苹果和苹果树的书，所以在课堂上引入伊莱恩·帕斯科的《种子和幼苗》(Pascoe，1996)这本书是非常好的拓展。孩子在阅读时会用 Seesaw 记录自己的问题，并留下评论。读写能力培训师珍妮弗·伯顿指出，这款互动软件因为操作便利，很受小学老师欢迎。在这款软件中，孩子的头像均是动物，这一点对初学阅读的孩子尤其有吸引力。孩子可以实时看到彼此的评论，当然，也可以为别人点"赞"。老师还可以通过 Seesaw 与家长和全班同学分享某个孩子的作品（图9.5）。

图9.5　孩子在 Seesaw 中的评论（放大版）

学得越多越好奇

预期目标：在学习新知识的过程中保持好奇心。

阅读素材：以探究性学习为主题的书，这堂课上用的是关于南极动物的书。

反馈方式：收集、记录信息并仔细琢磨。

适用对象：幼儿园孩子和小学生。

从新学年开始，整整一年的时间里，克里斯汀·埃尔德·鲁宾诺汀总是鼓励自己所教的幼儿园的孩子适时停顿、积极思考。到年底的时候，这些孩子已经学会了探究的方法。他们先后阅读了与非洲人、非洲文化和非洲动物有关的书，搜集了相关的照片，还做了很多相关的手工制品。这次，克里斯汀问大家是否有兴趣探究新的课题——南极动物。他们都摩拳擦掌，表示做好了准备。

通过视频、照片、绘本及其他资源，他们了解了南极不适宜人类居住的气候，并提出了很多问题。这些5岁的孩子好奇心很强，很爱问问题。克里斯汀拿出一张白纸，在纸上写下了"我学到的"和"我想知道的"两个标题，给他们示范如何记录信息和问题。孩子提出的问题充分证明，为了满足自己的好奇心，他们会积极思考。

图书馆员梅利莎·奥维亚特加入了孩子的南极动物探究小组。弗兰基、爱德华和莉娅通过阅读和观察发现，豹形海豹吃企鹅，于是梅利莎按照克里斯汀的示范在"我学到的"标题下记下了这则信息。之后他们看到一张照片，照片中的豹形海豹正在捕食一只拼命逃窜的企鹅，于是他们在"我学到的"标题下记下了"豹形海豹会在水中捕食企鹅"这则信息。随后，他们又注意到了另外一张照片，照片中一只豹形海豹趴在冰面上，几只企鹅正站在不远处。莉娅在"我学到的"标题下写道："豹形海豹和企鹅都在冰面上休息。"弗兰基则提出了他的疑问："那只豹形海豹是要去抓那些企鹅吗？"

我学到的
豹形海豹吃企鹅。
豹形海豹会在水中捕食企鹅。
豹形海豹和企鹅都在冰面上休息。

我想知道的
它们吃企鹅的脚吗？
企鹅游泳的速度比豹形海豹快吗？
那只豹形海豹是要去抓那些企鹅吗？

正当弗兰基思考这个问题时，他注意到了照片下面的说明文字。读完说明文字后，弗兰基说："我明白了，豹形海豹无法在冰面上快速移动，所以无法捉到企鹅。"当弗兰基分享这条新信息时，他注意到同学们脸上忧虑的表情。"别担心，"他说，"企鹅在冰面上是安全的。"

这些幼儿园的孩子细细琢磨正在学习的内容，并以图画或文字的形式将自己的所思所想呈现了出来（图9.6）。在这期间，他们频繁讨论，在学习新知识的过程中积极思考、努力寻找答案——这为他们升到一年级后更为独立地开展探究性学习打下了基础。

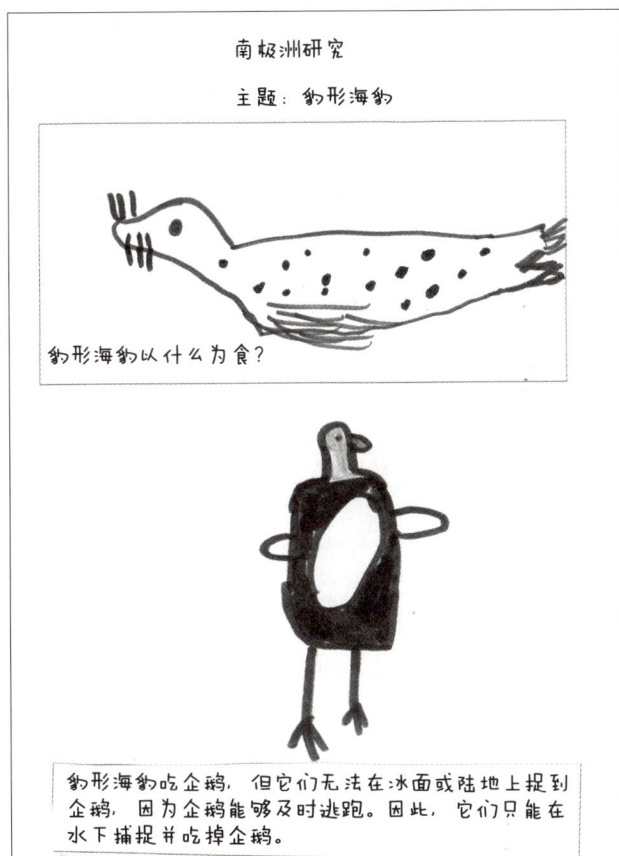

图9.6　孩子会以图画和文字的形式将自己提出的问题和通过阅读找到的答案呈现出来

带着问题阅读

预期目标：记录信息，拓展思维，回答问题。

阅读素材：劳里·安·图宾在《奥德赛》杂志上发表的一篇名为《青蛙的遭遇》的文章。

反馈方式：标题分别为"我的笔记"和"我的所思所想"的两栏式思维记录单。

适用对象：初中生。

读者在阅读说明性文本时常常会陷入大量的信息中无法自拔。向孩子展示如何带着问题阅读，能够帮助孩子在阅读信息密集的文本时聚焦于重要信息。

斯蒂芬妮观摩了杰夫·奥斯伯格的科学课，学习杰夫如何帮助他的八年级学生带着问题去阅读、记录好相关信息并在开展关于全球变暖的研究时将自己的所思所想与学到的信息相融合。

学成归来的斯蒂芬妮为孩子带来的文章是劳里·安·图宾的《青蛙的遭遇》（Toupin，2002），出自《奥德赛》——一本非常适合初中生阅读的科普杂志。文章探讨了近年来世界各地两栖动物种群数量下降的现象以及一些可能的原因，并就如何应对这一问题提出了一些建议。

斯蒂芬妮将这篇文章和打印好的思维记录单分发给孩子，要求他们先阅读文章，再与同学交流对该话题的已有知识以及他们困惑的地方。在后面的分享环节，很多孩子表示他们注意到了青蛙正在消失，也很好奇其中的原因。个别孩子推测青蛙的消失可能与全球变暖有关，而这正是他们现在探究的话题。

听了几个孩子分享的观点后，斯蒂芬妮解释说，带着问题阅读有时能够帮助读者更好地理解所读内容，从中筛选出重要信息。因此，她在自己的思维记录单的"我的所思所想"一栏中写下了这个问题："为什么青蛙正在消失？"孩子也把这个问题记在了自己的思维记录单中。

斯蒂芬妮又解释说，在阅读过程中，她会时刻牢记自己记下的这一问题，并在"我的笔记"一栏中记下与该问题相关的信息。此外，她还表示，仅仅记下这些信息还远远不够，要想理解这些信息，还必须融入自己的思考。

她一边阅读文章的前几段，一边把与那个问题相关的信息记录在"我的笔记"一栏中，同时继续把自己的想法记录在"我的所思所想"一栏中。最终，她在阅读过程中获得了如下信息：两栖动物是人类食物的重要来源，而如今两栖动物数量骤减；两栖动物以能够促进分解的昆虫为食，这在一定程度上抑制了温室效应；此外，两栖动物在生态系统中的作用就像金丝雀在煤矿中的作用一样。

在给孩子讲解的过程中，斯蒂芬妮说自己并没有一股脑儿把所有信息都堆积在"我的笔记"一栏，而是仅仅记录了与"为什么青蛙正在消失？"这一问题相关的信息。通过这种方式，她无须记大量笔记，但能通过所记的信息真正促进理解。

接下来，她给孩子示范了如何利用"我的所思所想"一栏澄清疑惑。她将那些不理解的段落所在的页码记下来，以便日后进一步解读。当一个问题引发另一个问题时，她会一边阅读一边在"我的所思所想"一栏记下若干问题，比如她这次记下的就是："为什么两栖动物的消失不容忽视？"以此为出发点，她会带着最初的问题以及这个衍生出的问题继续阅读。

斯蒂芬妮在两栏式思维记录单中记录的内容如下：

我的笔记	我的所思所想
不仅仅是青蛙，所有两栖动物的数量都在下降。	为什么青蛙正在消失？
青蛙、蟾蜍、蝾螈、火蜥蜴和蚓螈都属于两栖动物。	我没有理解这一部分——什么叫"分解"？（第15页第3段）
两栖动物有助于抑制温室效应。	为什么两栖动物的消失不容忽视？
两栖动物在生态系统中的作用就像金丝雀在煤矿中的作用一样。	矿工们过去常常把金丝雀带到煤矿里测试氧气含量，如果金丝雀死了，意味着他们必须马上离开煤矿。

示范结束后，斯蒂芬妮开始指导孩子练习，并再次强调"我的笔记"一栏用于记录与问题相关的信息，"我的所思所想"一栏则为他们积极思考、努力解读新信息提供了机会。孩子按照斯蒂芬妮的要求与搭档一起练习，带着提炼出的重要问题阅读、交流并试着回答问题。图9.7展示的是池间晶子的思维记录单。她在"我的所思所想"一栏中的最后一条评论充分证明，她在解读信息中融入了自己的思考，而且在阅读之后也拓展了思维。

姓名: 池间晶子 日期: 2007.10.1 科目: 科学

我的笔记	我的所思所想
· 青蛙的繁殖方式不同寻常 · 没有人知道它们为什么消失 · 所有两栖动物都在消失 · 重要的食物来源以及害虫 (比如蚊子) 防治 · 抑制温室效应 · 煤矿中的金丝雀 · 皮肤比较薄且多孔, 所以它们非常脆弱	· 为什么青蛙正在消失? · 青蛙是淡水动物还是海洋动物? · 全球变暖导致了很多问题…… · 捕食者的入侵 · 青蛙等两栖动物在气候方面有预警作用——它们是生态环境的指示物种 · 终有一天, 大自然会因我们对环境的破坏以某种方式报复我们

图9.7 池间晶子的思维记录单

带着问题进行网络阅读

预期目标: 带着问题在线浏览非虚构文章。

阅读素材: 一篇名为《深呼吸, 尽全力发挥: 运动员如何通过正念提高比赛水平》的文章。

反馈方式: 将问题梳理成问题网络。

适用对象: 小学生和初中生。

我们通常会帮孩子设定一个阅读目标, 要求他们带着明确的问题进行阅读。这种目标的设定有助于孩子一边阅读一边思考, 从而提取文本中的重要信息。在进行网络阅读时, 这种策略也颇为有效。因为网络阅读的干扰因素更多, 更需要行之有效的策略及批注技巧来帮助孩子阅读。尤其是那些从来不会标记文本或记录思考内容的孩子, 在网络阅读过程中更需要帮助。

凯蒂·马赫达里斯所教的五年级学生习惯于运用各种策略记录、梳理、分析他们对文本的思考。今天，凯蒂把孩子分成几个小组，让他们准备好一大张白纸、记号笔和相应的设备。今天他们要读的文章是《深呼吸，尽全力发挥：运动员如何通过正念提高比赛水平》（Newsela，2015）。课程一开始，凯蒂便要求孩子浏览文章，而非逐字逐句通读全文。孩子立刻明白，他们要做的只是浏览标题以及所有的副标题，然后略读文章甚至只读某些能立刻吸引自己的片段。孩子通过这种方式为进一步深挖主题做好了铺垫。随后，凯蒂正式带领孩子开启了这堂课的学习。

> 同学们，今天我们要读一篇非虚构文章。你们也知道，在网络阅读过程中，我们必须付出更多的精力，必须用好我们已掌握的阅读策略，只有这样才能聚精会神，思绪不偏离文本。今天我们可以借助这些策略（凯蒂指向教室里的一张要点图，那上面有一份策略清单，清单上列出的策略都是经实践验证的有效策略，最近他们正在学习这些策略），了解一下哪些重要问题才能有效指导我们进行网络阅读和思考。

大家集思广益，很快就提出了一些重要问题，然后他们交流、分享各自的想法，讨论结果在小组内部达成了共识。

凯蒂先让一些孩子分享了自己想法，然后将这些想法整合成一个重要问题，并将其置于问题网络的中心。这个问题是：运动员如何通过正念提高比赛水平？

> 同学们，这个问题能够有效指导我们今天的阅读和思考过程。现在，你可以与同伴一起或以小组为单位阅读，并寻找与这个问题相关的线索。有些线索可以帮助你回答整个问题，有些则只能提供部分答案。大家把所有的想法都记录在问题网络中，这样我们就不会丢三落四了。

凯蒂先读了开头的几段，然后停下来，从文中筛选出一个重要问题，把它和一些相关细节记录在自己的问题网络中。此时，投影仪把她记录的内容投放到了大屏幕上。她将问题网络和文章在屏幕上来回切换，以便学生一边浏览她阅读的文本，一边看她如何操作。接下来，她让学生以小组为单位，带着自己备好的纸、笔和电子设备去教室中的座位区（图9.8）就座。于是，一些小组移到了教室的座位区，他们继续使用平板电脑阅读文章，并独立练习。还有一些小组留在

图9.8　孩子正在制作问题网络

地毯上和凯蒂一起练习，以便从凯蒂那里获得更多的帮助。

　　读完文章后，大家花了几分钟时间回顾他们制作问题网络的过程，并对这些问题的答案达成了共识。

　　然后，凯蒂让同学们把自己制作的问题网络挂在教室中，静静地进行"画廊漫步式学习"。通过这种方式，孩子既可以分享自己的作品，也可以从同学那里取经。

　　在课程快要结束的时候，大家再次回到地毯上，开始对"带着问题阅读"这一策略进行反思，并讨论将该策略应用到网络阅读过程中的原因以及最佳时机，同时还分享了阅读过程中印象颇深的观点和问题。

宏观问题和微观问题

预期目标：在特定的内容领域中区分宏观问题和微观问题。
阅读素材：自然科学类教科书和非虚构图书。
反馈方式：在大尺寸正方形便利贴的正面记录宏观问题，在小尺寸窄条形便利贴的正面记录微观问题，在它们的背面尝试解答。
适用对象：初中生。

霍勒斯·曼恩中学的玛格丽特·博布老师使用不同类型的文本（包括报纸、杂志、图书、网站、博客等传播媒介上的文本）给七年级学生讲物理学知识。她之所以这样做，是因为她知道教科书的内容往往不够深入，无法给学生提供理解重要科学概念所需的背景知识。同时她也很清楚，未来几年，她的学生极有可能需要攻读海量的纸质版和数字化教科书，如果她现在不教他们如何攻克这些壁垒，对他们肯定是有害无益的。

她教孩子区分宏观问题（全局性问题）和微观问题（阐明性问题），并教孩子将微观问题升华为宏观问题。课堂上的宏观问题会涉及一些普遍性概念，且往往以"为什么""如何""我想"等字眼引出。有一些宏观问题涉及的领域比较宽泛，比如"什么是光合作用？"。这类问题的答案往往冗长复杂，需要进一步讨论和研究。微观问题旨在澄清困惑、推测生词含义或获取客观事实，可以用数字或简单的"是"或"不是"来回答的问题就属于这一类。例如，"地球离太阳有多远？"便是一个很简单的微观问题。这类问题的答案通常比宏观问题的答案简明扼要许多。

在玛格丽特的课堂上，孩子将宏观问题和微观问题用不同的符号标记了出来。对于宏观问题，他们用大尺寸的正方形便利贴来记录，并用"宏观"一词来标记，然后把问题写在便利贴正面；对于微观问题，他们用小尺寸的窄条形便利贴来记录。不管是上述哪种情况，玛格丽特均鼓励孩子在便利贴的背面尝试解答。或许孩子一开始根本无法给出答案，但这没什么，只要他们稍有些头绪，在背面尝试解答的做法就会大有裨益。

玛格丽特注意到，记录宏观问题的大尺寸便利贴和记录微观问题的小尺寸便利贴这种视觉化标记，能够帮助孩子更快捷地将问题分类，具有立竿见影的效果。在特定的内容领域，将问题迅速分类，并将微观问题升华为宏观问题，可以帮助读者深入理解所学内容。

通过阅读寻找答案

预期目标：通过阅读寻找答案。
阅读素材：各种非虚构文本和图片。
反馈方式：讨论和简短的书面总结。
适用对象：小学生和初中生。

卡罗尔·苏德曼把她所教的三年级学生召集到一起，要求他们围绕最近讲的科罗拉多州的早期历史展开讨论，并问他们针对这一主题是否还有一些悬而未决的问题。几个星期以来，这个班的孩子一直致力于研究大平原印第安人的生活方式，特别是他们是如何通过野牛满足自己在衣、食、住、行和其他方面需求的。

经过一番思索，查理举起了手。他说："我很好奇大平原印第安人后来遭遇了什么。"其他孩子纷纷响应，提出了一系列问题："当野牛被杀得一头不剩时，印第安人怎么活下去？""如果那些印第安人不再以大草原为家，他们会去哪里呢？""那些殖民者是不是没有经过印第安人的允许就占有了他们的土地？"

我们注意到这样一个现象：孩子学得越多，问得越多。因此，查理和其他孩子才会如此迫切地想搞明白这些悬而未决的问题。于是，卡罗尔带着她的学生来到走廊另一头，找到图书馆员，希望能得到她的帮助，让他们通过阅读寻找答案。

他们首先把查理的问题写在一大张白纸的正中间。卡罗尔一边听孩子分享其他问题，一边做记录。随后，小组成员开始在图书馆里翻阅图书，希望能找出部分答案。为了帮助孩子提高效率，卡罗尔给他们示范了如何从一本书中查找相关信息。她打开一本书，先浏览目录和索引、查找与特定问题相关的关键词，接下来朗读了几个标题和部分文本段落，然后针对相关信息做了简短的总结，并将其写到了大纸上。卡罗尔的示范结束后，孩子结合自己的问题重复了一遍这个过程。

之后，他们再次聚在一起，把找到的答案写在大纸上。有的孩子发现，原来是殖民者带来的疾病导致了许多大平原印第安人的死亡；有的则提到了对野牛的过度捕猎摧毁了大平原印第安人的食物、工具和住所等生活资料的来源，最终迫使残余部落移居到了保留地。

写下问题的答案后，孩子开始总结和分享他们学到的知识。在这一环节，伊瑞尼亚举手发问："大平原印第安人现在怎么样了？"还没等有人回答，他又紧接着提出了下一个问题："我能继续去书里寻找答案吗？"卡罗尔和图书馆员会意地交换了眼神，露出满意的微笑。

超越书本思考：提出一系列探究性问题

预期目标： 通过探索问题获取知识。
阅读素材： 露易丝·博登的《拯救"好奇乔治"的旅程》。
反馈方式： 为进一步探究某一特定主题而提出相应的问题。
适用对象： 初中生。

内容复杂的绘本对大孩子不仅有较强的吸引力，还能为他们开启通往陌生领域之门。露易丝·博登的《拯救"好奇乔治"的旅程》（Borden，2005）讲述了H.A. 雷伊和玛格丽特·雷伊夫妇的人生经历，他们是"好奇乔治"系列故事的创作者。1940年，第二次世界大战期间，雷伊夫妇把手稿装进一个袋子里，骑着自行车逃离了巴黎。这个故事疑窦丛生，情节引人入胜且复杂多变。书中除了插图外，还有很多照片、电报、日记和其他扣人心弦的一手资料。随着故事情节的逐步展开，这些一手资料能够很好地帮助读者理解整个故事。对此，我们给孩子的解释是，这些一手资料不仅传递出一种历史的沧桑感，而且可以使雷伊夫妇的艰辛历程和当时的历史背景更加生动鲜活。

这本书引人入胜的故事情节让孩子真切感受到了纳粹占领前后巴黎的生活境况。尽管孩子对这一时期了解甚少，但露易丝·博登鲜活的描写、令人惊叹的插图以及精心搜集的历史文献，仍成功引起了孩子的共鸣并激起了他们的浓厚兴趣，使他们对第二次世界大战初期的事件充满了好奇。随着这些历史事件在文中逐步铺开，他们纷纷提出各种问题。他们分成小组研究自己感兴趣的主题，围绕历史事件展开讨论，并为进一步探究某一特定主题而提出相应的问题。其中一个小组仔细研究了1940年5月10日那一周的历史，提出了这样一个主题："在法国北部边境，纳粹的坦克像闪电一样迅速移动，这就是所谓的'闪电战'？"他们细细琢磨这一主题，随后开始做笔记并提出一系列相关问题，希望借此找到答案。

历史事件	我们的问题
坦克像闪电一样迅速移动 前线传来的消息不容乐观…… 比利时的国王已经投降 在敦刻尔克大撤退中，英法联军成功撤离 英吉利海峡上满是试图拯救军队并将军队运往英国的船只	什么是闪电战？它是指坦克像闪电一样快速移动吗？ 哪些国家向德国投降了？为什么？"前线"是什么意思？ 被占领的那些国家的平民百姓有什么遭遇呢？ 敦刻尔克发生了什么？为什么英国军队会被拯救？ 为什么战败的军队去了英国？

　　另一个小组探究的是不同的主题，所以在头脑风暴环节，该小组成员纷纷提出一系列具体的问题以供后续研究：

为什么那么多人从巴黎和法国其他地方逃离？

大家会逃向何方？
为什么他们要忍痛舍弃自己的故乡？
他们在外漂泊了多久？
他们是抛弃了自己的家园吗？
他们有没有重返故乡？
德军入侵法国后会怎样对待法国人？
住在城镇里的人被捕了吗？
故事中提到雷伊夫妇是犹太人，如果他们被德国士兵抓住了会有什么结果？
德军攻城略地之后，会大肆逮捕犹太人吗？
集中营是什么时候启用的？
为什么希特勒如此憎恨犹太人？

　　此类问题或许没有答案，或许答案无法轻易得出，但利用形形色色的书和在线资源帮助孩子学习关于第二次世界大战的知识并不是一件困难的事。包括地图、文本、照片、视频等在内的资源，通常情况下能帮助孩子认识到历史并不是索然无味的，能够使他们集中注意力去铭记史实和相关细节。只为应付每周的测验而背诵的知识，测验一过，很快便会被抛诸脑后。但对我们眼前的这群"年轻的历史学家"来说，只要给他们充足的时间和自由，让他们提出自己真正关心的问题，就能最大限度地激发他们的主动性，使他们不仅乐于钻研历史事件，也乐于探究历史事件的发生原因。

通过提问提升推断能力

预期目标：学会提问，提升推断能力。
阅读素材：凯文·亨克斯的《等待》。
反馈方式：在便利贴上写下提出的问题和做出的推断。
适用对象：小学生和初中生。

　　在阅读过程中，读者不会仅仅运用一种策略，因为阅读本身就是综合运用多种策略的一个过程。我们之所以以单个阅读策略为基础展开教学，目的在于使读者更好地了解每一种策略的原理以及如何用好这种工具，在实际阅读过程中，读者还是必须学会综合运用各种策略。尤其是推断和提问这两种策略，它们经常相伴而生，必须结合起来使用。

　　在这堂课上，我们将帮助孩子区分可以直接利用文中信息回答的问题和需要经过推断才能回答的问题，并具体诠释如何在阅读过程中通过提问提升推断能力。

　　推断指将掌握的背景知识与文本中的线索结合，从而对所读内容做出合理的推测和判断。我们会告诉孩子，他们可以通过在脑海中与作者进行虚拟对话的形式做出推断，但推断必须以文本为依据。因此，推断与作者的思想是息息相关的。

　　我们也会告诉孩子推断和猜测的区别。猜测不一定基于文本内容，可以借助背景知识并融入想象力进行，得出的猜想或许与文本相关，或许与文本毫无关系。我们不会剥夺孩子猜测的权利，因为它源于想象，是不该被限制的。

在孩子提出问题并做出推断后，我们一般会要求他们确认他们的问题是否得到了解答、他们的推论是否得到了证实。

斯蒂芬妮和四年级老师凯·约翰逊一同给孩子讲授了如何通过提问培养推断能力。他们所用的阅读材料是凯文·亨克斯的《等待》（Henkes，2015）。这本书一开始就重点提到了5种动物，它们在窗台上静静地等待着什么。这个情节自然而然会催生很多问题，孩子会据此做出很多推断。

斯蒂芬妮负责第一天的课程。一开始她便告诉同学们，阅读过程中会出现各种各样的问题，有些问题能够直接在文本中找到答案，有些问题则只能依据线索推测答案。在互动式朗读环节，斯蒂芬妮展示了自己的思考过程。她看着封面上的5种动物，提出了自己的问题："我很好奇它们在等待什么。为了得到合理的答案，我必须仔细观察图片。这本书文字较少，绝大多数信息都可以根据图片推测出来，因此仔细观察图片能有效促进理解。"她注意到其中3种动物拿着东西：小猪拿着雨伞，小狗拿着雪橇，泰迪熊拿着风筝。"我很好奇小猪为什么要拿雨伞。"她一边说一边把这些内容记在便利贴上，"从雨伞这个线索出发，我推测小猪可能在等雨。所以我把这个推论记录下来，并用字母 I 表示'推断'。"然后她让大家分享各自好奇的问题，并将这些问题记录下来。这些孩子满脑子都是问题，当然也做出了一些推断，但推断内容多为这些玩具在等待什么。

斯蒂芬妮把书翻开，发现文本明确指出了大多数动物等待的对象，只有兔子是个例外，它"没有任何特殊的等待对象"。因此，那些针对其他动物提出问题的孩子从文中得到了答案，先前所做的推断也得到了证实，于是他们在这些问题上标记了字母 A。但是那些之前好奇兔子在等什么的孩子并没有得到答案，也无法从文本或图片中推断出答案，因为没有任何这方面的线索，这些孩子只能猜测兔子在等什么——这可以很好地说明推断与猜测的区别。

斯蒂芬妮继续进行互动式朗读，不时跟大家分享并记录自己的想法（图9.9），同学们也纷纷记下他们提出的问题和做出的推断。书后面几页的图片显示那些动物仍留在窗台上，但姿态各异——有的躺着，有的弯着腰。一个孩子很好奇它们为什么换了姿势。

"哇，这个问题很有趣，你可以写下自己做出的推断，然后与同学分享。"斯蒂芬妮鼓励道。

这些孩子的脑海中充满了各式各样的想法，迫不及待地与他人分享。绝大多数孩子都推断有人动了这些动物玩偶，说不定是在这个房间住的孩子，因为这似乎也是作者的观点。然而，有些孩子将其归因于某种神奇的力量，且能够找到相应的证据——这些玩偶或站或躺的特定姿势不像是人为的。

接下来，玩具中多了一个俄罗斯套娃。了解俄罗斯套娃的孩子注意到了套娃中间的那条线，因此推断里面包含

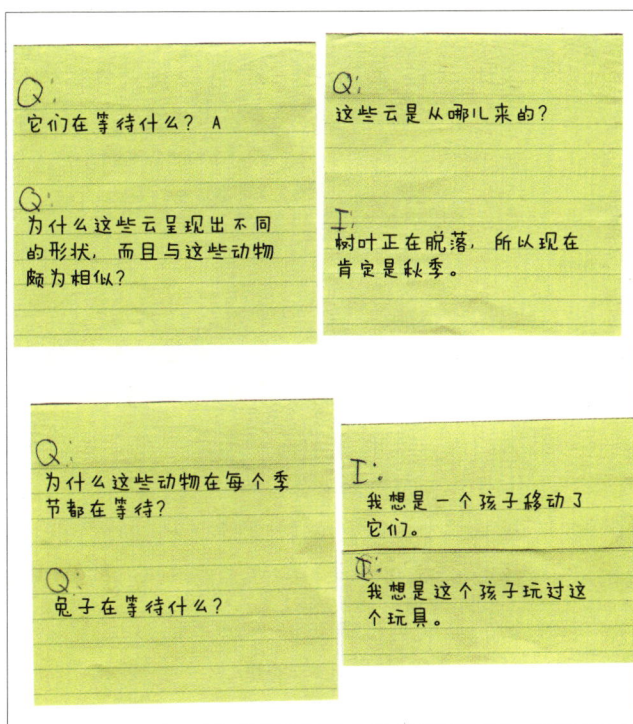

图9.9　便利贴上写着孩子提出的问题和做出的推断

更多的娃娃。这个例子充分展示了背景知识如何帮助读者做出合理的推断。

第二天的课程由凯接手，他和同学们重读了这本书，以判断他们所提问题的答案是从文中得出的还是通过推断得出的，也使他们明确自己的哪些问题得到了清晰的解答，哪些还需要借助策略进行推断。还有一些问题既不能在文中找到答案，又无法通过推断来解答，所以他们在苦苦思索后决定给作者凯文·亨克斯写一封信，向他请教这些悬而未决的问题。倘若通读数遍后仍对文章存疑，向作者请教不失为一个好办法。

悬而未决的问题

当孩子读完或听完一本书，对所读或所听内容进行思考时，我们会要求他们

记下那些悬而未决的问题。这些问题可以帮助孩子拓展思维，深入理解文本。没有定论的故事往往会催生很多悬而未决的问题，令读者意犹未尽。有时候，将得出结论的权利留给读者，将主人公未来的言行以及故事的进展留给读者来诠释，这样的作品才称得上是优秀的作品。例如，孩子读完《查理·安德森》之后就会留下满脑子的疑问，这些悬而未决的问题可以促使他们推测故事的结局。他们会为此争论不休，通宵达旦地琢磨一部伟大小说结尾的转折。

自然科学、社会科学等领域中悬而未决的问题往往会成为孩子讨论的热点。时事类杂志和报纸上的文章，总会催生一系列高质量的问题，这些问题往往无法通过简单的信息积累来解决。只有用"假设……"之类的推测性回答引出事态可能的发展趋势，才能帮助孩子拓展思维，让孩子产生新的思想，或与不同的观点产生共鸣，继而得出答案。例如，梅根读完一个叙利亚难民儿童在饱受战争蹂躏的国家艰难生存的故事后说："我想知道在肆虐的战火中生存是什么感觉。"对一个身处困境的小女孩的同情促使梅根进一步思考而产生了这样的想法。又如，二年级学生读了报纸上有关飓风的报道，逐渐意识到事态的严峻性时，情不自禁地问道："我们该怎样帮助那些受灾者呢？"针对这个问题，他们集思广益，每个人都积极地献计献策。

在我们的鼓励和引导下，学生可以围绕优秀的作品展开深入讨论，可以对那些感触颇深的信息做出回应，这就是我们要一遍遍示范、一遍遍鼓励他们提出问题并认真思考的原因。

由好奇心驱动的问题和评估性问题

P. 大卫·皮尔森（Pearson，2010）说："学生就所读文本提出问题的能力要比回答问题的能力更重要。"这个观点很有趣，我们完全赞同。

在我们的学生时代，老师会提出各种问题，让我们给出答案。老师提出的一长串问题，经常会在基础读物中故事的结尾或自然科学类教科书的结尾处出现。不管我们是否知道问题的答案，都得尝试作答。对于提问的意义，老师心知肚明：他们提问题只是为了检查我们是否完成了家庭作业，是否读完了特定的章节，是否记住了特定的信息。我们在学校里只能围绕老师提出的问题学习，而我们自己提出的问题，无论重要与否，都只能留到课间休息时、放学后回家的路上或晚餐时思考。老师觉得孩子不该把那些无关紧要的幼稚问题带进学校。

但是，P. 大卫·皮尔森指出，最重要、最具启发性、最有价值、最有意义的问题，其实应该是孩子在阅读或观察过程中在好奇心的驱动下提出的。老师能从孩子的问题中获取诸多有价值的信息，比如他们的理解是否到位、他们是否知道自己学到了什么、他们希望学到什么等。因此，在孩子完成阅读、听力或观察练习之后，我们会特别留意他们提出的问题。这些问题可以提升我们的教学效果，同时可以帮孩子思考得更深入。

本书中提到的老师，对孩子在好奇心驱动下提出的问题都颇为重视。这些问题，无论是由孩子还是老师提出，往往都是真正有价值的问题，它们具有如下特点：

- 引人深思；
- 是开放式的，没有固定的答案；
- 可以激励读者深思，激发读者的好奇心，从而挖掘出更多信息；
- 可以澄清疑惑；
- 可以鞭策读者反思固有观点；
- 可以通过讨论、辩论或交流得以深化；
- 通常都需要进一步探究。

当然，既然是学校教育，就免不了涉及评估性问题。评估性问题是老师为了检查学生对知识的掌握情况和把控教学进度而提出的问题。老师有权利也有义务提出评估性问题，并以学生的答案作为衡量他们学业水平的标准。我们不会过分贬损这种问题，但老师真的需要那么多评估性问题吗？当下，学校教育中的多数问题都属于评估性问题，而由好奇心驱动的问题在课堂上仍屈指可数。现在我们急需做的，是在两者之间找到一个平衡点，给老师和学生创造更多提出并探索由好奇心驱动的问题的机会。

我们会向孩子解释由好奇心驱动的问题与评估性问题之间的区别。每当提出评估性问题时，我们会明确地告诉孩子："这是一个评估性问题，我知道问题的标准答案。现在请听题。"对于年幼的孩子，我们称其为检查性问题，并这样对孩子说："我知道这个问题的标准答案，现在想看看你是否知道。"但面对那些由好奇心驱动的问题时，我们会这样说："我也不知道答案，让我们看看能否一起找到答案吧。"

彼得·约翰斯顿（Johnston，2004）给出了一些可以有效帮助老师激发学生在好奇心驱动下提出问题、思考问题的方法。由好奇心驱动的问题往往是能够激发思考、侧重于培养发散思维的开放式问题，其中我们在教学中常用的一些问题包括：

- 你为什么会这么想？
- 你为什么这么说？
- 你能详细说明一下吗？
- 你能否再多谈谈自己的想法？
- 你是如何想到这一点的？

通过提问和交流，孩子可以获得更为真实和丰富的阅读体验。因为这类问题提出的初衷就在于洞察孩子的内心世界，而非检查孩子是否完成了家庭作业。无论这类问题的发问人是谁，都能更好地激发出新的思想和见解。

通过五年级学生布兰登写给老师埃莉诺·莱特的反馈可以看出，提问策略不仅提升了他的阅读质量，也为他的生活增添了色彩（图9.10）。

提问策略对我的帮助

您教给我们的这个策略对我帮助很大。每当我写下一个问题，就禁不住要问一个"为什么"。我会考虑多种多样的可能性，会思考作者的写作初衷。我还会设想自己是故事中的人物，想象应该怎么做。在现实生活中，这个策略也对我有帮助。现在，只要我遇到不懂的地方，无论是关于电脑的还是关于军用飞机的，我都希望能锲而不舍地找到答案。总之，这个策略让我受益匪浅。

图9.10 布兰登对提问策略的反馈

带着目标开展教学：评估教学效果

提问

基于本章的教学内容，我们会重点关注以下几个方面：

1. **孩子能否适时停顿，提出问题，并对所读内容进行思考。**我们会关注孩子是否会暂停阅读、积极思考所读内容并记录问题。

2. **孩子能否借助提问策略澄清困惑。**我们会关注孩子能否把控自己的理解进程，遇到疑惑时能否暂停阅读并提出富有针对性的问题。

3. **孩子能否通过阅读获取信息并回答问题。**我们会关注孩子能否带着问题阅读，能否从文本中找到有利于得出答案的信息。

4. **孩子能否通过思考那些悬而未决的问题拓展思维、激发探索欲。**我们会关注孩子能否提出有助于促进讨论、辩论和深入探究的推理性问题和阐释性问题。

因材施教的若干建议

要点图有助于将阅读策略具象化，这一工具对初学阅读的孩子尤其有用。有一种要点图呈现的是孩子的问题，即孩子对某一文本、话题、重要事件等存在的疑问。我们会将这样的要点图挂在墙上，让孩子时时参考，以加深孩子对问题的理解和记忆。老师和孩子不仅可以用文字在要点图上记录问题，也可以用艺术化的方式（比如绘画）呈现问题。

还有一种要点图关注的是提问策略是如何促进孩子理解文本的，以及孩子是如何在阅读过程中运用提问策略的。这样的要点图往往以"我们提问的初衷是……"之类的陈述句作为起始，后半句可能是"理解所读内容""寻找信息""答疑解惑"等。具体做法是：孩子在大尺寸便利贴上画出自己的阅读活动——回答问题、寻找信息等，并把它们贴在要点图中适当的位置。

我们会针对各种阅读策略制作以上两种要点图。制作要点图时，绘画是使孩子的思维具象化的有效方式。

提问策略效果评估

"学得越多越好奇"一课中孩子独立完成的作品

孩子在解读图片、听老师阅读说明性文本时，常常会适时停顿、积极思考、琢磨信息。

南极洲

为什么企鹅会摔倒？

为什么企鹅把蛋放在脚上？

它们吃鱼吗？

它们还吃别的什么东西吗？

◀ 在学习关于企鹅的知识时，学生完成了一系列画作，其中一个孩子用文字和图画将自己的问题呈现了出来。她提出的问题包括："为什么企鹅会摔倒？""为什么企鹅把蛋放在脚上？""它们吃鱼吗？""它们还吃别的什么东西吗？"。今后继续学习关于企鹅的知识时，我们将教她如何带着问题进行阅读。通过这种方式，她就能找到问题的答案了。

南极洲研究

主题：企鹅

企鹅是如何在水下吃鱼的？

通过学习我知道，企鹅可以边游泳边吃鱼。

▶ 随着孩子掌握信息量的增加，他们有时候很容易便能找到问题的答案。年龄较小的孩子的画作往往包含非常具体的信息，所以我们会和他们交谈，以便确认这些信息是否全都有意义。某个班的孩子开展了一项针对南极洲的研究，催生了"企鹅是如何在水下吃鱼的？"这个问题及答案。我们一边听提出这个问题的孩子解释其画作，一边做记录。这个孩子的画作准确地描述了问题和答案。

"带着问题阅读"一课中孩子为解决问题而绘制的问题网络

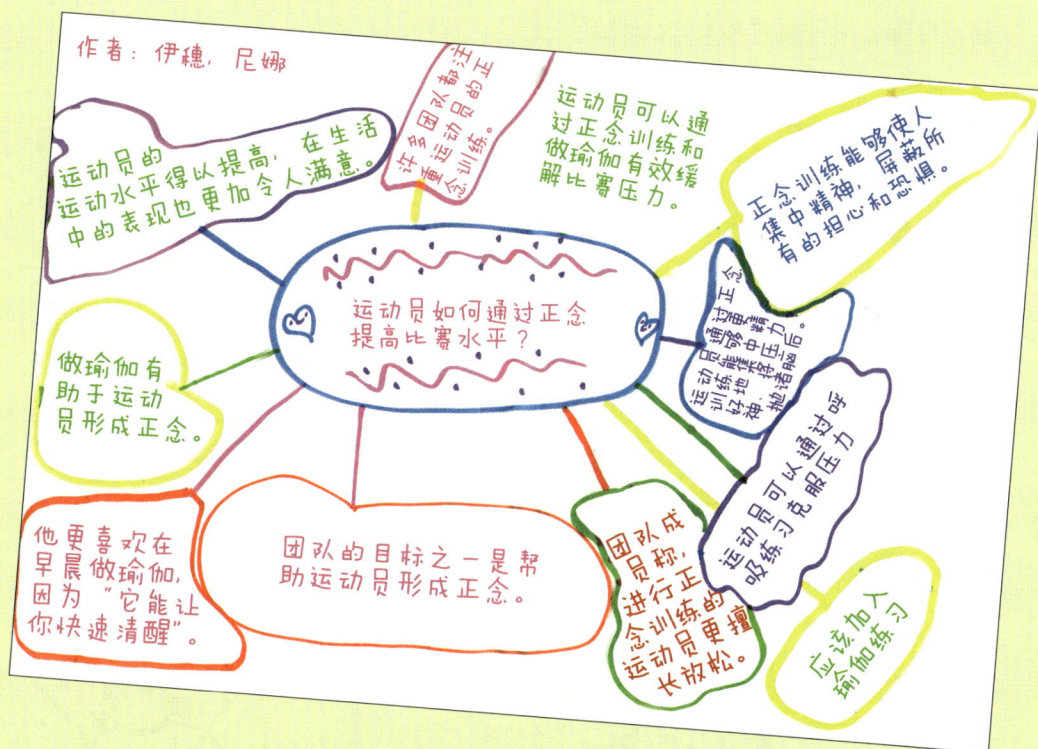

▲ 伊穗和尼娜探究的核心问题是：运动员如何通过正念提高比赛水平？她们结合从文本中筛选出的信息（包括文本中的原话）展开了思考。绘制这类问题网络时，孩子需要对信息进行解读、讨论，以此形成自己的想法并记录下来。

“通过阅读寻找答案”一课中孩子深入探究悬而未决的问题并给出答案

针对孩子悬而未决的问题，我们会留出时间，和他们一起通过阅读尝试回答这些问题。查理提出的问题是：“大平原印第安人后来遭遇了什么？”这个问题为孩子提供了深入探究该主题的机会。

> 政府逼迫印第安人放弃自己的家园。殖民者侵占了印第安人的土地，所以他们只能迁移到保留地居住。

◀孩子在阅读过程中往往会找出相应的信息来解答自己的问题，但进一步澄清这些问题仍需要一些额外的解释。左图的反馈是孩子对已有信息的总结。为了确保孩子理解自己找到的信息，我们会与他们进一步讨论，比如问他们“政府”一词是什么意思，或者看看他们是否知道印第安人迁移到保留地之后的境遇，然后与他们共同探索该问题的答案。

> 因为感染了白人携带的细菌，这些大平原印第安人生病了。

◀我们与班里的所有孩子逐一讨论问题，这便是因材施教的体现。左图是一个孩子的作品，上面的文字反馈清晰描述了大平原印第安人因感染殖民者携带的细菌而生病的境遇，下面的那幅画反映了孩子对这些印第安人境遇的理解。她画出了一个生命垂危的印第安人躺在水牛皮做的长毯上的情形。

▶右边这幅画简明扼要地概括了大平原印第安人境遇的变化。这个孩子经过深思熟虑，在汇总了同学们的诸多反馈后画出了这幅画。他提出请求，将自己的这幅画放在师生共同制作的班级要点图的最后。

> 殖民者的家畜吃掉了大草原上的草。为了生火，殖民者四处砍伐树木，还杀掉了大量水牛。没有了水牛，这些大平原印第安人几乎无法生存，有时甚至要向殖民者乞讨食物。一些印第安人会袭击殖民者的马车队，因为他们深知，正是这些殖民者夺走了他们的家园和食物，使他们流离失所。

◀从左图的反馈可以看出，这个孩子的答案很详细，全面概括了殖民者在西进运动中的侵略行为。通过汇总各方面的信息，这个孩子清晰地阐述了印第安人的境遇以及他们奋起反抗的原因——为了保护自己的家园免受殖民者入侵。

第 十 章

构建感官图像和推断：使文意明晰

若干年前，斯蒂芬妮参加了一次教职工培训会议。她在会上表示自己正在寻找适合教授构建感官图像和推断这两种策略的绘本，我们的同事兼朋友克莉丝·哈钦斯便推荐了埃斯特尔·康德拉的《看海》（Condra，1994）。这本精美的绘本以令人惊叹的水彩画插图和引人入胜的诗歌语言，讲述了一个感人至深的故事。

故事的主人公是一个名叫内莉的小女孩，每年夏天她都会和父母、兄弟一起去海边的房子居住。随着故事情节的推进，内莉身上许多与众不同的地方渐渐展现出来。在车里，她从不要求坐在靠窗的位置；她把大海描述成一个白胡子老人；她会没完没了地追着父母问问题。到了故事末尾，我们才发现原来内莉是个盲人。读完这本书后，斯蒂芬妮的脑海中留下了无数挥之不去的问题。

第二天，斯蒂芬妮对安妮说："我不太明白为什么克莉丝推荐这本绘本，我认为它似乎更适合用于教授提问策略。"安妮也读了一遍，然后说它正是教授构建感官图像和推断这两种策略的最佳教材。后来，我们请教了克莉丝，她解释说，《看海》这本书中使用了诗歌化语言和隐喻性描写，而且作者的想象力令人称奇，所以她认为这本书是教授构建感官图像和推断这两种策略的最佳选择。

为了理解得深入透彻，不同的读者会运用不同的阅读策略。只要是精心制作的绘本，几乎都可以用于教授和练习多种阅读策略。例如，阅读《看海》这本书时，读者可能会同时运用构建感官图像、提问和推断等多种策略。

我们认识许多老师，他们都会在孩子学完不同的阅读策略后引入这本书。他们鼓励孩子多留意在解读《看海》时用到的策略，并把那些有助于理解的策略记在便利贴上。你可以从八年级学生维罗妮卡的便利贴中看出她是如何运用3种阅读策略解读这本书的（图10.1）。

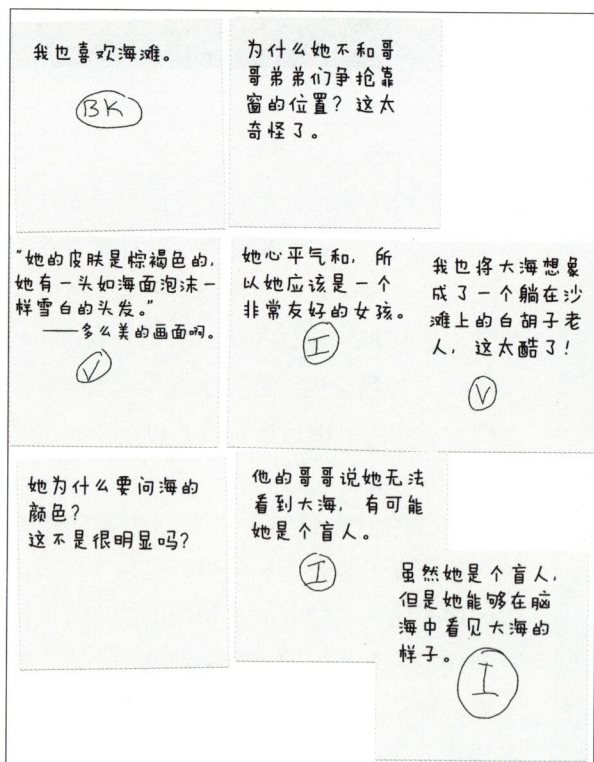

图10.1 维罗妮卡阅读《看海》时在便利贴上写下的反馈

因为构建感官图像和推断这两种策略息息相关，所以我们将它们放在同一章来讲解。构建感官图像策略可以强化推断思维，因为它实际上等于用脑海中的图像而非文字进行推断。所以说，构建感官图像策略和推断策略是相辅相成的。

推断是指将背景知识与文本线索结合起来，以此解读出文本的言外之意。推断过程涵盖了各式各样的思维过程，所以在教孩子推断策略时，我们也会教预测的方法。我们会预测事情的发展与结果，但预测的内容或可得到证实，或许会被推翻。我们总是鼓励孩子对事件的发展与结果进行预测，并留意他们的预测最终得到了怎样的验证。

推断策略也包括借助上下文解读生词的含义或者通过分析人物的言行举止解析文本主旨。我们的同事朱迪·沃利斯通过自创的伞形图阐释了推断思维的多面性，我们将其进行了改编，以便更好地呈现读者运用推断策略增进理解的不同方式（图10.2）。

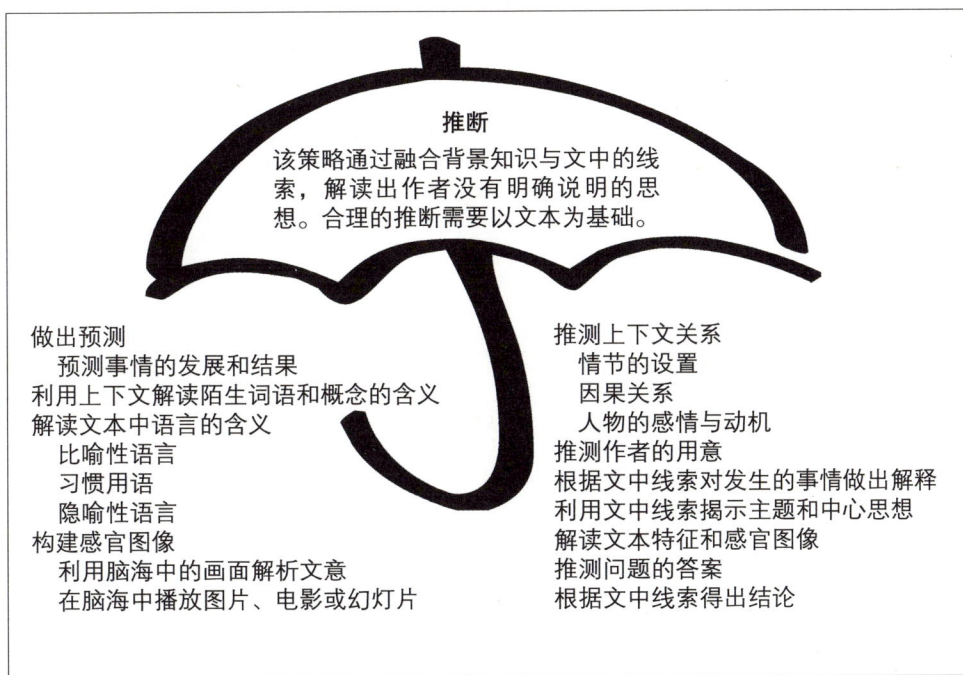

推断
该策略通过融合背景知识与文中的线索，解读出作者没有明确说明的思想。合理的推断需要以文本为基础。

做出预测
　预测事情的发展和结果
利用上下文解读陌生词语和概念的含义
解读文本中语言的含义
　比喻性语言
　习惯用语
　隐喻性语言
构建感官图像
　利用脑海中的画面解析文意
　在脑海中播放图片、电影或幻灯片

推测上下文关系
　情节的设置
　因果关系
　人物的感情与动机
推测作者的用意
根据文中线索对发生的事情做出解释
利用文中线索揭示主题和中心思想
解读文本特征和感官图像
推测问题的答案
根据文中线索得出结论

图10.2　推断策略伞形图

构建感官图像：脑海中的"电影"

在阅读过程中构建感官图像可以为读者增添阅读乐趣，因为读者会在脑海中构建专属于自己的画面。尽管越来越多的书被改编成电影，但包括孩子在内的绝大多数人依然喜欢看书。对此，我们毫不惊讶。因为将文本转换成电影时，摆脱不了一个固有问题，即一本几百页的书只能被压缩成薄薄的剧本。毫无疑问，改编的电影无法呈现原著的深度和复杂的情感。另外，观众常抱怨的一个与人物有关的问题也无法解决。例如，斯蒂芬妮最喜欢的一本书被改编成了电影，但她始终无法静下心来欣赏。因为纵然主演布拉德·皮特万般迷人，也无法展现她心目中主人公的魅力。

通过在脑海中构建属于自己的"电影"，读者可以使阅读过程变得个性化，也会因此读得格外投入，甚至对自己设想的人物产生心理依赖，所以不会在阅读过程中走神。

我们初次教授构建感官图像策略时，往往会让孩子围绕一本书和由这本书改编的电影展开讨论。这能使该策略更为具体、形象，孩子也更容易激活并关联背景知识，更快地融入自己的思考。

阅读策略课：构建感官图像

以绘画的方式做出反馈

预期目标：通过构建感官图像更好地理解文本。

阅读素材：珍妮特·温特的《守望者》。

反馈方式：使用 Drawing Pad 应用程序在 iPad 上画画。

适用对象：小学生。

听大人朗读时，孩子喜欢用 Drawing Pad 等应用程序在 iPad 上做出反馈。低年龄段的孩子以绘画的方式呈现出的想法，比他们笔下的文字更能帮助我们洞悉他们的内心世界。马里索尔·佩耶特老师的教室中只有几个 iPad，好在这些二年级学生能很好地运用便利贴和其他设备做出反馈。

马里索尔在朗读珍妮特·温特创作的《守望者》(Winter，2011)这个故事时，讲到珍妮·古道尔与猩猩住在一起，并研究它们。大家一边听老师朗读，一边在脑海中构建形形色色的画面，随后积极地用便利贴或 iPad 做出各式各样的反馈。

伊根想知道珍妮是否会在晚上观察猩猩，于是他把自己的这一疑问用文字和图画呈现了出来（图10.3）。老师又往下读了几页，伊根这才惊讶地发现，珍妮也学着猩猩在树上睡觉，这样才便于观察它们夜间和凌晨的行为。吉赛尔想知道珍妮是不是猩猩的朋友（图10.4），这个问题在课堂上引发了一场关于人类能否

图10.3 伊根关于珍妮·古道尔的问题

图10.4 吉赛尔关于珍妮·古道尔的问题

与猩猩成为朋友的大讨论。通过回顾文本寻找这一问题的答案时，有些孩子注意到，起初珍妮是从远处观察猩猩，后来猩猩渐渐习惯了她的存在，对她越来越友好。通过在脑海中构建感官图像，孩子对他们听到和看到的内容有了更好的理解和记忆，这进一步丰富了他们的阅读体验。

利用一段生动的文字构建感官图像

预期目标： 结合文本和以往经验构建感官图像。
阅读素材： E.B. 怀特的《夏洛的网》中的第三章《逃亡》。
反馈方式： 以小组为单位将脑海中构建的画面画下来。
适用对象： 小学生和初中生。

我们会引导孩子以小组形式探究阅读策略并学以致用。读书会中的6个四年级学生组成了一个小组，他们选择了 E.B. 怀特的《夏洛的网》作为阅读材料。斯蒂芬妮认为可以好好利用这个机会与孩子讨论构建感官图像策略，因为 E.B. 怀特的行文风格有助于读者在脑海中形成丰富多彩的画面。

第三章《逃亡》开篇详细生动地描写了魔法师一般的蜘蛛夏洛特和故事中其他动物一起生活的谷仓。描述谷仓的段落占了约一页半的篇幅，其中不乏使用了具体名词的引人入胜的描述：

> 谷仓非常大，非常古老。四处弥漫着干草的味道……疲惫的马儿散发出浓浓的汗味儿，耐心的牛儿连呼吸的气息都含着淡淡的香味……它散发着谷物、马具、车轴、润滑油、橡胶靴和新绳的味道……果然到处都是你能在谷仓里找到的东西：梯子、磨刀石、草叉、活动扳手、镰刀、割草机、雪铲、斧头柄、牛奶桶、水桶、空粮袋和生锈的捕鼠器。燕子喜欢在这种谷仓里筑巢，孩子也喜欢在这种谷仓里玩耍。

斯蒂芬妮大声朗读这一段时，要求学生闭上眼睛展开想象。她读完之后，言简意赅地跟学生说："描述一下你想象中的谷仓吧。"琼恩说他想象中的谷仓摇摇晃晃、又旧又破，需要涂上一层新漆。杰西卡说她想象中的谷仓通体红色，有些许白色的装饰。贾森的想象中出现了一个美丽的绿色牧场，其中的牛儿和马儿正在安静地吃草。也有人想象出了农民堆干草、孩子从草堆上跳下来的场景。E.B. 怀特并没有在书中描述上述场景，这些孩子只是展示了他们自己脑海中形成的画面。

　　大家围绕谷仓的场景讨论了大约10分钟，然后斯蒂芬妮让他们画出谷仓的简图。每个孩子都画出了独一无二的作品：有人画了孩子荡秋千、骑马和开拖拉机的场景；有人画了一些圆形屋顶的谷仓，其中一个仓顶上还有公鸡形状的风向标；有人画了忙忙碌碌的农民以及从屋顶开口处飞进飞出的鸟儿；也有人既没有画人物也没有画动物，只画了麦田和玉米田；还有人画了谷仓内部的详图，里面有捕鼠器、牛奶桶和水槽；还有一些人没有画出书中提及的任何物品。从大家的反馈可以看出，他们绝大多数人的作品呈现的都是自己对谷仓的先验知识，并在其中融入了一些作者的描述。如果读者童年是在农场度过的，那么他能够理解绝大多数细节；如果住在农场附近或看过农场的照片，也会理解书中的信息。读者可以把作者的描述和背景知识结合起来，在脑海中构建感官图像，为阅读增姿添彩。

　　这便是构建感官图像策略的要义所在——通过将文本中的文字与读者的背景知识结合起来，在脑海中勾勒出属于自己的画面。E.B. 怀特这样优秀的作家就像以前的电影放映员，他们打开放映机，为观众呈上精彩的内容，然后静静地坐到后面，让观众无拘无束地欣赏独属于自己的"电影"。

利用数字工具构建感官图像、做涂鸦笔记

　　预期目标：利用数字工具的便捷性，捕捉图像中蕴含的思想，与更多的人分享。

　　阅读素材：Drawing Pad 应用程序和一篇名为《你可以提升智力》的文章。

　　反馈方式：用绘图软件画画。

　　适用对象：小学生和初中生。

在这堂课上，五年级老师凯蒂·马赫达里斯带领孩子探索了一种记录学习内容和所思所想的新方法——涂鸦笔记。涂鸦笔记是指在听故事或讲座时用涂鸦的方式呈现捕获的信息和思想的一种方法。

凯蒂给孩子讲解了涂鸦笔记的使用方法——如何运用图画和文字等形式将信息记录下来，并为他们展示了利用图标和符号将信息具象化的过程。她还告诉学生，自己从不会一股脑儿把听到的所有信息都记录下来；相反，她会用心听、用心思考，然后用一些可以深化记忆的图片或词语记录关键的内容（图10.5）。

图10.5 凯蒂的涂鸦笔记

练习之前，凯蒂跟孩子分享了一些做涂鸦笔记的技巧：

· 笔记不需要完美无瑕！不要将精力耗费在完善细节上，要保证跟上阅读进度；

· 使用你熟悉的符号；

· 重要信息可以用彩色呈现，但不需浓墨重彩；

• 文字和图片可以结合使用。

　　凯蒂让孩子自行选择是用纸和笔还是用数字工具做涂鸦笔记，绝大多数孩子都倾向于后者，因为他们知道数字工具有快速分享和添加音频的先进功能。

　　凯蒂首先将《你可以提升智力》(Mindset Works, 2014)这篇文章用投影仪展示出来，以便孩子可以随时参考。接下来，她大声朗读了前两段，然后停下来，给孩子留出快速画出自己想法的时间。在后面的朗读过程中，凯蒂也是频频停顿，以便孩子更好地练习这项新技能并将其内化于心。她鼓励孩子加快绘画速度，最好不要边画边擦。在孩子练习的过程中，凯蒂也在 Drawing Pad 上画画，并时不时停下来给需要帮助的孩子做示范。她也会要求孩子在课堂上彼此交流，并跟同学分享这些涂鸦笔记深化了自己哪方面的记忆。

　　孩子一边和搭档一起阅读，一边时不时停下来做涂鸦笔记，最终大家一起读完了整篇文章。他们把做涂鸦笔记练习时使用的符号画在了教室中的要点图里，其中既包括他们之前用过的符号，也包括一些新的符号。例如，他们用大脑的图像表示"思考"，用向上的箭头表示"增长"或"积极的思想"。

　　之后，凯蒂回过头来跟全班同学分享了自己通过涂鸦笔记从文本中学到的内容，同时简要地概括了练习的过程，展示了如何使用 Explain Everything 应用程序练习更多与涂鸦笔记相关的技巧。分步讲解自己的画作时，她使用这个软件中的数字化箭头指着图片，还录了音。她总结说，仅凭几张图片和几个词语，她便能记住整篇文章的内容，这让她欣喜不已。

　　最后，她向全班同学提出了两个问题："你们是否愿意再次尝试在阅读过程中做涂鸦笔记？它对你们的学习起到了什么作用？"

用无字书引导孩子构建感官图像

预期目标： 运用构建感官图像策略补充缺失信息。

阅读素材： 亚历山德拉·戴的绘本《好狗卡尔》。

反馈方式： 画出自己脑海中的画面。

适用对象： 小学生和初中生。

　　我们教授构建感官图像策略的方法多种多样，其中以无字书作为工具可能最令人不解。你可能会想：如果一本书没有文字，根本没法用来练习阅读。事实并非如此。你可以从图画中寻找线索，并把它们与你脑海中构建的、书中并不存在的画面结合起来，以此理解文意。这是一种有效的阅读训练方法。也可以说：图画即文字。

　　亚历山德拉·戴的《好狗卡尔》(Day，1985)是一本典型的无字绘本，它讲述了一个家庭故事——妈妈出去购物，留下小狗卡尔带着孩子在房子里嬉闹。这只名叫卡尔的罗特韦尔犬的职责是照看孩子，小读者们对它喜爱有加。故事读到一半，一张画有婴儿坐在洗衣滑槽前、小狗卡尔站在她身后的图片出现了。在下一页的图片中，卡尔大步冲下楼梯。这时，大家纷纷露出笑容，有些孩子甚至大笑起来。我们先让学生想象一下这两张图片之间发生了什么事情，然后让他们以画、写或讨论的方式做出反馈。

　　安吉·凯里所教的一年级学生设想出了一系列场景：婴儿从洗衣滑槽中滑了下去，可能是婴儿故意滑下去的，也可能是卡尔把婴儿推下去的。克里斯蒂娜和马克斯虽然在脑海中构建出了不同的场景，但他们也都想象出了这个婴儿从洗衣滑槽中滑下的画面，而这恰恰是事情的真相。

　　以洗衣滑槽为出发点，克里斯蒂娜建画出了房子的平面图（图10.6）。马克斯画的画虽然没有这么复杂，但他写下一句描述婴儿下滑场景的简短有力的话——"婴儿从洗衣滑槽中急速滑下！"（图10.7）。克里斯蒂娜和马克斯构建的感官图像都合情合理。

　　我们会通过观察孩子的作品发现他们在阅读过程中可能出现的认知误区。例如，如果孩子的画作中出现了一个长着翅膀、飞向云端的婴儿，那么我们就有必要跟孩子讨论一下这种想象与故事的背景是否契合。我们不希望孩子阅读时过度偏离文本，因为教授构建感官图像策略的初衷就是帮助孩子更好地理解文本。安吉班上的一个孩子画了一幅卡尔背着婴儿下楼梯的画。虽然这比婴儿长出翅膀的想象更贴近现实，但仍是一种误读。第一张图片清楚地显示婴儿在洗衣滑槽的边缘，后面的图片也明确呈现出卡尔跑下楼梯的场景，它背上根本没有婴儿。出现上述两种情况，我们都会跟孩子交流，帮孩子澄清这些认知误区。

　　用无字绘本和用文本引导孩子构建感官图像一样，都能帮助孩子在阅读过程中理解文意。这堂课向孩子展示了构建感官图像策略是如何增进理解的，他们学有所得。不仅是低年级的孩子，高年级的孩子也能感受到无字绘本的魅力。在我

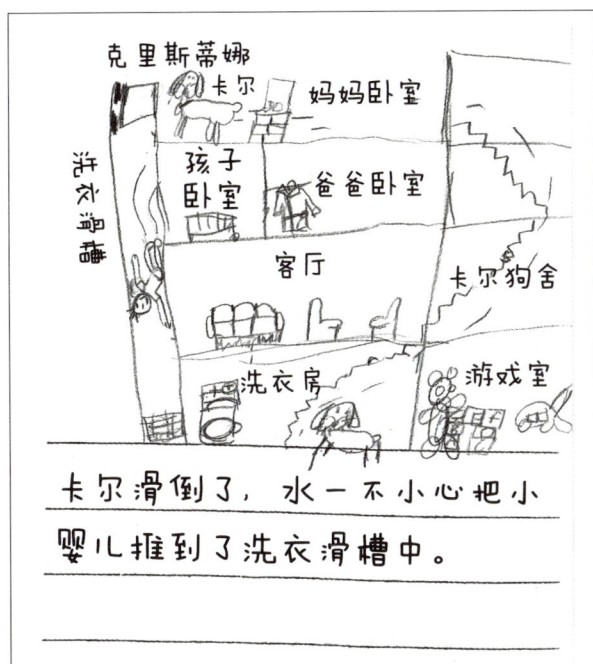

图10.6 克里斯蒂娜阅读《好狗卡尔》时做出的反馈

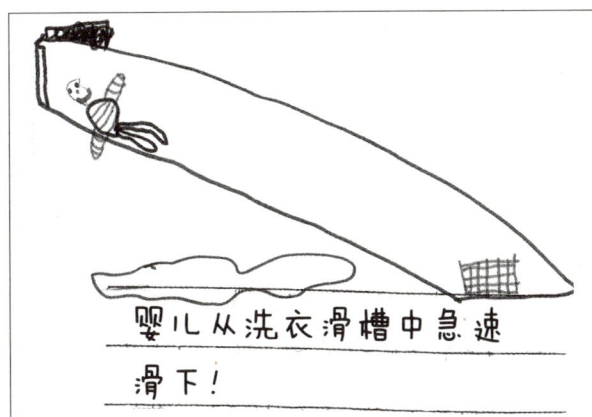

图10.7 马克斯阅读《好狗卡尔》时做出的反馈

们的课堂上，在无字绘本的帮助下，孩子常常惊奇地发现他们对构建感官图像策略的认识更加透彻和深刻了。

阅读时构建感官图像，写作时用文字呈现画面感

预期目标： 将阅读引人入胜的非虚构作品时构建感官图像的技巧
用于写作。

阅读素材： 纪录片《棒球：美国史诗》以及图书《影子球：黑人棒
球联盟的历史》和《谁发明了这项比赛？》。

反馈方式： 展开课堂讨论并思考问题。

适用对象： 初中生。

几年前，众多美国棒球迷的视线从娱乐与体育节目电视网（ESPN）转移到了
当地公共广播系统旗下的频道，他们一连数晚目不转睛地观看导演肯·伯恩斯制
作的纪录片《棒球：美国史诗》。后来，克诺夫以一些广受欢迎的纪录片为基础，
出版了一系列非虚构图书，也让人们兴奋不已。《影子球：黑人棒球联盟的历史》
（Ward, Burns and O'Connor, 1994）和《谁发明了这项比赛？》（Ward, Burns
and Walker, 1994）是这个系列中的经典，它们是全面记录棒球历史且适合年轻
人阅读的图书中的佼佼者。尤其是《影子球：黑人棒球联盟的历史》，它的内容
和写作质量均令人拍案叫绝。这本书行文生动，不仅能让读者在阅读过程中情不
自禁地在脑海中构建出生动的画面，还能帮助读者扩充关于美国黑人的背景知
识，获得对美国民权运动更为深刻的认识。此外，这本书也非常适合教授提问策
略和推断策略，更是示范写作方法的绝佳材料。它的开篇如下：

当印第安纳波利斯小丑队——一个全部由黑人组成的球队——上场
热身时，观众为之沸腾。只见二垒手迅速接住一垒手掷出的球，随即他
的手套瞬间回归原位。然后，二垒手把球快速扔给三垒手，三垒手漂亮
的接球让球迷们高声喝彩，狂呼不已。接着，一个击球手走向本垒板。
这时候，投手做好了准备——接到信号后，他立刻调整好姿势，迅速将
球投了出去。击球手挥臂迎接——他打中了球！游击手从右路反手抽击，
他纵身跳起，随着一个漂亮的旋转，将球传给了位于击球手前方的一垒
手。一垒手展开手套以一个敏捷的低投动作相迎，扬起一片灰尘。击球
手出局了！人群中爆发出振奋人心的呐喊声。

但是，等一等！一垒手的手套里根本没有球。击球手也并没有真的

击中什么球。球员们正在以哑剧的形式进行热身环节的表演——他们抛出的都是"假想球"。但是，他们迅捷的反应、逼真的动作让球迷们深信不疑。

这种表演被称为"影子球"，它是黑人球员独特的热身方式，展现了黑人球员在白人掌控比赛的情形下奋力拼搏的精神。事实上，与职业棒球大联盟的选手相比，许多黑人球员的水平毫不逊色，他们进入联盟的唯一阻碍就是他们的肤色。

当我们从这精彩纷呈的哑剧热身环节中缓过神来时，那扣人心弦的文字仍久久萦绕于我们的脑海之中，同时我们也理解了影子球的隐喻。高质量的描写不仅让我们见识了主动动词、视觉动词和特定名词对提高写作质量的作用，还帮助我们在脑海中构建了丰富生动的画面。

我们先让孩子围绕上述内容进行了讨论，然后又读了一遍文本。在朗读过程中，我们要求孩子闭上双眼，在脑海中构建场景，回答是什么给他们脑海中的场景赋予了生机与活力。最后，我们把从孩子那里收集到的反馈记录了下来：

扬起的灰尘
展开的手套
一记漂亮的反手抽击
迅速接住一垒手掷出的球
将球投了出去

通过《影子球：黑人棒球联盟的历史》中的这段节选，我们在脑海中勾勒出了相关画面，并将它们串联成了一部生动的"电影"。作者在写作过程中精心选择的名词和动词为文章带来了无限的生命力。我们要求孩子给这些名词和动词做上标记，然后思考它们是如何为写作内容注入丰富多彩的视觉元素的。在这堂课接近尾声的时候，我们鼓励孩子以后在尝试用文字叙述一个真实事件时借鉴这篇引人入胜的文章。

超越文字和图片：以音乐形式对文学作品做出反馈

预期目标：调动感官解读文学作品。

阅读素材：GarageBand 应用程序，《哈利·波特与魔法石》或其
他文学作品。

反馈方式：用 GarageBand 应用程序进行音乐创作。

适用对象：小学生和初中生。

五年级的教室中，同学们有的结成对子，共用一副耳机；有的悠闲地躺在地毯上；有的坐在椅子的边缘；有的围坐在课桌旁……他们旁边的 iPad 上显示的是 J.K. 罗琳的《哈利·波特与魔法石》（Rowling，1999）。教室中交织着孩子的低声细语和手指轻触屏幕的声音。

在凯·约翰逊的语言艺术课上，他要求孩子用 GarageBand 将自己在阅读哈利·波特的故事时的某一感官体验转化成一段音乐旋律。他认为这样做能够让孩子理解得更深刻，帮助他们全身心地投入到故事中。结果显示，孩子果然以超乎他想象的方式进行了各式各样的探索。

一开始，凯耐心地演示如何使用该软件：如何新建项目，如何选择乐器，如何"演奏"乐器……但这些孩子很快就对他的演示失去了耐心，开始自行探索软件的功能和使用方法。在众多音效中，最受孩子追捧的是刺耳的鼓声和电吉他的声音。

我们从中总结出的经验是：要给孩子留出自由探索的时间。想想我们自己在科技领域的学习经历吧，谁不想亲自尝试一下各种各样的新功能呢？而且，我们通常会在探索过程中发现新天地。

于是，凯给孩子留出了足够多的时间去探索和熟悉这款软件，然后再把他们召集到一起，让他们分享阅读过程中发现的问题。同学们提出了各种不同的问题，凯将其中一些具有指导性的、有助于他们将精力放在音乐创作上的问题记录了下来：

- 这一部分表达了什么样的情感？
- 你脑海中构建了什么样的场景？其中的人物感受如何？
- 如果你是这部电影的导演，你希望带给观众怎样的感受？你会用什么音乐激发这种感受？

　　大家认真重读了文本的部分内容，然后结对子或组成小组，围绕其中的某个场景进行头脑风暴。凯也加入了他们，为他们提供技术上的指导。有时，为了深化孩子对场景的理解并帮助他们更好地体会其中蕴含的感情，凯还会鼓励他们进一步挖掘文本深意。

　　大家一页一页地翻找，希望从书中找到一些能够转化为音符的具有戏剧性的、令人感到恐怖或放松的情节。其中一组学生把 iPad 放在教室门口，录制了"嗖嗖"声和"吱吱"声，希望用它们表现出霍格沃茨学校走廊里某个疑窦丛生的时刻。有两个男孩要求选一间安静的房间，在里面通过戏剧化的朗读再现故事中的对话并录下来。后来我们发现，他们录制时模仿了英国人的口音。而且，为了恰到好处地把控对话节奏和人物情感，他们不厌其烦地一遍遍录制角色间的对话。一个会弹钢琴的孩子自创了一段旋律，并将其融入哈利·波特第一次乘火车去霍格沃茨的场景中。她解释说，她的创作初衷是展现故事中的孩子在新学期伊始的兴奋与激动。她的投入以及对故事的深入思考令我们刮目相看。总之，在数字工具的帮助下，孩子展现出了无与伦比的创造力，对文本进行了透彻的解读，这大大出乎凯的意料。

　　通过这堂课，凯对数字工具在课堂上的作用有了全新的认识。孩子在学习中表现出的团队精神、投入和专注完全源于他们自身的兴趣和激情，而非老师的督促。此外，孩子还可以借助数字工具将自己的作品展示给更多的观众，轻而易举地跟老师、同龄人和家人分享自己的成果。与传统的反馈方式相比，孩子更愿意将自己的理解以一种全新的方式表达出来，同时对别人形形色色的反馈风格也都能欣然接受，这令凯大感意外。但真正让凯感到惊讶的是，孩子为了获得对文本的深刻见解，乐于重读文本且乐此不疲。所以说，这项融入了音乐和科技元素的"趣味活动"，最终以一种颇有成效的方式提升了孩子的阅读兴趣，加深了他们对阅读内容的理解。

让 GarageBand 应用程序与阅读课无缝衔接的步骤

　　1. 上课前，把该应用程序下载到学生的 iPad 上。

　　2. 花5分钟左右的时间给学生演示如何打开该应用程序并选择乐器；

　　3. 给学生15分钟的时间，让他们自行探索该应用程序，熟悉其主要功能和操作选项。

4. 让那些已经熟悉该应用程序的学生去帮助其他同学。

5. 适时回顾文本，并给学生示范如何通过重读从故事中寻找可以转化成音符的场景。

6. 跟学生一起进行头脑风暴，为不同场景中的情感找出关键的描述性词语。

7. 给学生展示一些关键问题，以帮助他们对所选文本内容进行更深入的解读。

8. 当学生为文本内容添加了合适的音乐之后，鼓励他们与搭档分角色朗读，同时录下他们的声音。最好再添加一些音效，这样就可以与之前添加的音乐完美契合了。

9. 允许学生按自己的节奏来练习，同时照顾到各小组的不同进度。如果某个小组在较短的时间内完成了任务，那么就鼓励他们继续拓展，比如说可以选择另一个故事场景来创作音乐，或者在原有作品的基础上融入更多元素。

10. 给学生提供分享自己已完成或正在创作的作品的机会，以此促进团队合作，激发更大的创造力。为了提升课堂教学效果，一定要重视创造和分享，让所有孩子都发挥自己的聪明才智。

推断：解读字里行间的隐含义

推断思维是理解的基石。如果你能像解读文本一样洞察世界，那么你的人生之路将格外平坦、顺畅。生活中的许多事情都要用到推断思维，并不是只有阅读时才用到。例如，早晨看到老板满脸不悦，你就会意识到此时不是要求加薪的最佳时机；看到孩子的嘴唇微微发颤，你就会意识到该给他一个温暖的拥抱。

为了帮助孩子理解推断思维的本质，你可以做出一副惊恐的表情，然后问他们能从这个表情中推断出哪些信息。如果他们提到"害怕"等字眼，就意味着他们做出了准确的推断。推断时需要察言观色，需要读懂身体语言，需要辨析语气；解读文本时也是如此。

阅读策略课：推断

通过游戏推断情感

预期目标：通过推断更好地理解自己和他人的感受。
阅读素材：写着表达情感的词语的卡片。
反馈方式：根据线索推断出卡片上的词语对应的情感。
适用对象：幼儿园孩子和小学生。

幼儿园老师苏·肯普顿设计了一个有着双重目的的游戏。她希望借此引导孩子探索人类的各种情感，同时让他们对推断思维有个初步的认识。

每隔几天，苏就会给孩子介绍一种新的情感，并把它写在卡片上。截至目前，他们在自己的卡片上写下了一系列表达情感的词语：疯狂、悲伤、快乐、失望、沮丧，等等。游戏开始时，苏会浏览这些卡片，然后从中选出一张卡片，粘贴在一个志愿者的后背上。今天的志愿者是安德鲁，他站在大家围成的圆圈中间，然后慢慢转了几圈，确保每个人都有机会看到自己背上的卡片。不过，安德鲁自己并不清楚背上贴的是哪张卡片。

"谁能给安德鲁一些线索？"苏问大家。大家轮流给出一些线索，来帮助安德鲁推断出他背上的卡片上写的是什么。每个孩子都会这样开头："这个词给我的感觉是……"以此为开头，他们给出了各式各样的线索：

"……我姐姐用高尔夫球杆打我。"
"……我的狗死了。"
"……我妈妈禁止我去儿童博物馆。"
"……我爸爸不让我去看电影。"
"……我爷爷尼克去世了。"

五六个孩子提供了自己的线索后，苏问安德鲁："现在你能推断出背上的卡片写的是什么了吗？"

"是'悲伤'。"安德鲁得意地回答。

"回答正确！安德鲁，你是怎么推断出来的？"苏问。

"因为我们会因为动物或祖父母的去世而悲伤。"安德鲁回答。

大家非常喜欢这个游戏。随着游戏次数的增加，孩子对各种情感都有了更清晰的认识，而且能更好地推断各种情况引发的情感了。

孩子对信息的领悟

预期目标：理解文本并推断出小说的中心思想。

阅读素材：比吉塔·西夫的《奥利弗》。

反馈方式：在便利贴上以文字和图画的形式做出反馈。

适用对象：幼儿园孩子和小学生。

克里斯汀·埃尔德·鲁宾诺班里的幼儿园小朋友都是故事迷，他们每天都迫不及待地聚在地毯上听老师讲故事。比吉塔·西夫的《奥利弗》（Sif，2012）讲述了一个活在自己世界里、拥有丰富想象力的小男孩的故事，孩子可以通过将书中幽默诙谐的插图和重要的信息进行关联从而理解文意。故事以小男孩结交了一个朋友作为结尾，这让小读者们欣慰不已，因为他们很高兴看到一个不合群的孩子终于交到了好朋友。读完故事后，大家展开了讨论，同时认识到故事中有很多地方值得与朋友一起讨论。

此前克里斯汀在课堂中引入了互动式朗读环节。这个环节需要孩子完成大量的练习，比如给同伴讲故事。但克里斯汀强调，在练习中老师不应该把关注点放在讲故事的孩子身上，因为该环节的关键是学习如何做一个好的倾听者，并且轮流发表意见。

克里斯汀首先运用有声思维朗读了这个故事。在这个过程中，她一边解析故事一边把自己的想法写下来："奥利弗似乎没有意识到周遭的环境，而是陷入了想象的世界中。"大家表示赞同，说奥利弗喜欢自顾自地玩毛绒玩具，而这恰恰是很多孩子的习惯。故事的结尾处，奥利弗意外地遇到了一个和他颇为相似的女孩，很多孩子立刻推测出了结局。吉娜说："也许他们会成为朋友，这样他就不用一个人孤独地玩毛绒玩具了。"大家先对故事的结局进行了一番讨论，然后回到桌子旁，迫不及待地在便利贴上将自己的想法用文字和图画表达了出来。

克里斯汀鼓励孩子用自创的拼写方式做出反馈。在这个过程中，她会时不时地选择一个孩子，将孩子的想法写出来。例如，通过与迈克尔交谈，她写出了迈克尔的所思所想："《奥利弗》这本书让我想起了《小熊可杜罗》中的情节——莉莎将小熊带回了家，用拥抱温暖它，最后与它成了好朋友。"迈克尔和克里斯汀一起找出了这两个故事的共同点，也就是两个故事中的主人公都是在非同寻常的地方遇见了朋友。这时，卡伦打断了克里斯汀和迈克尔的谈话，并给他们展示了自己画的两座房子：一座是奥利弗的，一座是奥利维亚的。然后，卡伦请求克里斯汀也写下他的想法："我很高兴他们找到了彼此。"

在这堂课接近尾声时，同学们迫不及待地把自己的便利贴贴在班级要点图上（图10.8），然后纷纷上台跟全班同学分享自己对故事的所思所想和推断出的故事的中心思想。大家总结出的中心思想是：想象力丰富是件好事，但如果能交到好朋友就好上加好了。

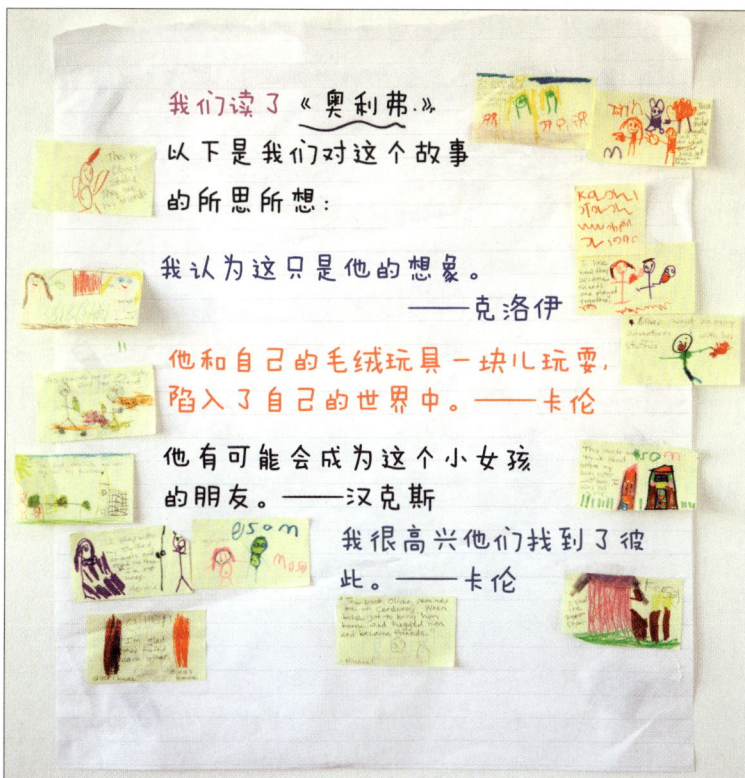

图10.8 孩子阅读《奥利弗》时的所思所想

利用数字工具对图片内容做出推断

预期目标：将推断策略应用于数字图像，成为具有批判精神的观
　　　　　察者和读者。

阅读素材：《纽约时报》官方网站中一张名为《这张图片讲了什
　　　　　么？》的图片，画的是一头大象在印度某个城市中横冲
　　　　　直撞。

反馈方式：运用数字工具对图片做批注并与他人分享。

适用对象：小学生和初中生。

孩子可以从图片中挖掘出重要信息，这一点我们早就有所了解。而且我们还知道，能够仔细观察、解读图片并据此做出推断，对所有孩子而言，都是极其重要的技能。尤其是在当下这个图像泛滥的数字时代，这堂课的重要性不言而喻。

阿琳·阿蒙特老师利用在教室中已经普及的数字工具为她所教的四年级学生提供了各式各样的高质量彩色图片供他们观察和解读，旨在教他们做出鞭辟入里的推断。她让所有孩子都参与进来，让大家仔细观察和解读图片，并借助软件进行编辑。如果教室中没有相应的设备，也可以给学生提供打印版资料，让学生以小组形式做批注。无论采用哪种教学方式，老师都能通过让孩子交流和分享想法收到良好的教学效果。孩子可以将自己的观点通过"画廊漫步式学习"的形式进行分享。今天，阿琳的要求是：在互动网站 Padlet 上发帖子。

大家陆续来到地毯上，开始做准备。在这期间，为了激发孩子的兴趣，阿琳将第一张图片展示在屏幕上。等大家全都坐好，她问道："今天我们将根据图片中的线索学习推断策略。你从图片中发现了什么？对此你有什么感想？"接着，阿琳用投影仪向全班同学展示了更多的图片，并示范了如何就自己做出的每一个推断在图片中找到确凿的证据。她在示范时使用了如下推断句式：

我看到……对此，我的推断是……

我推断……因为我注意到……

这些细节让我想到……

我的推断是……因为在这张图片中我观察到……

孩子也开始学着使用推断句式与同学讨论、分享自己的观点。理解了今天的重难点之后，大家开始练习结合思考对一张新的图片做批注。在学生组成小组、结成对子进行练习或独立练习时，阿琳会根据情况参与进去并予以指导。

在练习过程中，阿琳仔细聆听孩子的发言，以确保他们的确是在运用推断策略，而且他们的推断建立在充足的事实之上。

> 杰里米，我听到你刚才说你推断这张照片是在沙漠里拍的。你为什么会这么想？它有没有可能是在海滩上拍的？对于每一个推断，我们必须用强有力的证据来支撑。大家仔细观察细节，一定要确保百分之百基于看到的图像做出推断。

这堂课的一个关键之处在于，无论孩子阅读能力如何，都能"看懂"这张图片。因此，所有孩子都有机会与搭档深入讨论，并进一步强化"推断必须源自文本中的证据"这一认识。

在今天课程的最后，阿琳要求孩子在 Padlet 上分享自己的想法。为了帮助他们达成这个目的，她登录 Padlet 网站发了帖子，然后把发帖链接分享给了全班同学。图10.9展示了一些孩子在 Padlet 上发的帖子。通过这种方式，孩子既

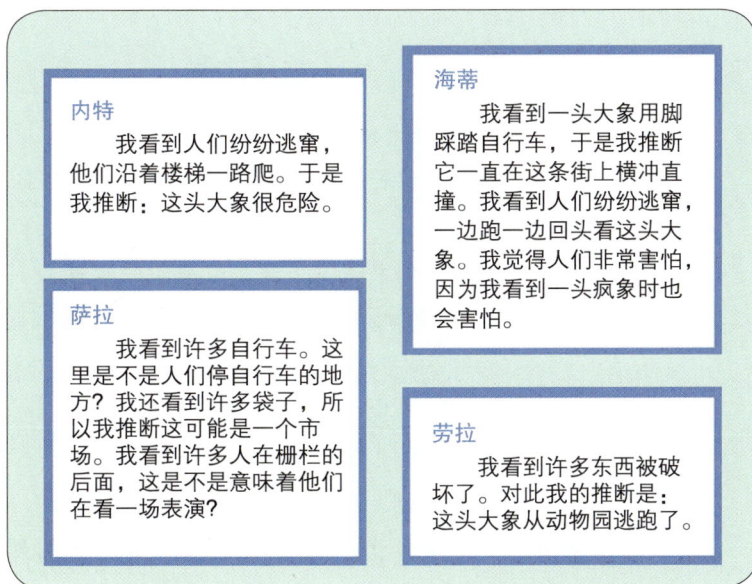

内特
我看到人们纷纷逃窜，他们沿着楼梯一路爬。于是我推断：这头大象很危险。

海蒂
我看到一头大象用脚踩踏自行车，于是我推断它一直在这条街上横冲直撞。我看到人们纷纷逃窜，一边跑一边回头看这头大象。我觉得人们非常害怕，因为我看到一头疯象时也会害怕。

萨拉
我看到许多自行车。这里是不是人们停自行车的地方？我还看到许多袋子，所以我推断这可能是一个市场。我看到许多人在栅栏的后面，这是不是意味着他们在看一场表演？

劳拉
我看到许多东西被破坏了。对此我的推断是：这头大象从动物园逃跑了。

图10.9　孩子在 Padlet 上发的帖子

可以让更多的人了解自己的想法，又可以一览全班同学的想法，老师也可以据此对孩子进行评估。最重要的是，孩子对这种在线工具颇有好感，因为通过这个平台，他们能接触很多人的观点并做出反馈，这使他们受益匪浅。

利用诗歌练习推断和构建感官图像

预期目标：运用推断和构建感官图像策略理解诗歌的含义。
阅读素材：斯图尔特·富兰克林的《地球之歌》。
反馈方式：在诗歌上做批注。
适用对象：初中生。

诗歌是一种语言高度凝练、节奏感强和富有想象力的体裁。诗人擅长用语言"绘制"生动的画面，诗歌中往往充满比喻。因此，推断和构建感官图像这两种策略对解读诗歌颇有帮助。

斯蒂芬妮选用了《国家地理》杂志上刊登的斯图尔特·富兰克林的《地球之歌》（Franklin, 2000）这首诗上这堂课。

地球之歌

它是太阳系中一颗不起眼的小行星，
是宇宙长河中一颗旋转不停的小卵石。
然而……
这个家园中布满了广厦般的峭壁，
风和水共同雕刻出美丽的地貌，
不计其数的生命绽放着无限生机，
水雾弥漫，馥郁芳香。
这里，迷雾重重，投下阵阵清凉；
那里，烈日炎炎，弥漫腾腾热气。
地球绮丽多姿，赋予我们无限的感受，赐予我们灵魂的洗礼。

斯蒂芬妮跟学生解释说，诗歌的写作方式与其他文体的写作方式不尽相同。诗人通常会用文字描绘图景，这就要求读者将文字转化成脑海中的画面，想象诗歌要表达什么。诗歌往往篇幅短小，诗人常常搜肠刮肚，力求用最少的文字精准表达自己的思想，这就要求读者通过思考来推断诗歌的意义。

在给学生朗读这首诗时，斯蒂芬妮综合运用了有声思维和批注的方法，借此示范如何解析诗歌含义。她推断第一行诗"它是太阳系中一颗不起眼的小行星"指的是地球，因为标题就是《地球之歌》。她引导孩子与搭档讨论对这句话的理解，说出对此有什么样的推断。然后她继续读下一句："是宇宙长河中一颗旋转不停的小卵石。"她说，对此她的推断是：诗人将地球绕太阳公转比喻成小卵石不停旋转。随后她又分享了自己脑海中形成的画面：大自然中的风雕刻出美丽的地貌，海洋弥漫着水雾。她将自己的推断标注上字母"I"，将自己脑海中的画面标注上字母"V"。图10.10展示了她对这首诗的批注。

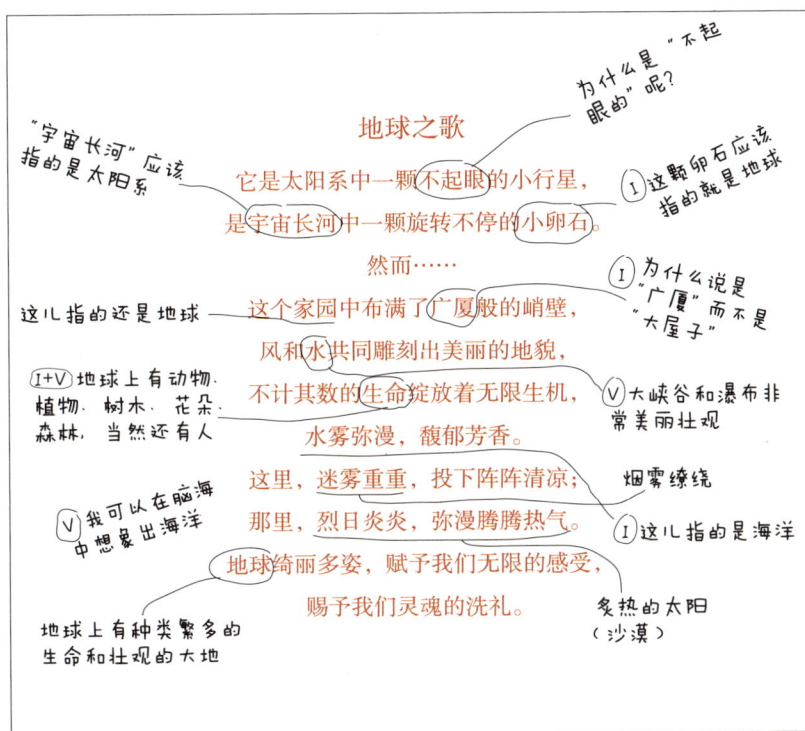

图10.10 斯蒂芬妮对《地球之歌》的批注

讲解完这首诗，斯蒂芬妮又给学生分发了另外几首诗，其中包括出色的老师兼诗人——霍莉·奥奇钦蒂的作品《爷爷永在》。盖伯瑞尔和瑞秋结成对子，选择了霍莉的诗进行分析。她们借助推断、构建感官图像和激活并关联背景知识策略解读这首诗，并模仿斯蒂芬妮刚才讲解时的做法做了批注（图10.11）。

爷爷永在

霍莉·奥奇钦蒂

I 代表推断
V 代表构建感官图像

爷爷

你的纸币

仍躺在我的书架上   I 她真的很爱她的爷爷

上面有你的签名

你的钓竿 ———— I 爷爷喜欢钓鱼

仍在空中挥舞着

在我的脑海中挥之不去 —— "挥之不去"是什么意思？

你的硬币

仍在两边的口袋中叮当作响 ← V

让我回忆起可口的蛋卷筒 —— I 她为爷爷的去世伤感不已

V 你那满是裂缝的车道

长得足够用于自行车比赛 —— 她小时候一直记着这个画面

让我永葆青春活力

你那优美的钢琴旋律

曾在无数个周日的清晨响起

如今已渗入我的记忆 —— 爷爷弹钢琴的回忆

你那一双尖头皮鞋

大得足够装下我的5号小鞋

仍能驱散我的担忧

你的微笑

印刻在我的心中

明亮动人   I 爷爷去世了

爷爷

图10.11 盖伯瑞尔和瑞秋对《爷爷永在》的批注

你可以和孩子分享更多的诗歌，因为他们喜欢诗歌的韵律感。推断和构建感官图像等策略可以成为孩子解读诗歌的钥匙，帮助他们揭开诗歌中蕴藏的深意。

通过推断解读非虚构作品

预期目标：通过图片、文本特征和简短的说明文字做出推断。

阅读素材：图片生动、文本特征鲜明的非虚构作品。

反馈方式：以绘画或写作的方式做出反馈。

适用对象：初中生。

推断是获取信息的有效方法之一。我们经常教孩子运用推断策略获取信息。例如，给孩子展示一张大白鲨照片，然后让他们与同伴讨论通过观察可以从照片中获取哪些信息。孩子看到大白鲨的锋利牙齿后会做出这样的推断："它肯定是食肉动物。"如果我们问他们推断的依据是什么，多数孩子会大声喊道："牙齿！"如果给孩子展示一张火山喷发的图片，那么肯定会有人推断住在火山附近的居民陷入了麻烦。这便是推断，它往往很简单，但非常有用。

事实上，因为我们经常这样进行推断，以至于自己都没有意识到需要清晰明确地教给孩子仔细阅读和细致观察的技巧，让他们学会运用推断策略更深入地解读非虚构作品中的图片（包括照片、地图、示意图、特写镜头等）和说明文字。我们会在课上反复示范如何通过观察图片和文本特征以及解读说明文字深入理解非虚构作品，并要求孩子举例阐明他们推断出的信息。

分析信息图：解读图片信息和文字信息

预期目标：通过解读图片信息和文字信息分析信息图。

阅读素材：洛琳·利迪的《关于能量的惊人真相》。

反馈方式：记录提取的信息和做出的推断。

适用对象：**初中生。**

在我们修订本书的第一版时，信息图还非常罕见，而现在却无处不在。信息图凭借其简洁的说明文字、引人入胜的图片、生动的色彩以及多样的视觉元素吸引了大批年轻的读者。但是，当我们深入探究信息图中的视觉元素和说明文字时，发现信息图并没有表面上看起来那么简单。我们必须教会孩子放慢阅读速度、注意观察文中的视觉元素、深度挖掘各种各样的线索，从而解读出作者或插图作者可能没有完全交代出来的内容。

洛琳·利迪的《关于能量的惊人真相》（Leedy，2011）凭借引人入胜的图片和丰富的信息量，成功使孩子对"能量"这个理解起来有些复杂的话题产生了兴趣。利迪在每张图片中都融入了大量信息，以便孩子更透彻地理解太阳能、风能和地热能等能源的科学原理。

在这堂课上，珍妮特·斯科蒂老师带领五年级学生学习了如何解读信息图。孩子首先需要提高分析信息的技能，才能充分理解书中信息图的含义，也才能对那些复杂的图片和说明文字进行推断并得出结论。

在老师的带领下，大家一起仔细琢磨信息图中少量说明文字的含义，解析其中的视觉元素，并结合所有人的背景知识对其中的箭头、示意图及其他非虚构元素进行分析。

在这堂课刚开始时，他们分析了一张关于化石燃料的信息图。虽然孩子有充足的背景知识，但是在面对书中对化石燃料形成机制的细致描绘时，还是因为遇到陌生的信息，不得不放慢阅读节奏，细细探究其中的视觉元素和说明文字。为了以更为直观的方式阅读和解释信息图，珍妮特引导孩子将从信息图中提取的信息和做出的推断记录了下来。之后，孩子就可以从信息图中寻找证据来证明自己的推断了。

一旦孩子做出推断，他们就能据此提出更多的问题。这些问题是探究书中另一张阐释全球变暖的信息图（图10.12）的完美铺垫。

信息图的分析方法

图片和文字	提取的信息	做出的推断
箭头表示过程，示意图解释了这一过程	煤炭、石油和天然气是远古生物历经漫长的地质年代演变而成的。	如果煤炭和石油是很久以前形成的，那么我们推断这个过程以后不会再重演了。但真是这样吗？
插图和说明文字	化石燃料需要经过漫长的岁月才能形成。	如果化石燃料需要经过漫长的岁月才能形成，那么我们有朝一日终将用完所有的煤炭、石油和天然气。

图10.12　阐释全球变暖的信息图

　　珍妮特把这张信息图在投影仪上投放出来，同时也把大家的问题投在了屏幕上：

- 什么是全球变暖？
- 全球变暖与化石燃料和污染有什么关系？
- 全球变暖会给地球带来什么后果？

　　珍妮特介绍信息图时说："这是一个热得'发烫'的话题。"很多孩子注意到了这句话中的双关用法。很快，他们给出了自己对这句话的解读：当下，围绕全球变暖的讨论沸沸扬扬，而话题本身颇具争议性。他们还讨论了信息图的核心观点：全球变暖导致地球急剧升温。通过解读信息图中的各种元素，他们意识到，这些信息是在诠释地球升温的详细过程及内在原因。继续以小组形式分析信息图时，大家对说明文字和视觉元素进行了分析，做出了推断和总结。这堂课接近尾声时，孩子对自己的发现感到十分惊讶：原来他们可以从一张信息图中学到如此丰富的知识。

推测生词含义

预期目标：利用上下文线索推测生词含义。

阅读素材：露易丝·博登和玛丽·凯·克鲁格合著的《高飞吧！——贝西·科尔曼的故事》。

反馈方式：四栏式思维记录单，各栏的标题分别为"词语""推测出的含义""线索""句子"。

适用对象：小学生和初中生。

当读者在阅读过程中遇到生词时，往往会感到沮丧。暂停阅读、翻开词典不仅需要浪费大把时间，而且会打乱读者的阅读节奏，向别人请教同样存在这些问题。因此，遇到生词时，一个快捷、有效的解决办法便是运用推断思维。为了搞明白生词的含义，读者需要借助已有的知识，从文本中寻踪觅迹，解读词语。

为了更好地帮助学生推测生词的含义，三年级老师詹姆斯·艾伦给学生介绍了如何使用四栏式思维记录单。

詹姆斯用《高飞吧！——贝西·科尔曼的故事》（Borden et al., 2001）给学生做示范。在这个扣人心弦的故事中，主人公是一位了不起的女飞行员——第一位非裔美国女飞行员。詹姆斯大声朗读这个故事，并要求孩子在听到生词时举手示意。

读了几页之后，他读到这样一句话："多年以前，在贝西还少不更事的时候，哥哥沃尔特就到了芝加哥。现在，哥哥成了豪华列车上一位优秀的行李员。"这时，大家纷纷举起了手，因为绝大多数孩子都不知道"行李员"是什么意思。于是，詹姆斯在思维记录单的第一栏写下"行李员"，然后思考如何教孩子"破解"这个词的含义。起初，他想通过阅读下文解析词义，但没有成功。然后，他又试着重读了一遍，也无济于事。不过他的运气很好，因为这一页的上方有一张照片，照片里一位身穿制服的男士正帮一位年轻的女子提着手提箱登上火车。看到这里，詹姆斯终于知道应该怎么帮助大家推测出"行李员"的含义了。他迅速跟同学们分享了自己的推测过程，然后在思维记录单中写下了推测出的含义以及帮助他推测的线索（本例中的线索便是那张图片）。最后，他和同学们一起在最后一栏里写了一句话。詹姆斯解释说，写这句话的目的是阐述对该词的理解。

处理完这个词语，詹姆斯继续往下读，同学们仍在不同的节点举起手，然后与老师合作解决，最终师生共同制作的思维记录单的内容如下：

单词	推测出的含义	线索	句子
行李员	帮助乘客搬运行李的铁路工人	图片	这位行李员帮助年轻女子上了火车。
美甲师	修剪指甲的人	继续读下文	美甲师修剪指甲。
《保卫者》	图书、报刊、文章等的名字	书名号	《保卫者》是芝加哥的报纸。

詹姆斯做完示范，发给每人一张思维记录单，要求孩子独立进行阅读练习。他们在思维记录单上记下了生词，然后推测生词含义。当他们尝试用各种策略解读生词时，詹姆斯会给他们提供源源不断的支持——这在他的课上已经成为一种惯例。

区分情节和主题，提炼中心思想

预期目标：区分情节和主题，提炼中心思想。

阅读素材：彼得·戈伦博克的《队友》。

反馈方式： 课堂讨论、思维记录单和主题板。

适用对象： 小学生和初中生。

文学作品，无论是虚构作品还是非虚构作品，都有各式各样的主题。而且，绝大多数书和文章都不会局限于一个主题，往往会呈现多个主题，供读者思考和推理。我们给学生讲解主题的时候，首先会帮他们区分主题和情节。我们会跟学生解释：情节只是以叙述形式展示的事件经过，而主题代表的是故事的中心思想，中心思想蕴含在情节中。

为了更好地展示情节，我们会选择一些大家都比较熟悉的、情节简单的故事。例如，我们会这样言简意赅地复述《金凤花姑娘和三只熊的故事》："一个名叫金凤花的姑娘在森林里游荡，闯入了林中的一座空房子中。她喝了房子中的粥，摔坏了一把椅子，睡在了一张陌生的床上。三只熊回到家中正好看到了她，惊惧之下，她逃出了房子。"

我们会跟孩子解释，主题即文本的主旨、道德观念以及赋予故事深度和意义的思想。故事的主题一般不会在文中明确表述，需要经过推理才能得出，它往往会带给你复杂的情感：愤怒、悲伤、内疚、快乐、恐惧……所以你可以跟随内心的感受感知故事的主题。

为了帮助孩子更好地理解情节与主题的区别，我们会问他们："《金凤花姑娘和三只熊的故事》蕴含了哪些重要的思想？"孩子给出的答案往往基于故事中的这些内容：拿了不属于自己的东西，自私，轻率，等等。因为他们对这些内容很熟悉，能够感同身受。

这堂课上我们以彼得·戈伦博克的非虚构绘本《队友》（Golenbock，1990）为阅读材料。这本感人的绘本讲述了美国职业棒球大联盟史上第一位非裔美国人杰基·罗宾森和他的白人队友皮·维·瑞斯之间的友谊。皮·维·瑞斯是他们所在的布鲁克林道奇队中唯一支持杰基的球员。

为了更好地学习推断策略，斯蒂芬妮给詹妮弗·琼斯班上的五年级学生朗读了《队友》。在这本书中，作者先是描述了黑人棒球联盟球员在种族隔离中艰难的生活，然后笔锋一转，说职业棒球大联盟的生活要好得多，因为球员薪水丰厚，其中很多人都在世界范围内享有盛誉。

斯蒂芬妮在她的便利贴上写下字母"I"，代表"推断"，她推断可能是黑人球员因种族隔离而滋生了愤怒。她认为，"种族隔离"和"愤怒"可能都是这个故事的主题，尽管作者并没有明确写出这些词。接着，斯蒂芬妮开始在标题分别为"文本中的证据"和"主题"的两栏式思维记录单上做笔记。在"文本中的证据"一栏，她写下了"文字""图片""人物行为"这几个词并解释说大家可以通过文字、图片和人物行为推测主题。所有这些元素为推测故事的主题和中心思想提供了支撑性的证据。

学生柯蒂斯读到布鲁克林道奇队的经理布兰奇·里基正在寻找一个"有很强的自控力，甚至在对方试图恐吓或伤害时也不会还击"的球员。于是他推测，"自控力"可能是故事的一个主题。斯蒂芬妮对此表示赞同，然后将它添加到思维记录单中，并指出柯蒂斯运用了来自文本中的证据，这很好。

斯蒂芬妮朗读完这个故事后，同学们以文本中的证据为基础，开始围绕中心思想展开讨论。

尚塔尔说："杰基孤身一人，没有一个朋友。没有人愿意坐在他旁边，也没有人愿意和他说话。"

"不错的洞察力，尚塔尔。但是他为什么不生气呢？"斯蒂芬妮问道。

"因为他有很强的自控力。经理想要一个无论多生气都不会还击的人，杰基恰恰能做到这一点。"

"尚塔尔，你抓住了用证据推测主题的关键。现在我就把你的想法写在思维记录单上。"斯蒂芬妮说着，在"主题"一栏写下了"自控力"，在"文本中的证据"一栏写下了"杰基从未还击"。

"那么，还有没有别的主题呢？"斯蒂芬妮问道。

"我想我理解他的感受。因为刚搬到这里的时候，我一个朋友都没有，感到非常孤独。"罗杰斯说。于是，斯蒂芬妮在思维记录单中填入"孤独感"一词，并引用了罗杰斯的证据。

"但是皮·维·瑞斯是他的朋友。"贾昆补充说。

"那么，'友谊'是一个主题吗？"斯蒂芬妮问道。

"应该是。因为他是黑人，球队中的大多数人都不想与他做朋友。"贾昆继续说。

"这是种族歧视。"柯蒂斯补充道。

"这确实是种族歧视，柯蒂斯。你们觉得，"种族歧视"和"友谊"是《队友》的主题吗？"斯蒂芬妮又问道。

大家点点头。于是，斯蒂芬妮把这两个主题和相关的证据都写入了思维记录单。

讨论持续了45分钟，最终形成了一份长长的主题清单，并附有相应的证据。

斯蒂芬妮强调，所有的主题都是故事中心思想的体现，而且绝大多数主题都能引起读者强烈的情感共鸣。我们注意到，孩子对于那些通过自己推测得出的、且能引起共鸣的思想往往印象更深。因此，老师应该帮助孩子通过积极参与讨论领会故事的中心思想。

引导时需要注意的是，孩子往往会利用先验知识推测主题，借此更好地理解故事。例如，上文中罗杰斯提到自己是新来的，这便是在结合以往的经历。当孩子就自己的经历与他人展开讨论时，我们有责任帮助他们记下这些想法，继而引用文本中的证据阐明主题。毕竟，推断就是利用已知信息和背景知识，结合文本中的线索或证据得出结论的过程。

第二天，斯蒂芬妮给每个孩子发了一份打印好的两栏式思维记录单，标题同样为"文本中的证据"和"主题"。他们打开《队友》一书，反复阅读，重新解读，引用文本中的证据，记下第一次阅读时发现的主题以及第二次阅读及回顾时挖掘出的新主题。（参见本章末尾评估部分孩子制作的思维记录单。）

区分关键主题和次要主题

预期目标：通过反复阅读筛选重要信息，加深理解。

阅读素材：彼得·戈伦博克的《队友》。

反馈方式：标题分别为"关键主题"和"次要主题"的两栏式思维记录单。

适用对象：初中生。

一连数日，斯蒂芬妮都让詹妮弗·琼斯班里的孩子以小组的形式推测《队友》的主题，现在她认为是时候让他们区分关键主题和次要主题了。

斯蒂芬妮告诉她的学生，无论什么样的主题，只要能够找到以文字和图片形式呈现的证据，就可以将该主题确定下来，这一点毋庸置疑。但是，作家对某些主题的重视程度往往高于另外一些主题。他们会浓墨重彩地渲染那些对他们而言最为重要的主题，因此这些主题对应的内容往往占很大篇幅。斯蒂芬妮认为，让孩子从主次角度辨明主题是很有必要的。

刚引入这部分内容时，斯蒂芬妮跟学生解释说，在文中有些主题似乎比其他主题有更多的证据支持，作者着墨最多的那些主题可以作为关键主题，在文中的支持性证据较少但仍然比较重要的主题，可以被视为次要主题。

从这本书的名字入手，斯蒂芬妮给学生展示了自己的思考过程："我对如何给书取名字是有一定了解的，知道作家往往会花费大量时间琢磨出一个最契合作品的名字。有时候，凭空想出一个完美的名字难上加难，所以作家们的做法往往是把书中最为重要的主题概括成一个契合度高的书名。封面也很重要。所以我通过封面上的杰基和皮·维·瑞斯的照片以及书名推测，成为队友并建立真正的友谊可能是这本书的一个关键的主题。大家现在可以和旁边的同学讨论一下，然后告诉我，通过反复阅读，你对这本书的主题有何感想。"大家同意斯蒂芬妮提出的关键主题，于是斯蒂芬妮在"关键主题"一栏中写下"队友"和"友谊"两个词。

"除了名字和封面，作者给出的另外一个判断关键主题的线索是分配给该主题的篇幅。有时候我们将篇幅称为'不动产'，即占用篇幅越多的主题越可能是关键主题。相应的，占用篇幅较少的主题很有可能只是一个次要主题。"斯蒂芬妮说着，继续一页一页翻书，同时让孩子们讨论每一页的主要内容并解读作者最重视的主题。

很快，大多数孩子注意到前5页的内容几乎全是关于种族歧视和种族隔离的。因此，他们一致认为，作者在这些主题上分配了大量的篇幅，它们毫无疑问是该书的关键主题。另外，他们还在故事中挖掘出了支持"勇气"这一主题的大量证据，比如布兰奇·里奇、杰基·罗宾森和皮·维·瑞斯都是英勇无畏的典型。同时，他们认为文中"愤怒"的支撑证据虽然并不算多，但也足以使其成为一个次要主题。随后，他们按照这样的思维逻辑继续读这本书。

这里需要注意的是，年龄比较小的读者首次阅读时可能很难区分关键主题和次要主题，所以必须让他们带着这个目的，以上述形式反复阅读，以便更深入、更全面地理解文本。斯蒂芬妮还指出，要让孩子认识到，次要主题对读者来说并非不重要，只不过是作者更关注别的主题罢了。从另一个角度来说，故事也是由读者写就的，所以读者从自己的视角解读出的关键内容也至关重要。

主题板：嘿，中心思想是什么？

詹妮弗一整年里都致力于教学生如何解读主题。她总结说，自己教的学生现在非常善于推测主题、标记主题，且能区分出关键主题和次要主题，他们甚至能注意到在文本中反复出现的某些字眼。为了强化学生对主题的识别能力，进一步挖掘不同主题间的联系，詹妮弗创建了一个主题板，上面写着"嘿，中心思想是什么？"每次在课上读完一本书，他们都会列出一份主题清单，最后把这份清单添加到主题板上。

阅读图像小说：通过推断和构建感官图像加深理解

预期目标：根据图像小说的插图和文字做出推断。
阅读素材：茜茜·贝尔的《失聪者》。
反馈方式：以写作和绘画的方式在便利贴上做读书笔记。
适用对象：初中生。

图像小说在全美各地的教室里越来越流行。这些像漫画书一样的小说深受孩子的欢迎。虽然它们看上去像漫画，但内容并不像漫画那样简单直接，其中蕴含的复杂思想也是需要孩子运用推断、构建感官图像或其他策略去解读的。

茜茜·贝尔的《失聪者》（Bell，2014）以"残疾"这个主题为出发点，探讨了更大层面上的主题，如孩子感兴趣的"友谊""学校生活"和"成长"等。这本小说融入了作者茜茜·贝尔的童年回忆，讲述了她不可思议的生活经历。茜茜幼年时的一场大病使她失去了大部分听觉，于是在搬到一个新的地方时，她的生活充满了挑战：新环境、新学校、新朋友，与此同时她还要学习唇语并适应助听器。最终，茜茜深刻地认识到，失聪不是一种残疾，而是一种超能力。因为这种特殊的能力，她在学校的每一天都能发现各种各样的秘密。这种将劣势转化为优势的能力令人钦佩。

图像小说给读者带来了独特的挑战，它的每一页都相当于电影的故事板。因为故事板篇幅有限，所以其中的插图和文字并没有事无巨细地展现出所有内涵。读者必须对事件、行为和情感做出推断，必须在脑海中构建感官图像和故事情节，以此解析插图和文字没有明确说明的内容。这需要一种不同于以往的阅读方法，也就是说，你需要教给孩子解读图像小说中的视觉元素与文字的方法。一旦孩子意识到推断的重要性，意识到即便文本中满是插图也需要在脑海中构建画面，他们就会更加喜爱这种体裁。初级读者往往会成为图像小说最狂热的粉丝。

凯·约翰逊老师朗读了这本小说的前几页，给学生示范自己是如何解读相关内容的。接下来，他让学生运用自己的观察力解析内容。只听一个孩子说："看，那个泡泡有些与众不同，它看起来像一朵云，所以它肯定是一个想法气泡！"受他启发，大家开始仔细研究想法气泡和对话气泡的区别。他们发现，前者用于展示人物的内心对话，而后者展示的是人物真实说出的话。另外，有些孩子注意到文本开头某些对话气泡中的字体颜色不同，他们据此做出推断，开始意识到有听力障碍的人了解这个世界是多么困难。

凯要求学生找一个既有想法气泡又有对话气泡的页面，与搭档讨论一下茜茜内心的想法，并与她实际的表达进行对比。

他们找到了不少这样的例子，据此联想到了诸多自己的经历，并展开了激烈的讨论。他们讨论了茜茜作为一个试图融入社会的孩子所面临的挑战——她每次都能说出自己真正的想法吗？他们还意识到：人们表达出的与内心想的也往往不一样，尤其是与父母谈话时。

接下来，孩子或与搭档一起阅读，或独自阅读，凯则与一些孩子进行交谈。孩子在运用推断策略时往往会提出问题，还会洞察人物之间的关系并予以描述。例如，有个孩子在探究茜茜所面临的诸多挑战时不禁提出疑问："她能拥有一个'正常'的童年吗？她对自己的遭遇有什么样的理解？为什么其他孩子无法理解她的遭遇？"凯和他们就此进行了讨论。

读完这本书后，同学们重新审视了阅读过程中在便利贴上记下的内容，从中选出了一个场景进行更为深入的讨论。他们根据这个场景中的一张照片，把自己的想法口头表达了出来。他们不仅解释了场景的内容，同时也就茜茜的内心活动提出了自己的见解。他们的见解可以在本章末尾的评估部分看到。

通过和那些喜欢《失聪者》的学生交谈，凯发现了许多能够启发学生根据自己的经验和想法进行推测的好方法。视觉素养高的学生可以用自我解读以及在脑海中构建感官图像的方式填补作者没有明示的内容，从而理解得更深刻；那些对密密麻麻的文字不感兴趣的孩子，阅读图像小说时却可以一页接一页如饥似渴地读下去，并在很短的时间内成功建立起阅读自信；喜欢绘画的孩子可以借鉴书中的绘画技巧，并且将这些技巧运用在自己作画的过程中，加深对故事表达方式的理解；对那些不能很好地运用构建感官图像策略的孩子来说，故事板能够帮助他们更好地解释对故事的理解。（参见本章末尾评估部分孩子的读书笔记。）

通过推断和构建感官图像解读历史小说

预期目标：通过推断和构建感官图像理解历史小说中的思想和概念。
阅读素材：珍·尤伦的《相遇》。
反馈方式：思维记录单。
适用对象：小学生和初中生。

内容丰富的绘本可以将历史事件中的概念和思想以栩栩如生的方式呈现出来，因此，只要有机会，我们就会借助这样的绘本引出年代久远的话题，与学生进行深入探究。

珍·尤伦的《相遇》（Yolen，1992）以引人入胜的插图和扣人心弦的文字从一个泰诺孩子的视角讲述了哥伦布与泰诺人相遇的故事。这本书不仅认为读者可以从不同的视角解读历史，同时也探讨了更为重要的主题——"发现"一片新大陆真正的意义。殖民者和原住民之间的相遇以及相遇之后原住民的生存受到威胁的故事使一些重要的历史概念跃然纸上。

希拉里·巴塞尔老师班上的五年级学生会说英语和西班牙语。因为这本书的英文版内容深奥、难度较大，所以在读这个故事之前，他们先阅读了西班牙语介绍的泰诺文化，积累了一定的背景知识。希拉里也给他们介绍了一个推断公式：背景知识＋文本线索＝推断，然后示范了自己的思考逻辑，继而展示了如何利用对泰诺文化的先验知识解释文本中的词汇和插图。最后，她提出了一个核心问题："发现新事物意味着什么？"希望大家能带着问题阅读。

因为讲述这个故事的泰诺男孩从未见过欧洲人，所以他们的服装、武器和行为在他眼里是很奇怪的。他从自己的世界观和独特的视角出发描述了眼前的一切，读者必须非常用心地去解读。

故事中，泰诺男孩做了一个梦。在梦中，他认定哥伦布的船只即将到达他们的岛屿。这个情节深深吸引了同学们，他们一个个瞬间变成了"阅读小侦探"，通过结合视觉元素和文字线索对故事进行分析。

故事的结尾，泰诺男孩已经成为一位老人，他开始反思这次相遇给他们的土地和这片土地上的人民带来的悲剧——直到这个节点，同学才对故事有了透彻的理解。老人的临终遗言是："我们的土地就这样被从天而降的陌生人夺去了。我们把自己的灵魂献给了他们的神。我们咀嚼着他们的话语，却丢掉了自己的母语。"对此，同学们的推断是：因为越来越多的西班牙人涌入他们的土地，泰诺人最终失去了自己的文化。大家还注意到，插图中老人的脚正消失在大海中。迪亚戈对此做出的推断是：这个人渐渐遗忘了自己的身份，也意识到他的同胞和他们的生活方式正在消失。

随着这个故事画上悲剧性的句号，同学们总结出了泰诺文化消亡的原因，这进而促使他们深入探究最初提出的核心问题："发现新事物意味着什么？"这一核心问题又引发了一系列问题："这种悲剧有没有在别的种族和文化中发生过？今天还会不会重演？我们国家发生过这样的事情吗？"

从不同的视角理解问题，既点燃了孩子学习历史的热情，又激发了他们的探索欲。（参见本章末尾评估部分孩子制作的思维记录单。）

反复阅读，消除误解

当人们在阅读过程中遇到无法理解的内容时，会本能地一页页往回翻，希望能够找出有助于做出更准确推断的线索。因此，为了更好地理解文本，读者必须时刻保持注意力的高度集中，及时发现阅读过程中出现的误解。老师需要密切关注学生的状态，认真听取学生的意见，争取把可能出现的误解扼杀在萌芽状态。

斯蒂芬妮童年时，每当听到圣诞颂歌《平安夜》，脑海中就会浮现出塔克修士那又大又圆的身体。后来她才意识到，这种印象源于她对歌词的误解。真正的歌词是"round yon"（圣光环绕）而她总是听成"round John"（胖胖的约翰），所以脑海中才会浮现出一个肥胖又有喜感的"和尚"。她曲解了歌词的意思，因而并未完全理解这首颂歌。因此，老师应鼓励孩子时时回顾文本，以检查脑海中勾勒出的画面和做出的推断是否合理。老师还应提醒孩子，如果思考偏离了文意，那么最好和同学讨论一下。

构建感官图像和推断策略可用于增进理解，但如果运用不当，也会对理解造成干扰。这个问题可以用反复阅读来解决。反复阅读是检查是否理解文意的有效方法之一，通过反复阅读，你对文意的理解会更加透彻。

带着目标开展教学：评估教学效果

推断和构建感官图像

基于本章的教学内容，我们会重点留意以下几个方面：

1. 孩子能否在脑海中构建感官图像，从而理解所读内容。我们会关注孩子在阅读文本或听文本时能否将脑海中的画面用图画或文字呈现出来以促进理解。

2. 孩子能否推测生词的含义。我们会关注孩子能否根据上下文准确解读陌生的词汇和概念。

3. 孩子能否借助文本中的线索提炼中心思想。我们会关注孩子能否将已有的背景知识与文本中的线索结合起来，以提炼文本主题和中心思想。

4. 孩子能否运用推断策略解读不同体裁的文本并得出结论。我们会关注孩子能否对信息图、示意图、插图中的内容做出推断，能否理解所有体裁的文本并从中获取知识。

因材施教的若干建议

构建感官图像和推断策略都有助于因材施教。

绘画作为一种视觉化理解手段，在阅读中发挥着非常重要的作用，孩子可以通过绘画使自己对文意的理解更加透彻。除了视觉，孩子在阅读过程中也可以充分调动味觉、触觉、嗅觉等，在脑海中勾勒画面。因此，我们会给孩子示范如何调动所有感官理解所读、所听、所观察的内容，帮助孩子将那些很难用语言呈现的内容用绘画的方式表达出来。

我们还会教孩子在文本之外运用推断策略。例如，猜字谜游戏能够帮助孩子理解什么是推断，角色扮演和戏剧表演则可以鼓励孩子将自己做出的推断搬上舞台，让观众来检验。我们还可以给孩子展示一些陌生的物件，如老式厨房用具、老式工具等，这就需要孩子认识它们并推断出它们的功能。上述所有活动都可以让孩子对推断策略产生更为具体和清晰的认识。

构建感官图像和推断策略效果评估

"区分情节和主题，提炼中心思想"一课中孩子制作的用于推测主题的两栏式思维记录单

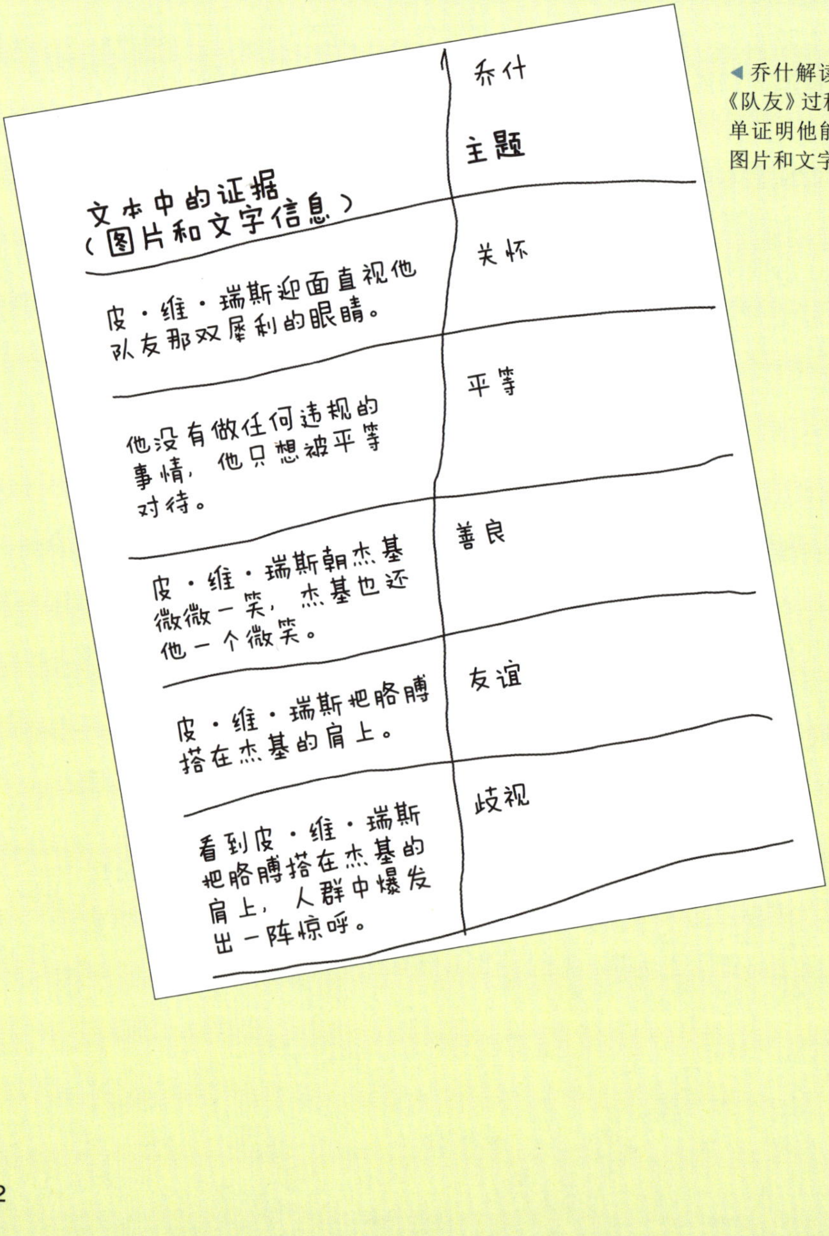

▶ 乔什解读彼得·戈伦博克的《队友》过程中制作的思维记录单证明他能够熟练借助文中的图片和文字信息推测主题。

乔什

主题

文本中的证据（图片和文字信息）	
皮·维·瑞斯迎面直视他队友那双犀利的眼睛。	关怀
他没有做任何违规的事情，他只想被平等对待。	平等
皮·维·瑞斯朝杰基微微一笑，杰基也还他一个微笑。	善良
皮·维·瑞斯把胳膊搭在杰基的肩上。	友谊
看到皮·维·瑞斯把胳膊搭在杰基的肩上，人群中爆发出一阵惊呼。	歧视

```
文本中的证据
（图片和文字信息）                         主题

• 不能使用同一水源。                    • 公平／不公平

                                       • 种族隔离制度

• 并没有对种族隔离                      • 恐惧
  制度提出挑战。                        • 冷漠

                                       • 不接受改变
• 布兰奇认为种族隔离
  制度非常不公平，他
  希望给所有的人同等                    • 同等的机会
  的机会。
                                       • 暴力
• 他加入了白人的团队，                  • 勇敢
  这是一个英勇之举。
                                       • 自我控制
• 受到不公待遇，                       • 友谊
  但从不还手。                         • 孤独

                                       • 身体的疼痛
• 与皮·维·瑞
  斯的友谊                             • 内心的疼痛

• 独自一人坐着                         • 愤怒
                                       • 憎恨
• 踢他                                 • 种族歧视
• 人们威胁他
          他们对杰基
          说的话的很
          粗鲁
```

▲ 虽然卢克能运用文本中的证据解读主题，对这个故事也有深刻的理解，而且有些观点非常新颖，但我们还是有必要和他谈一谈他的绘图风格。思维记录单的一个功能就是对思维进行梳理，但卢克的思维记录单未免太过混乱。虽然他在思维记录单中画出了箭头，但如果让他重新调用这些信息，他可能也很难找到与特定主题相对应的证据。

孩子运用推断策略解读图像小说《失聪者》并独立做出反馈

《失聪者》读书笔记

我认为她之所以这样画，是因为她对于那天发生的事情记得一清二楚。没有忘记一个细节。如果你仔细审视她的面部，会发现她满脸的悲伤，可能是因为尴尬所致吧。

我推断她可能感到非常孤独和悲伤，因为她离开了最好的朋友。而且因为邻居家的孩子，她感到佩戴助听器非常尴尬。

我希望做一个快乐的女孩。

◄ 这个孩子写下了她对《失聪者》主人公茜茜的理解。她根据书中的插图和故事情节推断出了茜茜的内心感受。这是一本回忆录，解读作者的写作目的可以加深对文本的理解。

▼ 这个孩子对小说中的插图进行了深入的分析。她把插图中笼罩在茜茜身上的那团阴影理解为对她内心感受的一种隐喻。

茜茜认为艾玛说的词是"晚餐"，这让艾玛忍俊不禁。

《失聪者》读书笔记

我注意到茜茜正在读一本关于蝙蝠侠的漫画，但是因为邻居家的孩子而不断分神。我想她可能放弃了和其他孩子做朋友的尝试。

一团巨大的阴影笼罩在茜茜幼小的身躯上，她用手碰了碰助听器，满脸的悲伤。我想她内心一定在想：我要是能听到这些东西该多好。

所有人都认为我长得很丑，我不会再交到什么新朋友了。

"通过推断和构建感官图像解读历史小说"一课中孩子针对绘本《相遇》制作的思维记录单

▼ 四年级学生奥斯瓦尔多制作了一张标题分别为"文本中的信息"和"做出的推断"的两栏式思维记录单，展示了他如何根据书中的词句、发生的事情和插图做出推断。他摘出了书中一些重要的句子和人物的行为。他在认真思考后做出的推断和画出的简图很好地说明了一个事实：只要孩子能够深度钻研文本语言和反映的思想，就能对文本有深刻的理解。

文本中的信息	做出的推断
"似人非人。"	我想他之所以说"似人非人"，是因为他从来没有见过这样的人。
把旗杆插到沙子里。	西班牙人夺走了泰诺人的土地。告诉人们西班牙人来了。
"我们必须确认他们是不是真正的人。"	从来没见过长这个样子的人。
"看！他们脸色苍白。"	他们认为这些人非常珍贵，因为他们浑身闪耀，就像他们的神一样。从来没有见过这样的人。
"一瞬间似乎忘记了我自己的梦。" 宝藏	看到礼物非常高兴，感觉受到了保护。 他认为这是一个宝藏。
"甚至连那些长着黑眼珠的人也看向别处。"	疑心重重 谋划着什么 隐藏了什么 可能要做坏事 心底藏着秘密
"这是蟒蛇的微笑：看不到嘴唇也看不到牙齿。"	偷取金子 贪婪自私 有攻击性

225

第十一章

筛选重要信息：解读非虚构文本

多年前，一个大储物箱寄到了斯蒂芬妮的家里。这个箱子是斯蒂芬妮的父母寄来的。斯蒂芬妮的父母在孩子长大成人之后，卖掉了旧房子，搬去了新家。搬家时他们把所有属于斯蒂芬妮的物品都装进箱子，寄到了她在丹佛的住所。伴随着打开挂锁时发出的声响，箱子的顶盖弹起……一瞬间，各式各样童年时期珍藏的宝贝一股脑儿地出现在她眼前：毛绒玩具，依旧泛着光泽的好莱坞影星黑白照，南希·朱尔的系列图书，破旧的布娃娃安迪，苏斯博士的绘本，甚至还有她幼儿园的成绩单。

斯蒂芬妮剥开层层生活的回忆，最后在箱底发现了几本厚重的大学教科书。她打开

227

《欧洲近代史》这本大部头，里面耀眼的黄色让她眼前一亮。每一页的黑色印刷体字上，她几乎全都用黄色荧光笔做了标记——这是当年她疯狂迷恋的"突出标记"！在整个求学生涯中，老师们从没忘记教导他们对文中重点部分进行突出标记，却没有一个老师告诉他们如何操作。当时她认为，只要是教科书中的内容，就都很重要，所以她几乎把书中的每一个字都标记了。由此可见，突出标记本身并非难事，分清哪些内容该标记才是一个挑战。

多年来，全美各地几乎所有的学校都要求学生在阅读时筛选重要信息、对重要思想进行突出标记、记录支持观点的证据并认真解读特定信息。这些说起来容易做起来难。为了深化对所读内容的理解，读者需要结合已有的背景知识集中精力解读重要信息。只有将事实、细节和重要的概念融会贯通，才能加深记忆。读者需要分清哪些是重要内容，哪些是有趣的内容，也需要把自己认为重要的内容和作者真正想表达的重要内容区分开来。只有学会筛选重要信息、对细节进行有效梳理，才能明白作者的中心思想。

本章的阅读策略课旨在帮助孩子提升筛选和梳理信息的能力，从而对每天接触的大量信息进行有效解读。我们想补充说明的一点是，在阅读非虚构作品时，你不可能也没有必要记住全部事实。

从非虚构文本中筛选重要信息

我们往往会选用非虚构文本教授筛选重要信息这一策略，因为二者相伴而生——读者阅读非虚构文本的目的在于获取新知，而要想学到实质性内容，就必须学会筛选重要信息。

从小说和其他叙事型文本中筛选重要信息的过程，通常是推测主题和提炼中心思想的过程，詹妮弗·琼斯五年级班上的孩子阅读《队友》（详见第十章）的例子便很好地诠释了这一点。而阅读非虚构文本时，甄别重要信息、获取知识远比确定主题和中心思想更重要。在非虚构文本中，形形色色的图表、各种各样的线索和特别的排版设计随处可见，这些元素往往预示着重要内容的出现，读者可以借此进行甄别，加深对文本的理解。我们会教孩子如何从这种类型的文本中提取重要信息，但我们首先得确保有足够多的非虚构作品供孩子选择。

　　我们上学期间，老师会给我们大声朗读小说，这给我们留下了美好的回忆。现在我们仍能记起《黑骏马》（Sewell，1941）和《秘密花园》（Burnett，1938）中的句子，并仍然喜爱这些书。但是，记忆中从来没有人为我们高声朗读过非虚构文本，即使在学校也没有过。这给了大家一种错觉：非虚构作品独立于其他作品之外，好像根本就不存在。多年来，非虚构文本一直是被忽视的对象，直到我们写本书第一版的时候，这种情况才得到一定的改观。近些年，随着美国共同核心州立课程标准和其他新标准的出台，非虚构文本阅读渐渐流行起来。这些新标准规定，小学生阅读的文本中必须有50%是非虚构文本；而在高中的最后阶段，这一比例被提升到了70%。一直以来我们都很重视非虚构文本的阅读，这些新标准的出台令人振奋！

　　斯蒂芬妮的第一本书《非虚构文本的重要性》写于1998年，它是我们重视非虚构文本阅读的有力证据。我们始终认为，非虚构作品扣人心弦、引人入胜、信息量十足，是绝佳的阅读材料。但如今我们又有了新的担心——小说的重要性被渐渐淡化。所以我们不得不提出另一项一贯的主张——阅读平衡也很重要。给孩子提供各种体裁的作品吧，非虚构作品、小说乃至诗歌，都有其重要价值。

　　这一章的主题是解读非虚构文本，而非虚构文本能够有效激发孩子的阅读兴趣！想一想吧，还有什么比描绘大白鲨咬住冲浪板前端的照片更能激发孩子对海洋生物的兴趣呢？孩子对有趣的非虚构绘本、视频片段、杂志和报纸上的文章都兴趣十足，这些内容能够充分调动孩子的好奇心，引导孩子广泛涉猎、深入解读、努力探求问题的答案。孩子在解读非虚构文本时，会结合已有的背景知识甄别重要思想和关键信息，从而获取新知识，而这一切的先决条件是增强洞察力。

提炼非虚构文本的精华

　　在《非虚构文本的重要性》这本书中，斯蒂芬妮介绍了如何借助内容概览和突出标记的方法帮助孩子筛选重要信息并提炼中心思想。

内容概览

　　在孩子阅读非虚构文本时，我们会教孩子内容概览的方法，即在深入阅读文本之前，先用略读和部分精读相结合的方式解读文本。研究阅读理解的学者简·多尔（Dole，1997）建议教授这一方法时要特别关注以下几个方面：

- 激活先验知识；
- 注意文本长度和文本特征；
- 注意重要的标题和副标题；
- 筛选阅读内容并决定阅读顺序；
- 辨别哪些内容需要格外留意；
- 辨别哪些内容可以忽略；
- 若文本信息价值不大，则及时停止阅读；
- 判断应该字斟句酌还是以略读为主。

在阅读难度较大的非虚构文本时，内容概览这一方法既能帮孩子筛选出特定信息，又省去了通读全文的时间。内容概览是筛选重要信息策略的初步实践，老师可以以自己的阅读和研究为例，给孩子示范内容概览的各种要素。

做批注、加下划线、用符号做标记或突出标记

为了有效解读文本，读者不仅需要阅读和思考，还应该有意识地决定哪些内容必须牢记，哪些只需粗略了解。但是，读者不可能记住所有细节，所以必须从文本中筛选出重要信息。读者需要找出文本的核心观点以及支持核心观点的信息，果断放弃附属信息。那么，如何有效记录重要信息？只在文本中加下划线或用荧光笔做标记远远不够，我们还要教会孩子做批注，也就是在页边空白处记下所思所想，或者在筛选出的重要信息旁贴上便利贴。我们要求孩子在阅读非虚构文本时关注以下批注要点，同时也会围绕每一要点给孩子提供明确的指导：

批注要点

- 认真阅读每个段落的第一行和最后一行。重要的信息往往在这两行文字中。
- 只标记必要的词语，而不是整个句子，在突出标记的内容旁边写下你的想法。
- 在页边空白处或便利贴上记录并解释信息，对信息认真思考，以便更好地

记住它。

- 不要陷入生动的细节描写不能自拔。虽然它们引人入胜，但通常会阻碍你提取重要信息。
- 用相应的符号标记文本，比如，用"L"表示新学内容，用"I"表示重要信息，用"？"表示疑问，用"！"表示出乎意料或引人注目。这些符号能有效帮助你复习。
- 注意信号词。信号词通常预示着即将发生的情节，后面往往跟着关键信息。
- 留意能够揭示重要信息的文本特征。
- 留意文本中出现的出乎意料的信息。这可能意味着你正在学习新知识。

通过文本特征筛选重要信息

当碰到斜体字、粗体字或以粗体字开头的段落以及"至关重要"等字眼时，读者需要适当停顿，针对这些内容集中精力阅读。这看似容易做到，但事实并非如此。

过去，从来没有人告诉我们需要注意这些文本特征。斯蒂芬妮年轻时，过于为文本所束缚，以至于到今天都还没有丢掉老习惯——无意识地忽略书名、标题、文本框、图片、图注等。其实，它们恰恰能帮助读者从无关紧要的细节中筛选出关键信息。

对那些不喜欢阅读或阅读经验不足的读者来说，非虚构文本之所以相对来说通俗易懂，正是因为它的诸多文本特征为读者理解文意提供了便利。有时候，一个大标题、一张照片或一则图注便能高度概括某一页最重要的信息，省去了读者通读本页所有内容的麻烦。非虚构文本中这些为读者提供了便利的文本特征，我们在后续的教学中也会用到。

信号词和信号短语

"信号词"和"信号短语"有时也被称为"线索词"和"线索短语"，它们通常指非虚构文本中出现的一些可以预示重要信息的线索。经验丰富的读者能够习惯性地抓住这些线索，但缺乏经验的读者往往很难做到。因此，我们在教学中会确保为孩子指明这些线索。例如，如果看到作者使用了类似"至关重要"这样的字眼，那么我们就要提醒孩子稍做停顿并要集中精力阅读了。我们会指导孩子把看到的信号词或信号短语添加到教室中标题分别为"信号词或信号短语"和"目的”的两栏式思维记录单中，“信号词或信号短语”在左边一栏，“目的”在右边一栏。为了帮助孩子理解复杂的文本，老师应该和孩子共同制作这张思维记录单。另外，记得提醒孩子，标准化测试中也有许多信号词和信号短语，抓住这些线索或许能够提高测试分数。

信号词或信号短语	目的
令人称奇的是	引出意料之外的信息
重要的是	表明此处需要停顿并集中注意力
但是	表明将出现转折
尽管如此	为转折做好准备
同样的	表明具有相似性
结果，因为	表明因果关系
换句话说	再次强调立场
之前，之后，首先，其次，最终， 　然后，于是，现在	表明时间顺序
总之	整合中心思想
总而言之	同上
总体上	同上
有如下几种因素	传递信息，通常第一个因素或最后 　一个因素最为重要
有如下几个原因	同上
有如下几个目的	同上
与之相反	表明对比关系
另一方面	表明转折或对比
另外	引入另外一个因素

　　上述列表和其他任何列表一样，其内容都不能用有限的篇幅全部囊括。因此，实际教学中，可以在列表中加入任何可以预示重要信息出现的词语或短语。

特殊字体和设计效果

老师可以提醒孩子留意那些预示重要信息出现的特殊字体和设计效果，如标题、粗体字、彩色字、斜体字、项目符号、说明文字、文本框等。老师可以告诉孩子，在文本中看到这些特殊字体和设计效果时要意识到：这个部分很重要，应该认真阅读。

插图和照片

图片是增进理解的重要元素。非虚构文本中往往会出现很多色彩绚丽的插图和照片，它们能够深深吸引小读者们，促使他们深入解读文本。

图表

读者可以从非虚构文本中的示意图、断面图、剖面图、地图、曲线图和统计表中挖掘重要信息。

文本的组成部分

老师不能想当然地认为孩子对文本的组成部分如索引、前言、目录、术语表和附录等了如指掌。孩子在研究不同的文本以期获取信息时，了解上述文本的组成部分有助于深入探究。

文本的叙述形式

非虚构文本的叙述形式有限，这些叙述形式通常可见于通俗读物、教科书和标准化考试中。掌握这些叙述形式，有助于读者更好地筛选重要信息。常见的叙述形式包括：因果式、问题解决式、问答式、对比式、描述式和顺序式等。若孩子能够辨别文本采用了哪种叙述形式，则能更好地理解文意。

阅读策略课：筛选重要信息

我们的指导对象中，不论哪个年级的老师，都会给孩子提供种类繁多的非虚构图书和其他文本资料，帮助孩子积累背景知识。孩子不仅通过这些图书和资料了解了特定文本特征是如何展现重要内容的，而且读到了趣味十足的内容。所以说，非虚构文本不一定是索然无味的，这是我们多年来坚持的一个观点。

非虚构文本中蕴含着精彩纷呈的内容，我们只需拿起一份报纸、浏览一份《国家地理》杂志、登录一个科学网站或者阅读一本非虚构畅销书，便能对此有所体会。不仅仅是有趣，事实上，很多非虚构文本叙事风格引人入胜，经常会给读者甄别信息带来不小的挑战。

读者很可能会沉醉于真实生动的非虚构文本中，被其中丰富的细节吸引，最终忘记了以现实为基础的非虚构文本的首要目的是描述客观事实、表达重要思想和概念。本章后续的课程将向老师展示如何帮助孩子从非虚构文本中筛选重要信息。

从数字媒体中筛选重要信息

预期目标：将筛选重要信息策略运用到数字媒体中。

阅读素材：美国阿布奎基国际热气球节的几个视频片段。

反馈方式：讨论并分析视频片段的中心思想，在便利贴上做笔记，在 Padlet 上分享。

适用对象：初中生。

数字媒体中有着扣人心弦的内容，经常让孩子不能自拔。我们热衷于使用数字媒体，因为它不仅能吸引孩子，而且能引导孩子深入思考、交流、讨论。另外，鉴于孩子的生活如今被大量的数字媒体包围，我们认为，数字媒体是锻炼孩子批判性思维必不可少的工具之一。

帕姆·帕森斯老师每天都会以平和舒缓的节奏开启一天的教学。她要求孩子走进教室后，轻声阅读或与同学交流，为新一天的学习做好准备。这种教学氛围能够让孩子以一种从容不迫的心态开启一天的学习生活。

等大部分孩子陆续踏上教室中的地毯，帕姆打开了美国阿布奎基国际热气球节气球升空的视频片段。视频中，五彩缤纷的热气球颇具艺术感染力，这样的景象令孩子如痴如醉。后到的孩子匆匆忙忙到达自己的位置，快速为这一天的学习做好准备，然后兴高采烈地加入同学们的讨论中。

当大家全都准备就绪后，帕姆抛出两个问题让他们思考，这两个问题是：你留意到了哪些内容？你对哪些内容感到好奇？然后，她让地毯上的孩子两两一对，与搭档分享自己的所思所想。她在鼓励孩子积极提出观看视频产生的疑问后，还播放了一段新闻，以便大家详细了解视频中的事件，比如事件发生的时间、地点、起因、过程等。

孩子在帕姆的引导下认真观看了视频和新闻，并利用写字板和便利贴融入自己的思考，以便筛选其中的重要信息。在播放视频和新闻的过程中，帕姆早已设计好了停顿节点，可以让孩子在停顿间隙与同学交流、做笔记。帕姆给出一系列提示语来引导孩子思考，比如：其中哪些信息最为重要？作者想给我们传递什么信息？同时，她还提醒孩子，有时候趣味十足的信息并不一定是重要信息。

接着，帕姆又把学生分成几个小组，给他们提供了关于这一主题的其他视频片段，供他们练习阅读策略的使用。几分钟的示范和指导结束后，他们开始观看视频。其间，他们适时停顿、积极交流并做笔记。帕姆则在教室中来回走动，不时与学生交谈。课程接近尾声时，帕姆使用Padlet这一在线工具，和全班同学一起制作了一张要点图，用以总结和强化当天的学习成果。他们记下了当天收集到的重要信息，然后一起分析要点图，并将自己的想法与同学们的想法进行比较。图11.1展示了一些孩子的反馈内容。

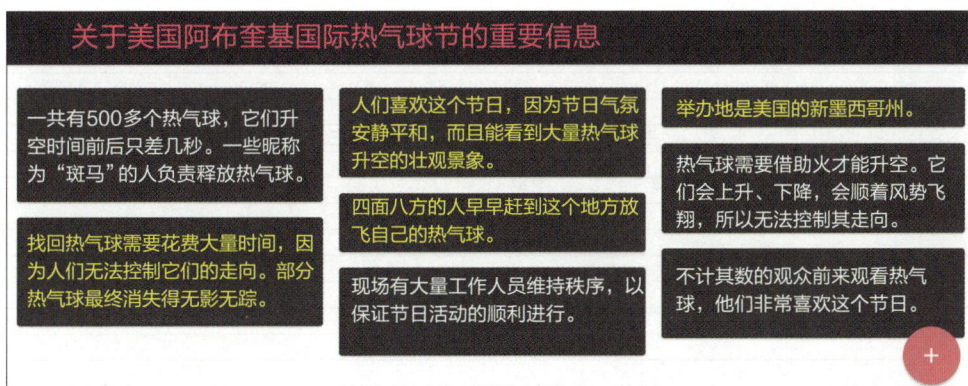

关于美国阿布奎基国际热气球节的重要信息

一共有500多个热气球，它们升空时间前后只差几秒。一些昵称为"斑马"的人负责释放热气球。

找回热气球需要花费大量时间，因为人们无法控制它们的走向。部分热气球最终消失得无影无踪。

人们喜欢这个节日，因为节日气氛安静平和，而且能看到大量热气球升空的壮观景象。

四面八方的人早早赶到这个地方放飞自己的热气球。

现场有大量工作人员维持秩序，以保证节日活动的顺利进行。

举办地是美国的新墨西哥州。

热气球需要借助火才能升空。它们会上升、下降，会顺着风势飞翔，所以无法控制其走向。

不计其数的观众前来观看热气球，他们非常喜欢这节日。

图11.1　孩子用Padlet展示学到的知识

在实时观察过程中记录重要信息

预期目标：学会从网络信息资源中提取重要信息。
阅读素材：带有网络摄像头的线上科学网站。
反馈方式：在观察笔记上记录观察结果、产生的疑问和所思所想。
适用对象：小学生和初中生。

　　每天早上，布拉德·布罗老师班上的二年级学生都会兴冲冲地跑进教室，想看看他们每天观察的猛禽和其他鸟类经过一夜有没有什么变化。

　　这些年轻的"鸟类学家"每天都会在教室里通过网络摄像头查看康奈尔大学鸟类喂食器观察实验室和其他鸟类观察机构监控的画面，体验科学家野外研究鸟类行为时的感受。他们盯着画面观察一会儿，便会在自己的观察笔记上记下观察时间、地点、温度和一些关于鸟类的数据。

　　在这堂科学探究课上，布拉德让学生观察横斑猫头鹰。他告诉大家，在观察过程中要留意哪些信息是重要的、是需要记录的。布拉德讲解了在观察笔记上记录信息的原则，具体如下：

- 仔细观察并记下你的观察结果；
- 勤于提问并记录想法；
- 只写出或画出最为重要的信息。

　　这时，网络摄像头聚焦在一只母猫头鹰和两只小猫头鹰身上，布拉德赶紧把他的观察结果记录下来，借此向孩子展示如何在笔记本上记录观察结果。他耐心细致地示范了如何观察鸟类行为，并准确地记录了以下观察结果：

- 鸟巢里有两只小猫头鹰。
- 猫头鹰妈妈正站在巢穴边。
- 猫头鹰妈妈的喙是弯曲的。
- 猫头鹰妈妈用喙把食物放进了小猫头鹰的嘴里。

　　这时，他提出了一个新问题："猫头鹰妈妈在给小猫头鹰喂什么？"大家在老师的提示下集中注意力仔细观察，阿里很快找到了问题的答案："快看，猫头鹰妈妈给孩子喂的是一只兔子。"

在布拉德的指导下，同学们把观察结果记在了笔记本上，还结合这些观察结果讨论了猫头鹰喂养幼鸟的方式。布拉德知道，现在同学们已经准备就绪，可以独立记录观察结果了。

一天，麦迪将一只红尾鹰作为观察对象，并将其观察结果用文字和图画记录了下来（图11.2）。

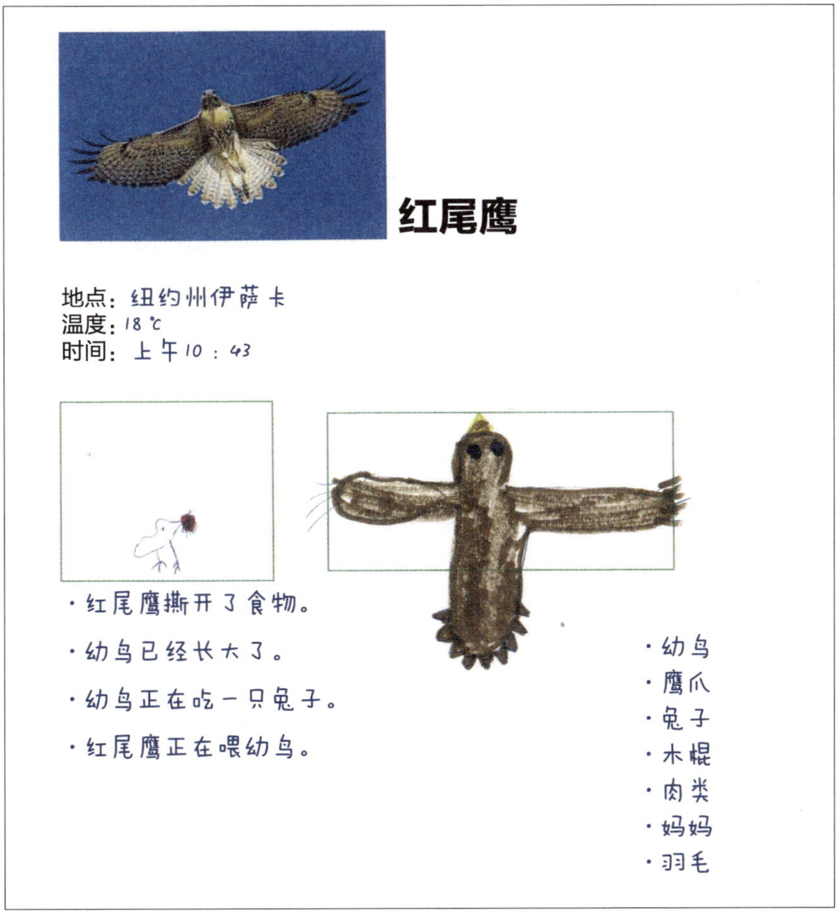

图11.2 麦迪的红尾鹰观察笔记

在当今这个可以即时访问各种在线资源的数字时代，实时观察不再局限于周边实地考察或偶尔的远距离实地考察。网络上不同领域的科学家共享的资源，为鸟类爱好者提供了大量观察和学习的机会，极大地丰富了他们拓展知识面的方式。

积累背景知识，为解读非虚构图书的文本特征做好准备

预期目标：通过制作名为《非虚构图书的文本特征》的小册子，积累相关背景知识。

阅读素材：各种非虚构图书。

反馈方式：在小册子的每一页记录一个不同的文本特征；全班同学共同制作标题分别为"文本特征"和"目的"的两栏式思维记录单。

适用对象：小学生和初中生。

为了增进一年级学生对非虚构图书的文本特征的了解，米歇尔·梅尔要求他们制作一本小册子。

小册子包括6张8英寸 ×11英寸的纸，它们与一张彩色美术纸做成的封面装订在一起。小册子名为《非虚构图书的文本特征》，孩子可以在上面自由装饰。小册子的封面参见图11.3。

米歇尔的教室中有大量非虚构图书，她每天都会给学生朗读。在朗读过程中，当文本特征出现时，她会及时提醒学生，并指导他们利用小册子积累关于非虚构图书的文本特征的背景知识。

首先，米歇尔指出，图注是非虚构图书最重要的文本特征。她在小册子的第一页贴上了一张自己和家里猫咪麦迪逊的合影，然后在照片下面写了一段话："我和麦迪逊在一起，它懒洋洋地趴在我的枕头上，身体缩成一团，看上去像个公主。"然后，米歇尔在照片上方写下了"图注"两个大字。之后，每个孩子都找来一张照片，贴在册子的第一页，为照片配上一段文字，最后写下"图注"两个大字。这样的做法为制作小册子开了个好头。

米歇尔每天都会为学生高声朗读一本非虚构图书，同时把出现的新的文本特征记到自己的小册子里。学生纷纷效仿，每当看到一个陌生的文本特征，他们就会把它记在自己的小册子和一张标题分别为"文本特征"和"目的"的两栏式思维记录单里，并分享给其他同学。

有一天，凯蒂发现了一幅鲸鲨趴在公共汽车顶上的插画。这幅画形象地展示了鲸鲨的巨大体形。米歇尔建议凯蒂把"对比图"这种全新的文本特征和大家分享一下。于是，凯蒂在小册子上画了一幅鲸鲨趴在校车顶上的画，并写下标题：对比图（图11.4）。第二天，凯蒂跟全班同学分享了她的画，还跟大家分享了自己对对比图的理解。为了帮助孩子更好地理解"对比图"这个概念，米歇尔为他们朗读了另外一本书，要求他们将霸王龙的牙齿和香蕉进行对比。

米歇尔告诉他们，凯蒂和插画作者肖恩使用了不同的词句进行对比，而且凯蒂写的字要比肖恩的大一些。米

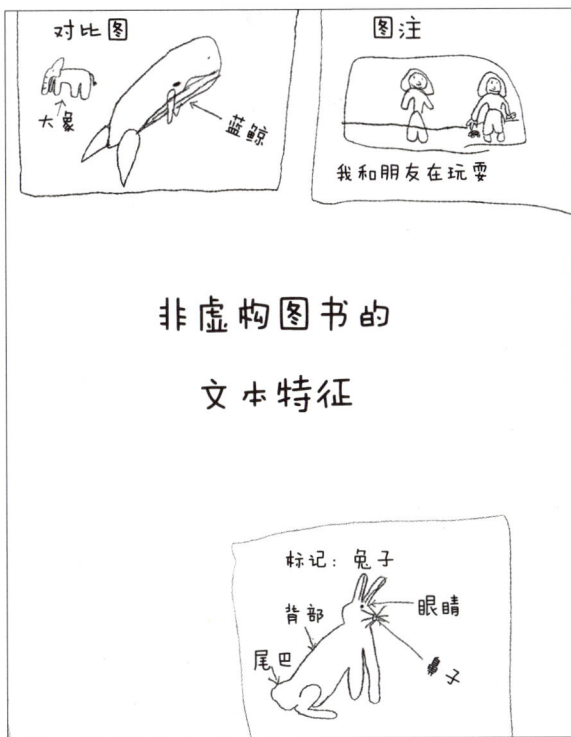

图11.3　《非虚构图书的文本特征》小册子封面示例

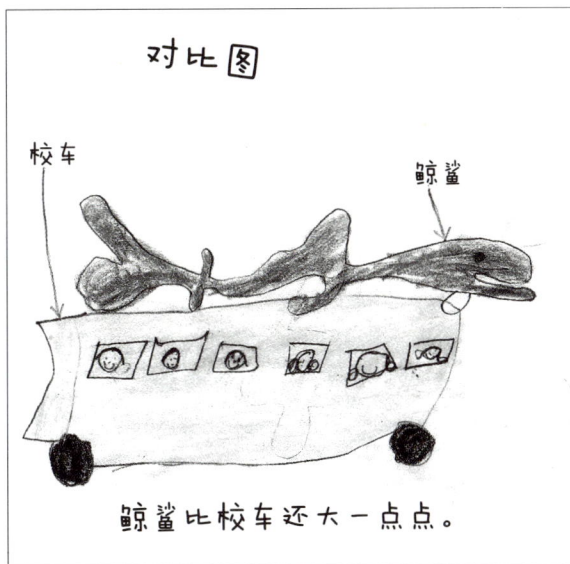

图11.4　凯蒂阅读非虚构图书时画出的对比图

239

歇尔希望借此提醒孩子，对比两个不同事物时应选用合适的词句。大家心领神会，开始讨论相关词句的不同之处以及内在含义。

仅仅向孩子说明非虚构图书的文本特征和语言风格是远远不够的，我们还会引导孩子寻找契合的例子并与同学讨论。只有这样，孩子才能提升阅读非虚构文本的能力，增强对非虚构文本的理解。

熟悉非虚构图书的文本特征

预期目标：选择一个有趣的主题，提出相关问题，并根据非虚构图书中提供的信息制作学习小报。

阅读素材：非虚构图书、纸和记号笔。

反馈方式：编制背景知识列表和问题列表，设计11英寸 ×17英寸大小的学习小报。

适用对象：小学生和初中生。

在巴布·史密斯老师的带领下，斯莱文斯小学的二年级学生完成了一项针对非虚构文本的研究。

巴布为学生提供了丰富的非虚构阅读材料，给他们讲解了非虚构文本的特征，鼓励他们选择其中一个主题深入讨论，通过阅读提取信息并写下她称之为"惊人事实"（专指那些让人无比惊讶的事实）的内容。大家选择的主题范围颇广，有的孩子以希尔曼坦克为主题，也有的孩子以猫王埃尔维斯·普雷斯利的一生为主题。在完成相关教学环节后，巴布开始引导学生仿照非虚构图书中的页面来设计自己的学习小报。

起初，巴布想让学生创作非虚构绘本，但随即改变了主意，决定还是从最简单的任务做起——制作学习小报。

学习小报要涵盖所选主题的客观事实，借此总结出非虚构图书的文本特征。在研究的初始阶段，巴布还要求学生写下自己在这一主题方面已有的背景知识。特纳在背景知识列表中列出的5件事是这样的：

研究主题： 猫王埃尔维斯·普雷斯利

我在该主题方面已有的背景知识：

1. 埃尔维斯·普雷斯利是摇滚乐之王。
2. 他举世闻名。
3. 他演唱了许多经典歌曲。
4. 他个子很高。
5. 他死于毒品。

接下来，巴布让孩子把自己的问题记录在问题列表中。特纳对背景知识斟酌一番后，列出了以下5个问题：

研究主题： 猫王埃尔维斯·普雷斯利

在开始研究之前，我有以下几个问题：

1. 猫王还有其他工作吗？
2. 他有孩子吗？
3. 他有兄弟姐妹吗？
4. 他父母叫什么名字？
5. 他会演奏什么乐器？

除了背景知识列表和问题列表，孩子还需要列出在研究过程中掌握的5个事实，这项工作完成后，学习小报的制作也就完成了。学习小报既融入了有趣的客观事实，又解答了之前孩子提出的部分问题。学习小报的形式与图书相似，视觉效果比图书还要出色。图11.5展示了特纳的学习小报。

这项研究非常有意义，孩子在研究过程中学会了如何筛选有趣信息并将最重要的信息融进学习小报中，这为他们学习制作非虚构绘本奠定了良好的基础。

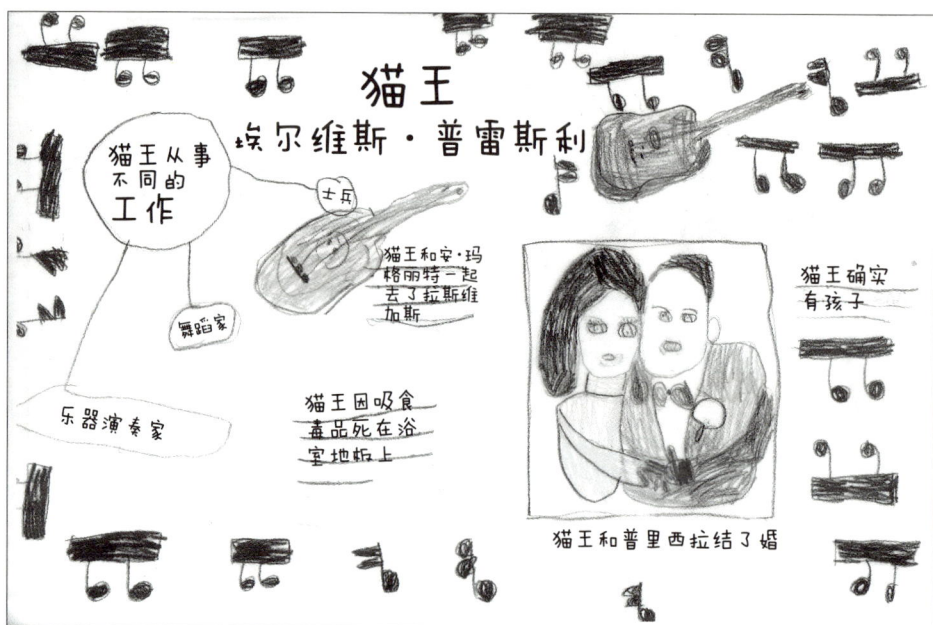

图11.5　特纳做的学习小报

确定重要信息，自制说明性教学手册

预期目标：在感兴趣的主题中扮演专家的角色，将精挑细选的重要信息用于制作说明性教学手册。

阅读素材：非虚构图书、杂志；往届学生制作的教学手册；一本用彩色美术纸做成的共12页的小册子（8英寸×11英寸）。

反馈方式：选择自己最感兴趣的主题，效仿非虚构图书的形式，制作纸质或数字版教学手册，并在手册中融入自己熟悉、关心且乐于教授别人的内容。

适用对象：小学生和初中生。

　　斯蒂芬妮来到加拿大不列颠哥伦比亚省温哥华市的克柔芙顿中学，参与了杰奎琳·海伯特为三年级学生教授的课程。

　　杰奎琳为学生提供了大量非虚构图书，他们对这一类图书的文本特征已经了解得比较深入了。斯蒂芬妮介入教学活动后，继续鼓励孩子翻阅非虚构图书、杂志和往届学生制作的教学手册，并记下它们的文本特征和行文风格。

学生先用20分钟左右的时间浏览资源，然后与斯蒂芬妮和杰奎琳一起讨论如何设计教学手册。一番交流后，学生模仿教科书的形式，就所选主题写下了重要的信息。"每个人都可以是某个方面的专家。"斯蒂芬妮一边说一边在班级要点图上写下了如下内容。

专家一般具备如下特质：
• 会投入大量时间和精力钻研自己感兴趣的主题；
• 与该主题相关的知识非常渊博；
• 很乐意把与该主题相关的知识传授给别人。

然后，斯蒂芬妮列举了自己熟悉并热衷研究的几个主题，具体如下：

• 教学；
• 阅读与写作；
• 家庭；
• 浮潜；
• 滑雪；
• 中国西藏；
• 在科罗拉多山中徒步旅行。

斯蒂芬妮首先跟学生分享了自己擅长的领域有哪些，然后选择了浮潜这个主题进行深入探究。最后，她要求孩子找出自己最感兴趣的3个主题来与大家分享和讨论。之所以要求选择3个主题，是因为她觉得这样能保证内容更丰富、更有趣。大家纷纷写下自己感兴趣的主题，然后两两分享。

之后，斯蒂芬妮给学生示范了如何自制教学手册。她拿出一本用彩色美术纸做成的共12页的小册子，在每一页中间画一道横线：上半部分全部留白，用来画画；下半部分用来写字。她在每一页的下半部分写下了不同的信息，并进一步解释说，鉴于非虚构文本的写作目的在于教授特定知识，所以作者在写作时需要筛选出最有价值的信息。为做好这一点，作者下笔前要问自己："什么样的信息有助于读者理解这个主题？"

斯蒂芬妮在第一页介绍了浮潜的装备，在第二页介绍了如何下水，在后面的几页分别介绍了潜水安全、珊瑚、鱼和危险因素等。斯蒂芬妮解释说，之所以介绍这么多特殊元素，是因为它们都是阐明这个主题不可或缺的关键信息。她在每一页上都画了画，并添加了非虚构图书的一些文本特征，比如给图画配上说明文字、在每一页写上大标题等。

同学们兴味盎然，用这种自创的教学手册分享了大量信息。他们不仅创作出了趣味十足的内容，而且将文本特征淋漓尽致地呈现了出来。可以说，利用自制教学手册的机会，孩子极大地锻炼了写作和绘画能力。

希拉里 C. 在自制的以滑雪为主题的教学手册中使用了名称图解，以增强说明效果（图11.6）。希拉里 W. 在自制的以海牛为主题的教学手册的每一页都添加了一个导入性问题，而且问题的答案也在同一页给出（图11.7）。

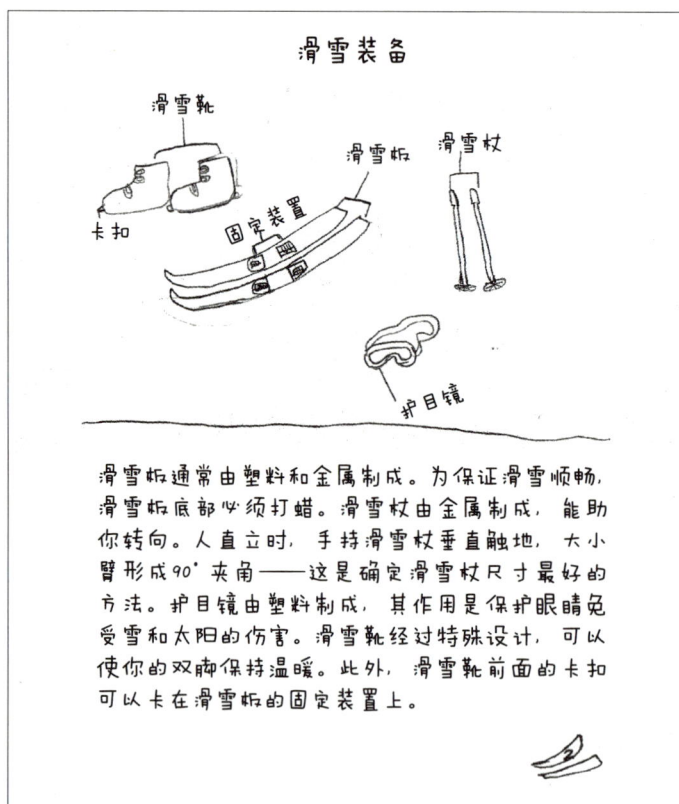

图11.6 希拉里 C. 自制的以滑雪为主题的教学手册里的页面

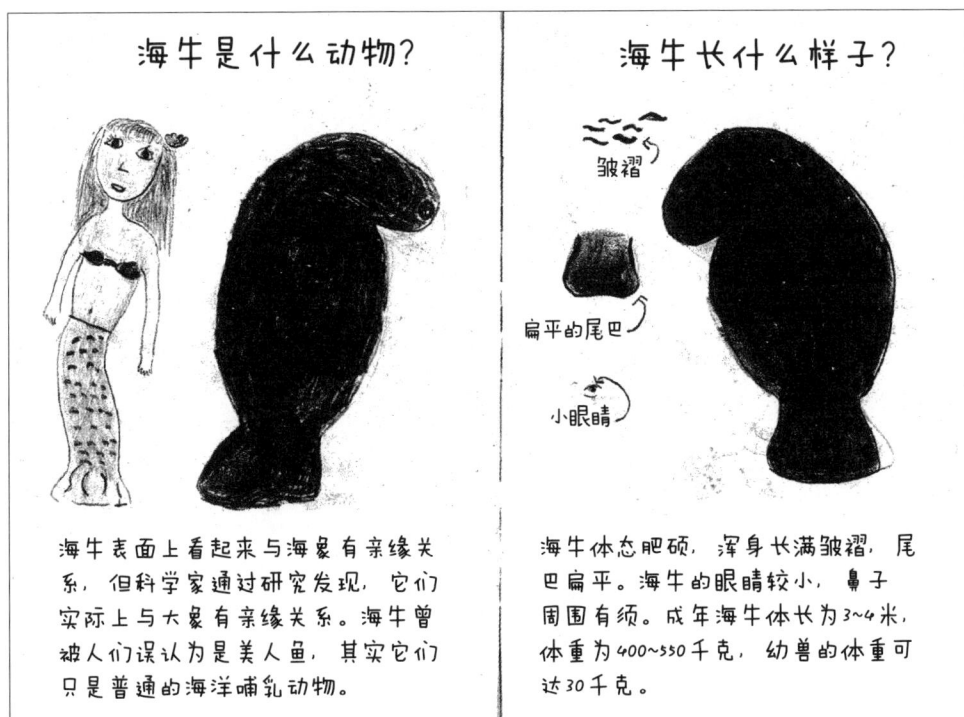

图11.7 希拉里 W. 自制的以海牛为主题的教学手册里的页面

　　那个星期的晚些时候，在学生完成了全部教学手册的设计后，杰奎琳给他们留出了充足的时间来分享信息。他们的专长五花八门，有些在我们的意料之中，有些则在我们的意料之外。

　　分享彼此擅长的领域能够提高班级凝聚力，也能帮助孩子树立自信心，因为孩子会将自己的同学视为某个领域的专家。当孩子进行模拟教学时，所有同学都会认真听并做笔记。孩子的教学手册中涵盖了自己精挑细选的重要信息，能让同学们受益匪浅。在这个过程中，每个人都接触了新的主题，学到了新的知识，也拓展了非虚构图书文本特征方面的知识。

利用数字工具区分重要信息和有趣信息

预期目标：利用思维导图软件区分重要信息和有趣信息，并与他人分享。

阅读素材：非虚构图书或文章，思维导图软件 Popplet。

反馈方式：借助思维导图软件整理信息并与更多的人分享。

适用对象：小学生和初中生。

在这堂课上，孩子通过使用数字工具，不仅能够在阅读过程中灵活地修正自己的想法，还能更便捷地与同学们分享自己的思维导图。

五年级老师安布尔·科德尔在课上使用了一款名为 Popplet 的软件。孩子可以在平板电脑上用这款软件创建文本框，在其中添加图片、输入文字，还可以将边框标成彩色、画画、整理、添加或删除项目等，大大提高了授课效率。

安布尔在课上重温了一本她以前给孩子讲过的绘本，杰西·基廷的《粉色的水滴鱼》（Keating，2016）。之所以选择熟悉的绘本，是因为她要确保孩子可以集中精力思考，心无旁骛地用好数字工具。

她先让孩子重温教室阅读墙上的班级要点图，目的在于回顾之前的"筛选重要信息"策略课。然后，她朗读了该书中的一段文字，并展示了如何利用 Popplet 记录自己的观点。在这个过程中，她把从每一段文本中甄别出的重要信息或有趣信息添加在对应的文本框中。接下来，她给孩子展示了如何通过双栏设计或彩色标记区分这两种信息。

安布尔还展示了自己是如何在阅读过程中修正自己的想法的："起初我认为这句话是重点，但继续往下读时，才发现这仅仅是一个有趣的细节。"安布尔又往下读了几页，随后要求同学们与她一起在自己的设备上绘制思维导图。她在阅读和示范过程中适时停顿，给孩子留出输入的时间，也让他们彼此交流。大家积极配合，热烈讨论哪些信息对理解文本必不可少，哪些信息只是有趣的细节。有些孩子与全班同学分享了自己的所思所想和设计思路，然后大家开始独立练习。

随后，大家开始运用刚才学到的技巧解读自己手中的非虚构图书。他们认真阅读，积极与同伴讨论，不时对自己的思维导图做出调整和改进（图11.8）。

任务接近尾声时，安布尔要求同学们以略读的方式重温一遍文本，借此确认他们是否真的辨别出了重要信息和有趣信息。大家按要求完成了任务，然后用下面的句式对思维导图进行了讨论："我认为这是一条重要信息，因为……"或"这肯定是一个有趣细节，因为……"

然后，同学们分成小组，交流当天的成果，并通过截屏的方式与老师分享自己的作品。在最后的小组讨论中，同学们分享了自己从文本中甄别出的重要信息，并解释了原因、论证过程及思考逻辑。

安布尔一边与同学们交流，一边快速浏览收到的截屏，记下那些后期需要更多指导的孩子的名字——她会视情况将这些孩子分到某个小组中。最后，她把所有孩子召集到地毯上，邀请一部分孩子与大家分享了最终的作品。

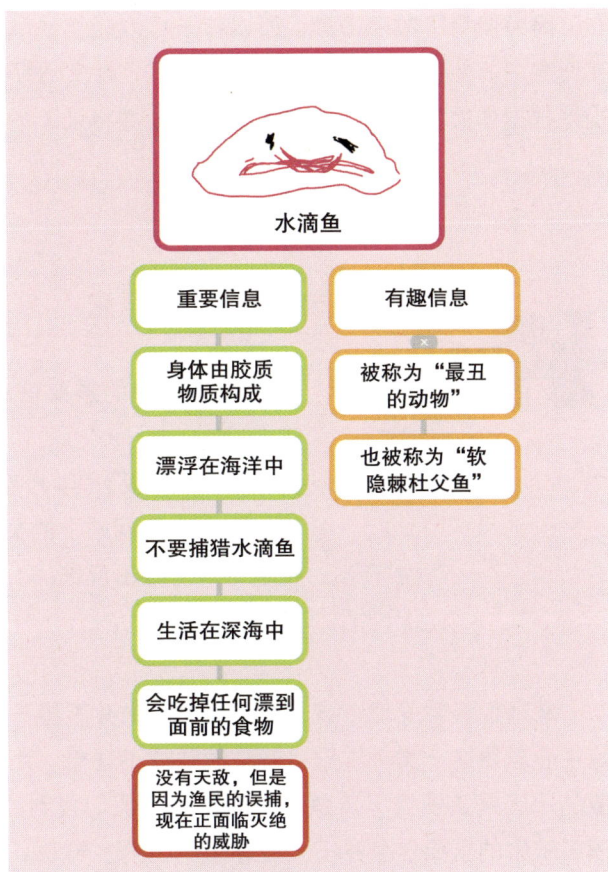

图11.8 利用数字工具区分重要信息和有趣信息

为了有效整理思维，米拉在 Popplet 上运用了彩色标记的功能。能给我们讲讲吗，米拉·肖恩？另外，我发现你没有使用双栏设计，而是用了两张网状图，你能跟我们分享一下你是如何设计网状图的以及为什么要这么做吗？这是否促进了你对文本的理解？

我想让维奥莱特和大家分享一下制作思维导图的过程。她在今天的练习中反复使用了整理功能。维奥莱特，你能和大家分享一下吗？或许你可以谈一谈这个功能对你有什么样的帮助。

因为使用了数字工具，所以孩子可以轻而易举地将自己的作品存档，并发布在博客中。他们可以将作品发送给父母，让父母了解他们学到了什么；还可以轻松地根据作品复述这堂课学到的内容，并将录下的音频上传到应用程序里。

区分读者思想与作者思想

预期目标： 理解读者眼中的重要信息与作者的主要观点并不一定吻合。

阅读素材：《时代·儿童版》《学校新闻》《国家地理探索者》等杂志中的文章或网站上的文章和一些非虚构图书。

反馈方式： 在笔记本上做出反馈。

适用对象： 初中生。

老师们经常发现，孩子在阅读过程中并不善于筛选重要信息，他们在遇到提炼中心思想这一类考试题目时成绩往往不理想。之所以出现这样的问题，一个主要的原因是孩子搞不清楚这个问题——他们找到的信息对谁很重要。换句话说，读者眼中的重要信息并不一定等于作者的主要观点。

读者通常会把某个细节的重要性置于文章中心思想之上。例如，一位读者在读一篇主题为戒烟的文章时看到了一项关于有效遏止青少年吸烟的研究，继而发现了一个事实——每年有40多万人死于吸烟。而这位读者的母亲恰恰是一位吸烟者，那么这个细节对她来说就颇为关键，其重要性远远超过了本文的中心思想。所以说，对中心思想的解读经常取决于读者的经历与感受。

我们会教孩子区分自己眼中的重要信息与作者希望阐明的主要观点。为此，我们需要做出示范，因为孩子经常将自认为重要的信息作为文章的中心思想，而孩子的判断可能并不正确。在教孩子提炼中心思想时，我们首先会引导孩子写下自认为重要的内容，然后要求孩子在这些内容下面画一条横线，在横线下面写上作者希望读者掌握并铭记的内容。有时候，孩子在横线上下两部分写下了一致的内容；有时候，上下两部分内容截然不同。我们发现，如果让孩子先从自己的视角出发判断重要信息，然后再解读作者想要表达的主旨，则有助于孩子更准确地提炼出文章的中心思想。

我们希望孩子认识到，阅读过程中最可贵的是读者自己的思考。为了实现这个目的，我们给孩子留出时间，让孩子从自己的视角思考哪些信息是重要的。但同时，我们也希望孩子认识到，作者头脑中有一些希望呈现给读者的思想，找出并理解作者的思想也是读者的职责所在。另外，我们还必须让孩子明白，标准化考试中，反映作者主要观点的答案才是唯一正确的答案。只有学会区分自己眼中的重要信息与作者的主要观点，才能在考试中取得较好的成绩。

区分固有观点和有理有据的观点

预期目标：区分固有观点和有理有据的观点。

阅读素材：一篇关于美国海军海洋哺乳动物专案计划的文章，名为《借我一只爪子》。

反馈方式：三栏式思维记录单，标题分别为"固有观点""问题 /所思所想""有理有据的观点"。

适用对象：初中生。

生活在信息时代的人们每天都会接触铺天盖地的信息，但并非所有信息都是正确的，错误信息比比皆是。因此，在当今世界，对万事万物形成自己的正确观点，既可以说是一件容易的事情，也可以说是一件困难的事情。

我们希望孩子明白，他们的思考和观点固然重要，但许多问题和观点都有多面性，自己最初的观点也许并不完全正确。正因为如此，我们才要教他们辨别固有观点和有理有据的观点——后者是指那些需要通过仔细阅读、认真思考、深入钻研才能最终确定的观点。如果我们所有人都能做到不急于接受某个观点，而是先对其进行反复验证，那么这个世界上的错误信息就会减少许多。

为了引入这堂课的重点，斯蒂芬妮先阐明了固有观点与有理有据的观点之间的区别。她解释说，有证据支撑的观点往往更可信。证据越多，可信度越高。善于思考的人能够通过阅读和学习得出有理有据的观点，而这恰恰是教育的初衷。

随后，她大声讲出了一个自己的观点："棒球运动员比足球运动员更优秀。"

然后说，对此，她的哥哥并不赞同。事实上，对于这一观点，她自己也没有足够的证据来支撑。这仅仅是她的固有观点，无根无据。但哥哥比她更热衷和了解体育运动，因此哥哥的观点可能更令人信服。

做好铺垫后，斯蒂芬妮开始让孩子彼此交流对书籍、运动、电影、宠物等的观点——这些都是能够使他们迅速产生联想的话题。果然，大家开始滔滔不绝地对话，纷纷提出各种不同的观点，迫不及待地与同学分享。而且，许多孩子都坦然承认，自己的观点只是主观看法，并没有足够的证据支撑。

接下来，斯蒂芬妮运用有声思维朗读了一篇关于美国海军海洋哺乳动物专案计划的文章——《借我一只爪子》(National Geographic Learning，2012)。文章指出，美国海军计划将海洋哺乳动物用于军事目的。她解释说，一些人认为这是一个不错的点子（正方观点），另一些人则认为这是一个坏主意（反方观点）。文章的前两页可以帮助孩子积累相关背景知识，所以她读完前两页后暂停阅读，让他们交流和讨论。然后，她下发了三栏式思维记录单，每栏的标题分别为"固有观点""问题／所思所想""有理有据的观点"。孩子要在第一栏填入自己的观点——"正方观点""反方观点"或"信息不足的观点"，在中间一栏填入自己的问题和所思所想。多数喜欢动物的孩子的观点都是"正方观点"，只有少数孩子的观点是"反方观点"，持"信息不足的观点"的孩子只有一个。斯蒂芬妮在第一栏中写下的也是"信息不足的观点"。她解释说，自己目前没有足够的支撑信息得出一个有理有据的观点，但继续往下读，获取更多信息，说不定就能得出一个有理有据的观点了。

于是，她要求学生两两结对，阅读后面的内容。在学生阅读的过程中，斯蒂芬妮在教室中来回走动，适时与学生交谈。从交谈中她发现，有些孩子更加笃定了最初的观点，有些孩子则改变了想法，还有些孩子认为需要获取更多的信息才能做出决定。

阅读结束后，大家分别说明了自己为何改变了最初的想法或为何更加坚持自己的观点。斯蒂芬妮注意到，一部分孩子从正方变成了反方，但更多的孩子都开始认为信息不足。而且，所有孩子一致认为，他们现在的观点比最初的观点更加有理有据了。

斯蒂芬妮问学生是否愿意通过深入探究得出更为合理的观点，大家都表现得非常积极。看来，阅读和讨论的确提升了孩子对该话题的兴趣。于是第二天，斯蒂芬妮又跟同学们分享了几篇关于动物参与军事活动或执行危险任务的文章。她提供的文章里既有观点中立的，也有态度鲜明的，而且二者数量相当。同学们一边阅读一边探索。在这个过程中，他们看待问题更加客观全面，有些孩子更加坚定了初始观点，有些孩子改变了观点。当然，仍有一些孩子表示需要继续增加信息量，斯蒂芬妮对此大加赞赏。

斯蒂芬妮发现，这次的课程卓有成效。后续跨学科教学中如果出现两面性问题，他们会重温本次课程的内容。图11.9展示了孩子通过三栏式思维记录单形成有理有据的观点的思考过程。

固有观点	问题／所思所想	有理有据的观点
• 我认为利用海洋哺乳动物的特性将其派到水下执行军事任务是个很不错的点子，但目前我还没有找到足够的信息支撑我的观点。 • 我支持正方观点。	• 还有哪些动物能帮助人类？ • 如何避免海上船只误伤海洋哺乳动物？ • 我们如何保证海洋哺乳动物免受伤害？ • 美国海军为什么要逼迫海洋哺乳动物做不喜欢做的事情？ • 为什么美国海军要如此虐待动物？	• 我支持正方观点的理由是：美国海军会保证海洋哺乳动物免受伤害；水雷是由大型战船引爆的，而不是由海洋哺乳动物引爆的；海洋哺乳动物受到了很好的保护。 • 我支持反方观点的理由是：海豚的栖息地受到了威胁；动物的家庭被拆散；被捕捉的海豚变得暴躁凶悍；它们成了人类的囚徒。 我无法下定论，因为我还没有找到足够的信息。

图11.9 孩子通过三栏式思维记录单来形成有理有据的观点

通过分析非虚构文本创作清单体文章

预期目标：分析信息并从中筛选重要信息，在此基础上创作清单体文章。

阅读素材：老师根据卡迪尔·纳尔逊的绘本《纳尔逊·曼德拉》的

中心思想创作的清单体文章。

反馈方式：**自创清单体文章。**

适用对象：**小学生和初中生。**

清单体是一种以列表形式呈现主题的短篇写作形式，往往出现在网站、杂志等载体中。清单体的英文是"listicle"，由"list"（清单）和"article"（文章）这两个词组合而来。我们修订第一版时，这种形式还非常罕见，现在它已成为一种非常普及的形式。生活中，清单体文章随处可见，如"2017年十佳歌曲""世界上最美的25处海滩""最受欢迎的狗"，等等。当然，我们也常常能看到关于某个重要话题的清单体文章。

清单体写作适合各年级的孩子。无论是只能简单画出最爱的5只宠物的幼儿园孩子，还是能写出6个主题句的小学三年级学生，或者着力于探讨中心思想并将其细化为几个重要方面的初中生，都可以用这种形式写作。

在清单体写作教学中，我们会教孩子分析信息并提炼出最为重要的思想。通过课堂实践我们发现，清单体可以快捷有效地帮助孩子就文本中的某一话题筛选出最为重要的信息并与他人分享。

为了让孩子了解这一形式，斯蒂芬妮在课上介绍了她在网上收集的一些清单体文章，如"印度排灯节最重要的5件事""我们每天都应食用的10种超级食物"等。然后，她用自己最喜爱的卡迪尔·纳尔逊的绘本《纳尔逊·曼德拉》（Nelson，2013）给他们做了示范。她告诉他们，她会根据这本书的中心思想用清单体将书中的重要信息分条目列出。她一边大声朗读，一边将自己提炼出的中心思想记录下来。然后，她将中心思想分解成若干条重要信息，通过这些重要信息，孩子就能明白为什么纳尔逊·曼德拉会成为一位非凡的政治领袖。她告诉这些孩子，她通过整合提炼出的这本书的中心思想如下：

> 纳尔逊·曼德拉是南非政治家、活动家，他反对种族隔离制度，因为该制度剥夺了非洲黑人应有的权利和尊严。他一生都致力于跟这一不公平的制度做斗争。最终，种族隔离制度被废除，他也成为南非第一位由人民选举出的黑人总统。

"现在我要写一篇清单体文章，列出我通过解读文本、分析作者的写作风格得出的重要信息。我会以列清单的形式将这些信息呈现给大家。"斯蒂芬妮说。

- 纳尔逊是家中唯一被选中去上学的人。只有最聪明的孩子才有机会上学。很明显，纳尔逊小时候很聪明。
- 纳尔逊9岁时失去了父亲，之后他被送到一位有权有势的部落首领那里，并接受了良好的教育。
- 纳尔逊后来成了一名律师，为南非所有被压迫的人争取平等的权利。当时南非政府拥护种族主义，剥夺了黑人的种种权利。
- 全国各地的人们聆听他的演讲，愿意拥护他、追随他。政府担心他有朝一日会获得权力，所以把他关进了监狱。
- 纳尔逊在狱中度过了27年，在此期间，许多人为他的自由和国人的自由英勇奋战。纳尔逊成了一个正义的符号，在他的满腔勇气的鼓舞下，南非渐渐发生了变化，最终种族隔离制度被废除。
- 纳尔逊被释放时已是一位老人，但他凭借满腔的勇气和坚毅的品格赢得了人民的爱戴，当选为国家总统。担任总统期间，他竭尽全力使全国人民团结起来。

孩子有能力创作各种各样的清单体文章。我们可以引导孩子以清单体的形式呈现文本的中心思想，通过这种方式，孩子能够充分认识到清单体的重要性。

孩子今后会遇到种类繁多的清单体文章，因此，知道什么是清单体，以及如何在网络阅读过程中有效运用清单体筛选重要信息，这对孩子来说是很有用的。

利用FQR思维记录单理解信息

预期目标：筛选重要信息，提出问题，解读历史小说并做出反馈。

阅读素材：关于美国南北战争的绘本，包括珍妮特·温特的《朝着北斗七星的方向》、安·特纳的《纳蒂的南部之旅》和黛博拉·霍普金森的《可爱的克拉拉和自由之被》。

反馈方式：制作标题分别为"事实""问题"和"反馈"的三栏式思维记录单——FQR思维记录单。

　　适用对象：小学生和初中生。

　　我们会教孩子用 FQR 思维记录单记录并完善阅读后做出的反馈，事实证明这种方法颇为有效。尤其是阅读自然科学文本时，FQR 思维记录单能够帮助孩子大幅提升从海量事实中筛选重要信息的效率。将富有针对性的问题和反馈记录下来，有助于孩子澄清信息，加深他们对信息的理解和记忆，激励他们深入探究。我们所教的孩子将新学的知识、自己的问题和反馈汇总到了 FQR 思维记录单中，这让与我们合作的老师颇为振奋。大家都觉得，FQR 思维记录单"反馈"一栏中的信息很有价值，为老师洞悉孩子的所思所想提供了一个窗口。

　　在这堂课上，我们带领五年级学生开启了以美国南北战争为主题的单元。为拓展背景知识，他们读了一些相关的绘本，包括《朝着北斗七星的方向》（Winter，1988）、《纳蒂的南部之旅》（Turner，1987）、《可爱的克拉拉和自由之被》（Hopkinson，1993）。FQR 思维记录单能够帮助孩子深入解读这些历史小说；当然，它也适用于非虚构文本甚至教科书的学习。

　　课程开始时，我们给孩子示范了阅读过程中如何适时停顿，如何把筛选出的重要信息用自己的话表达出来。我们先在 FQR 思维记录单第一栏中记录事实，然后再次通读文本，在这个过程中记下问题以及针对上述事实的反馈。使用 FQR 思维记录单时，我们会跟孩子说明：在"事实"一栏中记下的只能是事实，而不能是对故事情节的复述。

　　孩子掌握了收集事实和提问的方法后，便可以结成对子或独立阅读，并通过思考做出反馈。课程结束时，孩子会根据自己收集的事实和提出的问题积极分享个人反馈。

　　我们要求孩子在阅读《纳蒂的南部之旅》时，每读一两页便稍做停顿，利用这个间隙与同学交流，并记下事实和问题。在这个故事中，一个来自美国北方的女孩目睹了拍卖台上奴隶被售卖的情景。每个孩子都从故事中提取出了奴隶制的相关信息，记录在了 FQR 思维记录单中。以下是一个孩子阅读《纳蒂的南部之旅》时制作的 FQR 思维记录单，它呈现了孩子从书中甄别出的重要内容以及对更为宏大的历史问题做出的深度解读。

书名：《纳蒂的南部之旅》

作者：安·特纳

事实	问题	反馈
奴隶被剥夺了学习的机会。 我不敢相信《宪法》会说黑人奴隶只等价于3/5的自由人。（人们是怎么计算出这个比例的呢？）	艾迪是谁？ 这封信是谁写的？ 为什么规定黑人奴隶只等价于3/5的自由人？ 夫妻被迫分离了吗？	我想这封信是纳蒂写给她的朋友艾迪的。 眼前的景象完全出乎她的意料。 奴隶被卖到离家很远的地方，留下了伤心欲绝的家人，这让我愤怒不已。 可以看出纳蒂具备独立思考的能力。

　　这个孩子把她以前在《宪法》中学到的知识和在这本绘本中新学到的知识结合起来，做出了如下评价："我认为编写《宪法》的初衷在于保护人民，难道《权利法案》没有赋予人们宗教自由和言论自由等权利吗？"她所掌握的背景知识是正确的，但她不知道，南北战争的前几年，奴隶实际上并不受《宪法》的保护。她和故事中的小女孩纳蒂一样，对拍卖奴隶深恶痛绝，于是她在网上搜寻"为什么规定黑人奴隶只等价于3/5的自由人"这个问题的答案。

　　FQR 思维记录单的要义在于鼓励孩子深入探究，为那些悬而未决的问题找出答案，而不是简单地总结出每个故事的情节。

　　如需了解更多基于历史话题创建的 FQR 思维记录单，请参见我们的《策略性思维》系列视频，也可参见本章末尾评估部分中的 FQR 思维记录单。

教小学生做数字笔记

预期目标：利用数字工具记录所学内容、问题和反馈。

阅读素材：Padlet 和谷歌文档上的非虚构文本。

反馈方式：制作三栏式思维记录单，标题分别为"我学到的""我好奇的"和"天哪"。

适用对象：小学生。

我们参照 FQR 思维记录单的格式为低龄孩子设计了更适合他们的三栏式思维记录单，每一栏的标题分别为"我学到的""我好奇的"和"天哪"。

在这堂课上，教学指导员珍·伯顿和二年级老师普劳德女士让孩子参与了一项关于植物和种子的小型调查，并让他们利用三栏式思维记录单来记录学习所得。孩子在听、读和观察的过程中，可以在第一栏记下所学内容，在第二栏记下提出的问题，在第三栏记下自己的反应。反应一般指那些能让孩子不由自主地发出"天哪"的惊叹的内容。

在教孩子做数字笔记时，老师会示范如何在通读内容时融入思考，但是不会强行规定必须在思维记录单中做记录，以便孩子全身心地投入阅读，并通过认真解读信息来强化记忆。

在这堂课上，老师在谷歌文档和 Padlet 上设计好了三栏式思维记录单（图11.10）。我们会用投影仪将这类应用的界面投在教室里，让大家能够看到其他同学的思路，以利于彼此交流和合作。

	我学到的	我好奇的	天哪
	有些植物并非由种子发育而成。	子叶是什么？	这本书让我想到种植植物的时光！
	通过学习我知道了土豆块茎里没有种子。	我很好奇，如果植物中没有种子，那会是谁丢下的种子呢？	今天我种下了一种植物！
	我不认识天鹅绒植物。	我很好奇，纤匍枝属于根吗？	我见过土豆的芽眼！
	孢子的形状和种子相似。	纤匍枝是不是茎？	我有那种植物！
	有些孢子是绿色的。	种子里面有什么？	我竟然不知道这一点！
	我们很难找到孢子。	我认为土豆不可能长有芽眼。	我也一样！
	孢子可以呈现出不同的形态。	我想知道，叶芽是什么？它们是如何长成新植株的？	孢子和青豆的外形竟然如此相似！
		土豆的芽眼是什么？	孢子看起来像一根根小刺！
		我想知道土豆是否长有芽眼。	孢子究竟是什么？
			金苹果树到底是什么样子？

图11.10　谷歌文档中的三栏式思维记录单

关注细节

在本章中，我们用大量篇幅强调了如何通过阅读来回答问题以及筛选重要信息，但真实的阅读经历告诉我们，阅读目的并不是单一的，虽然多数情况下是为了提炼中心思想，但细节也是不能忽略的。字斟句酌式的精读对于解读文本来说必不可少。下面这个斯蒂芬妮与宠物狗印第安纳·琼斯的故事就很好地说明了这一点。

一天，在出发去城里之前，斯蒂芬妮给狗舍管理员写了一张留言条，要求对方为她心爱的狗狗印第安纳·琼斯洗澡并"理毛"。没想到，她回来时，狗舍管理员带来一条她压根儿不认识的狗。当狗狗兴高采烈地扑向她时，她才意识到，这乒乓球一样光溜溜的狗是她那条原本毛茸茸的荷兰毛狮犬。原来，它被"剃毛"了。

因此，忽略细节会为自己和别人带来麻烦！阅读时既要把控大局，也要关注细节。

带着目标开展教学：评估教学效果

筛选重要信息

基于本章的教学内容，我们会重点留意以下几个方面：

1. **孩子能否通过分析文本特征获取重要信息。**我们会关注孩子是否在阅读过程中注意了文本特征，是否在进行非虚构写作时用到了这些特征。

2. **孩子能否充分调动思维，从繁杂的细节中筛选并梳理出重要信息，并通过提问和反馈进一步探究。**我们会关注孩子是否掌握了相关方法，是否正确甄别出了需要记忆的重要内容。

3. **孩子能否区分自己眼中的重要信息和作者希望读者通过阅读解读出的中心思想。**我们会关注孩子能否将自己的思考与文本的中心思想和作者的观点区分开来。

4. **孩子能否借助文本中的诸多线索形成自己的观点并理解文本的中心思想。**我们会关注孩子是否以文本为基础塑造或改变了自己的观点和思想。

因材施教的若干建议

用符号对文本进行标记为因材施教提供了很多机会。在阅读过程中，孩子可以用各式各样的符号标记出思考轨迹，这些符号可以提示孩子哪些是需要记住的内容。

仅仅用突出标记和下划线是远远不够的，问号、感叹号、星号和五角星等符号都可以用来在文本上做标记。就像你需要利用一些手段洞察孩子的所思所想一样，孩子也需要一些可以准确表达自己感受的符号来做标记，才能记住起初做出这些标记的原因。为了提高孩子学习、理解和记忆的效率，我们会教孩子在重要信息旁以写和画的方式快速做笔记，还会教孩子给文本中的重要段落或语句加上括号，并在括号旁为所学内容加上释义。孩子如果能够用自己的话将文本中的重要信息表达出来，那就表明他深入理解了所读内容。因此，我们的教学重点是鼓励孩子用自己的话说出掌握的新信息，并根据这些信息形成自己的观点。

筛选重要信息策略效果评估

"利用 FQR 思维记录单理解信息"一课中的 FQR 思维记录单示例

以下是孩子在阅读说明性文本时，利用 FQR 思维记录单独立解读科学话题的例子。

事实　　丽贝卡	问题	反馈　　四年级
• 海象一生中绝大多数时间都待在水中。它们在冰面上休息，也在冰面上产崽。 • 北极气温可达零下30℃。 • 北极地区由北冰洋及周边陆地组成。 • 北极地区没有森林覆盖，这里的土壤一年四季都处于冰冻状态。 • 海象在春、夏、秋三季忙于捕食和储存脂肪，到了冬季便开始冬眠，靠消耗身体中储存的脂肪过冬。 • 海象的前肢很长，便于挖掘冬眠用的洞穴。 • 海象体内储存了大量脂肪。	• 为什么海象的幼崽不会被冻坏？ • 动物是如何在这种恶劣的环境中生存的？ • 海象是冷血动物还是温血动物？ • 气温最低多少度？ • 为什么海象的体色会由灰褐色变成白色？ • 人们是如何在这种冰冷的环境中获取关于海象的信息的？	• 这个地方太冷了，我无法想象冷到什么程度。 • 它们应该是温血动物，因为冷血动物会被冻僵。 • 它们体内的脂肪可以帮助它们保持体温。

◀ 丽贝卡在 FQR 思维记录单的第一栏详细记录了事实。她提出的问题集中在细节上，对于推测生词含义颇有帮助。但她没能有效运用"反馈"一栏。我们希望她意识到，用好"反馈"一栏能够有效提升她的理解力。

▶ 凯尔阅读了一篇关于拯救大沼泽地的文章，他把其中重要的事实记录在了 FQR 思维记录单的第一栏中。你还可以看到他发自内心的问题，比如："我们真是地球上最聪明的哺乳动物吗？"对这些问题，他在"反馈"一栏里记下了自己努力思考的结果。我们希望孩子能够有效利用 FQR 思维记录单锻炼思维、增进理解，凯尔在这方面做出了完美的示范。

事实　　凯尔	问题	反馈
• 殖民者认为大沼泽地毫无价值。 • 大沼泽地并非毫无价值，它有特殊性。 • 大沼泽地物种丰富，水源充足。 • 人类毁掉了这个地方的生态环境，因为他们从这儿抓走了很多动物，带回了自己家中。 • 现在大沼泽地的面积只有先前的1/2。 • 这里有68种濒危动物。 • 它是十大濒危公园之一。 • 布什总统计划耗资80亿美元修复大沼泽地，这是截至目前最大的环保项目。	• 为什么大沼泽地被称为"草河"？ • 在这之后物种的数量是否会下降？ • 大沼泽地的面积有多大？ • 我们真是地球上最聪明的哺乳动物吗？ • 他们怎么做才能修复大沼泽地的环境？ • 为什么这不是一件小事？ • 他从哪儿能筹到这笔费用？ • 这个项目什么时候开始？ • 大沼泽地的水资源是什么时候耗尽的？ • 那里生活着多少物种？	• 也许大沼泽地就是一条"绿草之河"。 • 或许当时的殖民者将大沼泽地视为障碍。 • 水资源的供应出了问题。 • 濒危物种的数量还在增加，这个问题不容小觑。 • 我们需要更多的水资源。 • 我们应该帮助动物。 • 费用或许来自税收吧。 • 这里之所以被称为"草河"，是因为有一条被草覆盖的河流。 • 我们应该建一个动物园。 • 我们不能坐视不管，而应该修复这个地区的环境。

"教小学生做数字笔记"一课中孩子在 Padlet 上制作的三栏式思维记录单

▶ 教学指导员珍妮弗·伯顿和二年级老师柯默莎女士使用 Padlet 分享了她们效仿 FQR 思维记录单制作的三栏式思维记录单，在她们的指导下，孩子在 Padlet 上添加了写有自己想法的数字便利贴并按需拖动。每个孩子都可以实时看到其他同学的思路，老师也可以随时观察孩子们的所思所想和书写内容，并做出相应的反馈。图中展示的是二年级学生针对所学的天气和自然灾害知识记录的内容。

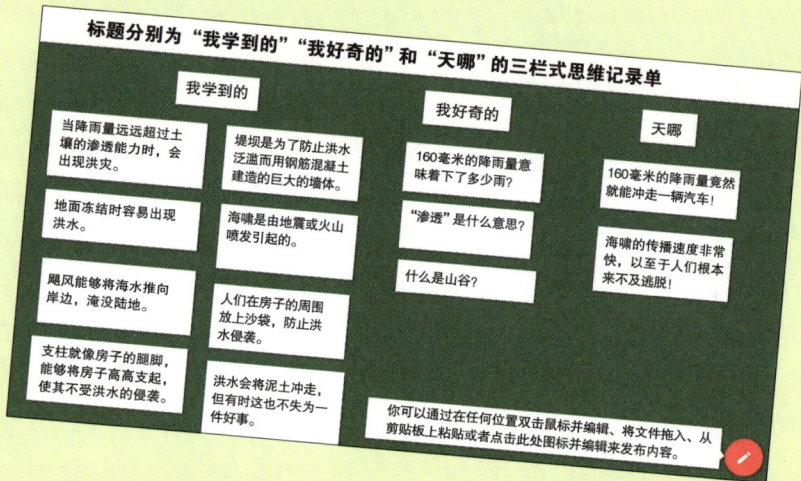

标题分别为"我学到的""我好奇的"和"天哪"的三栏式思维记录单

我学到的

当降雨量远远超过土壤的渗透能力时，会出现洪灾。

地面冻结时容易出现洪水。

飓风能够将海水推向岸边，淹没陆地。

支柱就像房子的腿脚，能够将房子高高支起，使其不受洪水的侵袭。

堤坝是为了防止洪水泛滥而用钢筋混凝土建造的巨大的墙体。

海啸是由地震或火山喷发引起的。

人们在房子的周围放上沙袋，防止洪水侵袭。

洪水会将泥土冲走，但有时这也不失为一件好事。

我好奇的

160毫米的降雨量意味着下了多少雨？

"渗透"是什么意思？

什么是山谷？

天哪

160毫米的降雨量竟然就能冲走一辆汽车！

海啸的传播速度非常快，以至于人们根本来不及逃脱！

你可以通过在任何位置双击鼠标并编辑、将文件拖入、从剪贴板上粘贴或者点击此处图标并编辑来发布内容。

"在实时观察过程中记录重要信息"一课中孩子通过独立观察和借助网络摄像头观察鸟类行为做出的反馈

麦迪的观察笔记
2015.5.14
康奈尔大学
鸟类学实验室
天气：有风；晴天
地址：纽约州伊萨卡
时间：11：07
栖息地
水塘
树木
喂食器
水鸟
① 我学到的
这些鸟聚在一起吃食。
它们的羽毛五颜六色。
② 我观察到的
这儿有红翅膀的鸟，有黑色的鸟，有意鸠，有美国常见的乌鸦，还有啄木鸟。
③ 我的问题
这些鸟有什么不同？

◀ 麦迪在观察笔记中分三栏记录了"我学到的""我观察到的"和"我的问题"。她细致地观察了大量鸟类，记下了观察结果和学到的知识，在不懂的地方还提出了相应的问题。她的观察笔记反映了她对这个主题有极大的热情并投入了大量精力。

麦迪通过实时观察锻炼了科学思维，知道了科学家是如何通过仔细观察收集和分析信息的。

第十二章

总结和整合信息：思想的演化

斯蒂芬妮小时候经常去威斯康星州北部湖边的木屋度假，那是她祖父母的家。在祖父母的那座大房子里，她度过了一个又一个夏日的午后，留下了很多美好的回忆。她永远不会忘记：老旧的地毯散发出一股发霉的气味，小木屋形状的饼干色泽诱人，自动钢琴传出斯科特·乔普林谱写的美妙的曲调，急速旋转的吊扇发出呼呼的声音……旧日的时光总是慵懒缓慢，为了打发时间，斯蒂芬妮经常拉着祖母一起玩各式各样的拼图游戏。房间角落里有一张牌桌，那里便是她们玩拼图的"战场"。她们曾花一周的时间拼出巴伐利亚城堡，随即转战19世纪的大峡谷油画，还有胡克船长的肖像、可口可乐瓶、意大利辣肠比萨……各种图案轮番出现在桌面上。祖孙俩沉浸在拼图游戏中，每当看到由几百块零散的拼片组成的完整画面，她们都兴奋无比。

其实，整合信息和拼拼图相似。筛选出的重要信息如同零散的拼片，总结出的文意就像拼好的画面。阅读过程中，读者必须将很多信息片段汇总整合，才能对所读内容有全面、系统的理解（McKenzie，1996）。

读者从文本中提取的重要信息越多，越有助于整合。通过整合信息，读者既扩充了知识储备，又巩固了已有的知识。有时候，读者会将新信息与已有知识结合起来，以新的视角和新的思路来理解所读内容。这也恰如拼图游戏，随着拼片的连接、时间的推移，读者的思维会像拼图的画面一样渐渐清晰，那些新出现的令人惊讶的图案会最大限度地激发读者的灵感。

背景知识对信息整合的影响

教孩子阅读时通过整合信息扩充知识储备是我们的教学目标之一。为了更好地实现这个目标，我们鼓励孩子适时停顿，回顾所读内容。

艾尔菲洛，第二章提到的那个在阅读长颈鹿相关内容时被绊住的男孩，曾和斯蒂芬妮约定：把每一页的结尾处看作阅读警戒线，在这个节点上稍做停顿，回顾所读内容并进行反思。通过这种方式，他在通读文本的过程中理解了文意。

孩子应该适时停顿、回顾所读内容，只有这样才能跟上文本的思路，实现对理解进程的有效监控。有时为了提取文本主旨，他们需要在阅读时筛选并适当删减信息；有时为了得出结论、评估影响或付诸行动，则需要将信息进行整合。

在整合信息的过程中，背景知识的作用不容小觑。若干年前的一次经历让斯蒂芬妮意识到，整合信息时，背景知识是一个颇为关键的因素。

当时，斯蒂芬妮在《华盛顿邮报》上读到一篇名为《问多答少》（Eggen et al.，2006）的文章，这篇文章主要探讨了测谎仪的有效性。斯蒂芬妮早就知道测谎仪并非十全十美，但一直相信测谎仪是比较可靠的机器，甚至认为没有通过测谎仪测试的人很可能就是有罪的。文章说，一项研究表明，对包含10名间谍在内的共10000名受试者进行测试，1600名无辜的人没有通过测试，而其中的2名间谍却成功骗过了测谎仪。于是，文章得出了如下结论：执法部门之所以继续使用测谎仪，主要是因为很多罪犯在测谎过程中会迫于压力主动认罪。这一新信息令斯蒂芬妮颇为震惊，也改变了她对测谎仪原有的认识。午饭时，斯蒂芬妮给朋友莉迪亚讲述了这篇文章的内容和自己的感受。莉迪亚对此兴趣十足，但她对文中的信息并不感到诧异，因为她丈夫就在执法部门工作，她对测谎仪的局限性并不陌生。在这样的情况下，这篇文章不会改变莉迪亚原有的想法，只是印证并巩固了她已有的知识。

在这个例子中，斯蒂芬妮和莉迪亚实际上都对信息进行了整合。斯蒂芬妮对测谎仪认识不足，所以这篇文章为她打开了全新的视角；莉迪亚原有的知识是准确的，她只是通过这篇文章巩固了原有的知识。

如果读者对一个话题已经有一些认识，那么阅读相关材料时，便会从知识储备中调用信息，从而对该话题有更全面的理解和认识。如果读者对一个话题知之甚少，那么阅读相关材料时，获得的新信息便有可能补充他们的知识储备并改变他们的思想，让他们像斯蒂芬妮一样"顿悟"。

为了更好地理解文意，读者在阅读时会运用各种策略并将其融会贯通——他们会筛选重要信息、提问、倾听内心的声音、积极思考并将新旧知识结合起来，以便更高效地整合信息。阅读，正是这样催生出了读者的"顿悟"。从文本中获取的新信息很可能会改变读者的思想，为他们打开全新的视角。例如，一篇关于雨林砍伐的文本可能会将矛头指向政府的林业政策，通过整合信息，读者可能会得出"当局目光短浅"的观点。

另外，体裁也对信息整合起着举足轻重的作用。读小说时，读者可以通过观察人物的言行举止推测其内心活动，对人物做出判断；猜谜语时，读者可以通过搜集线索、提问、推断等得出答案；阅读非虚构文本时，读者可以通过文中的特殊信息得出相应的观点。

除了整合信息的技巧，我们还会教孩子总结技巧，包括提取事实、将事件排序、做注释、筛选重要信息等，因为这些都是整合信息的必要元素。孩子只有理解了文本中的信息，能够通过思考来梳理信息和做出总结，才能有效地整合信息。

我们将总结和整合信息策略放到了第二部分的最后一章，并不意味着它不重要，事实上，我们在本书中始终要求孩子运用这一策略。本章的阅读策略课有助于孩子提升总结和整合信息的技巧，而且我们相信，通过学习，孩子肯定能够在阅读过程中持续运用总结和整合信息策略。

阅读策略课：总结和整合信息

使信息整合过程具象化

预期目标：借助烘焙活动使抽象的信息整合过程具象化。

阅读素材：制作蛋糕的配料。

反馈方式：课堂讨论。

适用对象：幼儿园孩子和小学生。

幼儿园老师戴维·哈里斯花了不少工夫琢磨如何用更加具体直白的方式阐明抽象的阅读策略。考虑到信息整合策略的关键在于将零散的信息集中起来形成新的整体，戴维准备借助烘焙活动演示如何运用这一策略。他告诉孩子们，阅读就是将各类事实收集、整合起来并仔细斟酌，然后从中学习新知识的过程。

戴维和孩子们一起为烘焙蛋糕做准备，他们称量出了不同的配料，放在教室前面的桌子上。孩子们数了数，一共有7种配料。他们一起把配料倒进碗里，用铲子搅拌。等孩子们搅拌好，戴维说他们现在要把由7种不同配料混合成的面糊放进烤箱。一个小时后，一个金黄的蛋糕出炉了。

"你们看到了什么？"戴维问孩子们。

"蛋糕。"孩子们睁大眼睛，异口同声地回答。

"没错。"戴维指了指碗和袋子里剩余的食材接着说，"我们合作烤出来的这个香喷喷的蛋糕正是由这些不同的配料混合在一起做成的。同样，当我们读故事或听故事的时候，会接触不同的人物和内容，但最终所有元素会融为一体，变成一个完整的故事，就像我们眼前的这个蛋糕。"

戴维清楚地知道孩子们不可能明白"整合"这个概念，所以他提醒大家，下次再听他朗读时，想一想这次做蛋糕的事。他希望做蛋糕的经历能够帮助孩子们认识到，以后阅读时要勤于思考，并将零散的部分有机地整合成完整的故事。

很多孩子都喜欢烘焙，因此，通过这种趣味十足的方式，老师可以轻松地使"整合"这一概念变得具体直白，在激发孩子兴趣的同时强化孩子对概念的理解。

老师还可以通过其他活动形象地解释"整合"的概念，如榨橙汁、拼拼图、搭积木等。所有这些活动都涉及将零散的元素合成新的整体，而这恰恰是信息整合策略的要义。

通过复述来总结信息

预期目标：根据简要复述的基本原则总结和整合信息。

阅读素材：各式各样的绘本，包括 L. 吉科夫的《为孩子打造更美好的世界》。

反馈方式：在便利贴或笔记本上记录简短的总结。

适用对象：小学生。

为了让一年级学生更好地理解"总结"这个概念，学会通过复述来总结信息，黛比·米勒提出了简要复述的基本原则，包括：

- 选择重要信息来讲述；
- 以通俗易懂的方式讲述；
- 不长篇大论地讲述。

黛比选择了一些受欢迎的绘本做示范。她先读了一个故事，然后按照上面的3项原则给孩子们示范了如何用自己的话来复述。有时她把自己的想法记在笔记本上，有时记在便利贴上，有时则仅仅通过口述的方式进行总结。但无论采用哪种方式，她总能保证自己的总结言简意赅、重点突出。孩子们一开始很难做到总结得简短有力，有些孩子甚至会用比文本本身还要长的篇幅来复述。但是最终，通过黛比一次次的示范和指导，孩子们渐渐抓住了要领。

经过几周的学习，黛比的学生肯特分享了他对《为孩子打造更美好的世界》（Gikow，1993）所做的总结。他拿出一张纸，开始朗读："每个孩子都需要食物，但有时候根本没有食物。每个孩子都需要干净的水，但有时候根本找不到。每个孩子都需要一个家，但有些孩子却没有……"他读完后，黛比首先对他的深入思考提出了表扬，然后问他是如何做出总结的。肯特解释说，他先读完这个故事，然后提取出了故事中的重要内容和有价值的信息，最后通过做笔记的方式梳理思路。老师将他用自创的拼写方式做的笔记整理如下：

食物
干净的水
家
清洁的空气
医疗用品
学校

关于笔记，肯特继续解释说，他读完这本书后，又重温了一遍，重温过程中，他筛选出最重要的信息，并且只用关键词去强化记忆。在后期向别人复述时，他只需要看一下纸上的关键词，就能够立刻激活脑海中的相关记忆。

肯特在阅读时融入了自己的思考，这恰恰是有效运用信息整合策略的体现。他能够辨别重要的信息，而且他的笔记言简意赅，强化了他对信息的记忆——这一宝贵的技能使他在学业和生活中均取得了很大进步（Harvey et al., 1996）。

肯特的分享使班上所有的孩子受益匪浅，他们次日总结的质量也得以提升。

编写野外观察指南

预期目标：参考范文编写野外观察指南，总结科学信息。
阅读素材：不同主题的野外观察指南，如鸟类观察指南。
反馈方式：阅读范文，提取其中的关键信息，并依据范文编写一份野外观察指南。
适用对象：小学生和初中生。

你应该尽早向孩子推荐那些绘声绘色讲解大自然知识的非虚构文本。通过阅读种类繁多的野外观察指南，如介绍各种动植物的彼得森户外指南系列，孩子能够了解那些深入自然的观察者鉴别不同物种的科学方法。由于其言简意赅的信息、明确的目的和生动的视觉效果，野外观察指南可作为孩子学习和分享知识的绝佳载体。

二年级老师布拉德·布罗给学生准备了大量野外鸟类观察指南，以便为讲解鸟类的单元做好铺垫。学生对此很感兴趣，争先恐后地拿起那些指南，兴冲冲地跑到教室外，开始根据指南上描述的鸟类特征（如斑纹、特定的行为、栖息地、巢穴、鸣叫声等）对周边的鸟类进行观察和辨别。

随后，这些"鸟类学家"着手编写自己的野外观察指南。他们讨论了用于辨别鸟类的指南的最佳格式，据此设计了页面，并在页面旁做了笔记（图12.1），接着又创建了自己的指南模板（图12.2），这有助于他们敲定需要囊括哪些信息。

孩子着手编写自己的鸟类观察指南之前，布拉德老师带他们重温了编写指南的目的。他告诉他们，编写鸟类观察指南的目的是为辨别鸟类提供参考。他围绕这个目的提出了如下几个问题供大家讨论：

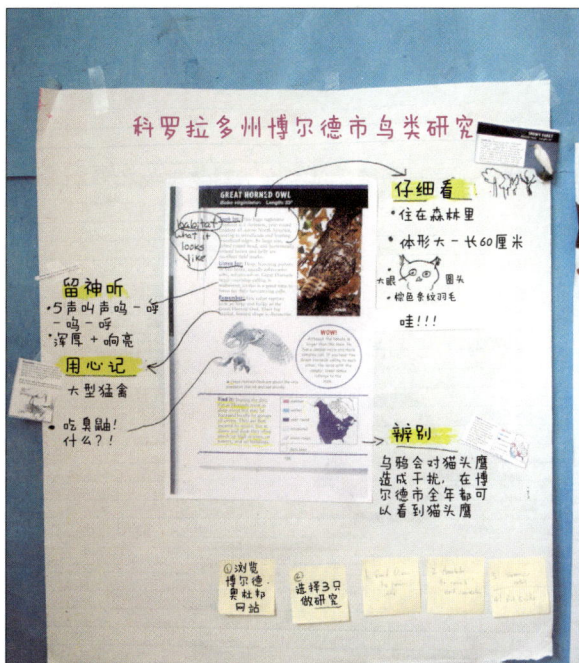

图12.1 孩子在野外观察指南页面旁做的笔记

• 人们使用野外观察指南的目的是什么？

• 为什么鸟类专家要编写野外观察指南？

• 野外观察指南一般包含哪些内容？

之后，学生开始头脑风暴，讨论指南中应加入哪些内容：

• 鸟类的身体特征，包括翅膀、爪、喙、彩色斑纹和羽毛等；

• 鸟类时常出没的地点，即栖息地，如树林、池塘、草地、山地、平原、小溪等；

• 鸟的鸣叫声；

鸟的名字：＿＿＿＿＿＿＿＿＿＿＿＿＿＿＿＿

留神听（鸣叫声）　　　　　　　　　　　　**用心记**（重要的或有趣的信息）

辨别（通过翅膀、爪、喙、彩色斑纹和羽毛等特征来辨别）

天哪！（酷酷的事实）

图12.2　野外观察指南编写模板

- 任何与众不同的特征，如颜色和标记，尾巴的形状，等等。

接下来，布拉德和学生一起写出了编写鸟类观察指南的步骤。

鸟类观察指南编写步骤

1. 选择一种鸟。
2. 设计指南页面，确定鸟类的照片和对应信息在页面中的位置。
3. 确定标题。
4. 通过阅读寻找并记录信息。在每个标题下写明有助于读者辨别鸟类的信息，包括鸣叫声（见"留神听"）和外形特征（见"辨别"）。加入一些令人称奇的事实（见"天哪！"）或者读者乐意记住的信息（见"用心记"），比如鸟的栖息地或巢穴类型等。

最后，他们把所有设计好的页面汇总成了一本班级鸟类观察指南，并把它分享给了家人和其他班的孩子。同时，他们还利用专供少年儿童分享信息的平台 Wixie 制作了数字版的鸟类观察指南。

人们在远足或实地考察时可以直接参考这本指南，非常方便。通过编写纸质版和数字版的野外观察指南，孩子既获得了宝贵的一手资料，也感受到了与他人分享的快乐。

整合信息：如何通过阅读改变思想

预期目标：留意阅读过程中思想的发展与变化。
阅读素材：弗兰·唐尼在《国家地理探索者》杂志上发表的名为《自由读者》的文章。
反馈方式：在读书笔记中记录思想的变化。
适用对象：小学生和初中生。

为了让孩子更好地理解整合信息这一策略，老师应向他们阐明阅读可以改变思想这一事实。

阅读的主要目的是增长知识、解读新信息并融会贯通。有时候，你掌握的新信息能够帮助你巩固已有的知识；有时候，你掌握的新信息会在潜移默化中改变你，比如为你带来新的视角，并让你对事物有更深入的见解。上述两种情况的出现，都是因为你在阅读过程中运用了整合信息的策略。你可以给孩子一个简明扼要的建议——留意阅读前后思想的变化。要求孩子每天反思阅读和学习是如何巩固或改变其思想的，也不失为一个好办法。

玛丽·普福在《国家地理探索者》杂志上发现了一篇名为《自由读者》（Downey，2006）的文章，里面介绍了曾规定奴隶不具有阅读权的法律，并分析了法律成文的原因，还刊载了一些不顾法律约束毅然学习阅读的奴隶的画像。这篇文章以一个问题作为切入点："阅读对你意味着什么？"玛丽觉得这个问题非常好，所以在师生共读文章之前，她要求她的四年级学生首先思考这个问题，并在笔记本上写下答案。孩子们想了一会儿，纷纷写下了阅读对自己的意义，其中不乏精彩答案。玛丽把这些答案记了下来。

- 阅读赋予我新知识。
- 阅读帮助我在脑海中勾勒图景。
- 阅读如同观影，令我沉迷其中。
- 阅读是一种可以治愈无聊的消遣。
- 阅读帮助我在脑海中回顾他人的声音。
- 阅读带给我冒险的体验。
- 阅读带给我无尽的兴奋感。
- 阅读可以带我领略异域风光。
- 实际上，起初我更喜欢动手操作，对阅读的兴趣不大，但是后来我爱上了阅读且无法自拔。

分享完全班同学的反馈后，玛丽开始为大家朗读整篇文章。当孩子们听到一些奴隶为了学习阅读克服了各种艰难险阻后，思想就发生了改变。

阅读开始之前，没有一个孩子提到"阅读可以赋予人力量"或"阅读使人自由"的观点。因为个人经历有限，他们想不到这一层。但当玛丽跟孩子们一起阅读完文章，引导他们围绕文章展开讨论后，孩子们体会到了阅读是如何赋予奴隶强大力量的，也开始重新思考阅读在自己日常生活中所扮演的角色。讨论结束时，孩子们对阅读有了新的理解，而且对阅读激发自由和独立的力量有了全新的认识。

互动式朗读环节结束之后，玛丽让孩子们再次打开笔记本，为最初的答案加上下划线，然后又提出了一个新问题："现在，阅读对你意味着什么？"绝大多数孩子的回答都反映出了他们在阅读完该话题的相关内容之后在思想方面的变化。

我们除了要求孩子在每次阅读后思考其思想是否发生了改变外，在每单元的学习后也会要求他们思考这一问题。例如，我们可能会在他们完成了对移民话题的探究后再次发问："现在，你对移民有何看法？"通过这个问题，我们不仅可以了解孩子们学到了什么，他们的思想有什么变化，更重要的是，可以让孩子们清楚地认识到，阅读能够改变思想。

整合文本和配套视频中的信息

预期目标：借助思维记录单整合文本和配套视频中的信息。
阅读素材：来自某网站的文章《什么是跑酷？》和配套的视频。
反馈方式：制作思维记录单。
适用对象：小学生和初中生。

当下媒体资源泛滥，读者常常需要从视频和文本中整合出自己需要的信息——四年级老师艾米莉·桑德斯深谙这一点。为了帮助学生达成这个目标，她准备先用妙趣横生的文章和视频激起他们的好奇心，然后再引入整合信息策略。

在这堂课上，艾米莉选择了一个绝大多数同学都很感兴趣但背景知识不够充分的话题：跑酷。跑酷是一项通过跑步、跳跃、攀爬、纵身跳等方式越过或绕过环境中存在的障碍物（如栅栏、墙壁、楼梯等）的运动，这项运动多以城市为场所。艾米莉的教学资源来自一个每日以视频形式分享一个问题的网站，今天网站上的文章恰恰是《什么是跑酷？》（Wonderopolis，2017）。

在课程的导入环节，艾米莉先问学生是否了解跑酷。这个环节旨在让学生意识到他们所掌握的背景知识并非都是正确的，而且在新学到的知识面前，这些已有的知识可能会受到挑战，甚至会被颠覆。在她的引导下，学生把自己的先验知识记在了思维记录单的上半部分，然后开始读文章。

我自认为已经知道的：	
我从视频中学到的新知识	我从文本中学到的新知识

学生读完文章后，艾米莉开始给他们播放视频，并示范如何利用暂停的间隙记下思考的内容。学生仿效艾米莉，在思维记录单中记下自己的思考内容，并在必要时参考她的笔记。艾米莉一边控制视频的播放节奏，一边提醒孩子做笔记，并提醒他们讨论时重点关注自己的所思所想。

在这个过程中，艾米莉会根据需要指导孩子有效合作，或者一边旁听一边写下自己的观察记录。她还会随机加入一个小组，让孩子详细叙述某个重要观点，或者要求他们对比文章和视频，找出两者的不同之处。重温文本、重看某段视频也是她经常提出的要求。

学生分组完成任务后，艾米莉把他们召集到地毯上，邀请某些小组与全班同学分享了以下内容：通过阅读注意到了哪些内容、学到了哪些知识、有没有悬而未决的问题。然后，她给孩子展示了如何将当日掌握的新知识简明扼要地写下来，作为总结性反馈。大家领会得透彻，很快就把自己的反馈写了下来，完成了对当日所学内容的总结、整合和巩固。

这堂课为孩子学习如何整合文本和配套视频中的信息做好了铺垫。随着孩子将整合信息策略运用得越来越熟练，我们会逐步引入更为复杂的说明性视频和文本，这就要求孩子更积极地思考，甄别其中的重要元素并将其与新学内容进行融合。我们也会将那些讲述同一主题但观点不同甚至冲突的文本和视频结合起来，以此提升孩子的批判性思维和分析技能。

在这堂课上，老师提供的文本和视频较为复杂，但班里最优秀的孩子已经能够高效地从中整合信息了。（参见本章末尾评估部分孩子制作的思维记录单。）

提取主旨

预期目标：做笔记并运用多种策略整合信息。

阅读素材：辛西娅·赖伦特的绘本《所罗门·辛格的天使》。

反馈方式：做笔记并写下反馈。

适用对象：初中生。

格伦达·克利尔沃特的学生经过整整两年的阅读策略的学习，对策略性阅读已经非常熟悉了。他们深知阅读的主要目的是理解文意，并且会带着这个目的去阅读。

格伦达非常清楚，在阅读过程中做笔记能够使读者意识到自己思想的演变，所以她要求学生坚持这个习惯。她的学生在独立阅读时不仅在书上做了很多标记，还在页边空白处记了很多笔记，但在听她朗读时却很少动笔，因为这对他们来说是个不小的挑战。为了提升学生的技能，格伦达决定提出更高的要求——让学生在听自己朗读时做笔记。

她给学生朗读了辛西娅·赖伦特的绘本《所罗门·辛格的天使》（Rylant，1996）。故事的主人公是一位孤独而悲伤的老人，他孑然一身住在纽约的寄宿公寓中，为自己的生活窘境哀叹不已。一天，他走进一家24小时营业的咖啡馆，看到一位面带微笑的服务员，自此他的人生多云转晴。

格伦达知道这本书的内容有些晦涩，需要综合运用提问、构建感官图像和推断等策略进行深度解读。因此，她首先要求孩子列出以前学过的阅读策略，然后强调这些策略对有效提高理解力的重要性。接着，她要求孩子在笔记中记下自己的所思所想以及故事情节的发展脉络——她坚信，在整合信息时，这些内容远比单纯的字面信息更有价值。

格伦达朗读《所罗门·辛格的天使》时经常适时停顿，为的是做一些笔记。她把自己的笔记与学生分享后，有些孩子一边听她朗读，一边拼命地做笔记，有些则先花些时间梳理思路，然后在她暂停朗读时再做笔记。这个环节结束后，从孩子的笔记上可以看出，他们用到的阅读策略有构建感官图像、提问、激活并关联背景知识、推断和整合信息。

下面杰西卡的笔记展示了她对多种策略的灵活运用，而这也是信息整合的一个步骤。

> 他并不喜欢自己的住所。
> 我想他所有的愿望都会实现的。
> 他的生活状态不太理想。
> 咖啡馆为他带来了快乐。
> 他的生活很拮据。
> 我认为服务员是个天使。

他很孤独，我以前也很孤独。

他想回家。

他喜欢做梦。

他很喜欢去韦斯特威咖啡馆。

他渐渐爱上了纽约。

韦斯特威咖啡馆点亮了他的生活，让他在纽约找到了归属感。

既然他那么热爱印第安纳州，为什么要在纽约生活？

为什么他的生活如此拮据？

　　思考后你就会发现，杰西卡在笔记中写的"我认为服务员是个天使"其实是运用推断这一策略得出的结论。她写的那句"我以前也很孤独"是对激活并关联背景知识这一策略的运用，另外那句"韦斯特威咖啡馆点亮了他的生活，让他在纽约找到了归属感"是对整合信息这一策略的运用。

　　完成笔记后，孩子根据笔记内容以及对故事的记忆和自己的感想写下了反馈。笔记和反馈共同揭示了孩子在阅读过程中思想的转变。可以看出，随着从文本中获取信息量的增加，孩子能够运用整合信息的策略从全局把控文本了。例如，克莱尔在反馈中画了一个谷仓，这是她对构建感官图像这一策略的运用。而且，她不仅给谷仓及其周围的场景配上了说明文字，还拟定了"笔记""猜想"和"问题"3个标题，并将相关内容记录了下来（图12.3）。

　　克莱尔的反馈内容如下：

　　我认为辛格先生的住所非常糟糕。起初他非常讨厌纽约，直到他走进韦斯特威咖啡馆，一个让人"梦想成真的地方"。这是一本关于情感、梦想和天使的好书。我一边听老师朗读，一边在脑海中想象。我在脑海中为辛格先生建造了一个完美的住所，它的原型是我在伊利诺伊州住过的地方。这个住所有阳台，有茂盛的草地，田间的玉米和小麦郁郁葱葱。晚上他可以悠闲地躺着，欣赏浩瀚的星空。他可以养3只猫、2条狗、5条鱼和10只仓鼠，它们可以无拘无束地四处奔跑。辛格先生再也不会感到孤独，因为这里的生活每天都洒满阳光。但其实纽约也并非一无是处，因为他发现了韦斯特威咖啡馆，发现了那个守护他的天使。

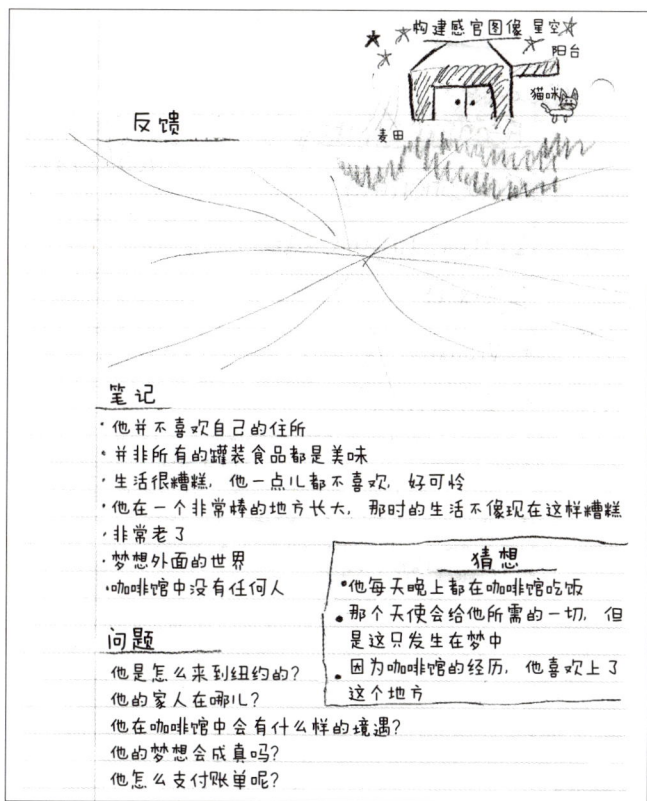

图12.3　克莱尔阅读《所罗门·辛格的天使》时做出的反馈

通过克莱尔的反馈，我们看出她运用了多种阅读策略，对故事有了深刻的理解。最终，她提取出了故事的主旨——韦斯特威咖啡馆为所罗门·辛格的人生带来了改变。这更加证实了：通过整合信息，读者可以轻松提取文本的主旨。

写一份简短的总结

预期目标：区分总结和感想。

阅读素材：珍妮特·温特的《巴士拉的图书馆员：来自伊拉克的真实故事》。

反馈方式：两栏式思维记录单，标题分别为"本文主要内容"和

"我的所思所想"。

适用对象：初中生。

在这堂课上，斯蒂芬妮朗读的是珍妮特·温特的《巴士拉的图书馆员：来自伊拉克的真实故事》（Winter，2005）。她用自己最喜欢的两栏式思维记录单作为反馈载体，思维记录单的标题分别为"文本主要内容"和"我的所思所想"。

当学生聚到斯蒂芬妮跟前，准备就绪后，她开始大声朗读这本书。朗读完毕，她把思维记录单从中间对折，让"我的所思所想"所在的一栏朝上，然后发给学生，要求他们写下对这个故事的感想。她跟学生强调，思考才是阅读的重中之重，正因如此，她才让大家先记录自己的所思所想，再完成其他任务。在学生记录自己的感想时，斯蒂芬妮也将自己的所思所想写在了自己的思维记录单中。

学生记下自己的感想后，把所写内容读给自己的搭档听。这个环节结束后，斯蒂芬妮邀请一些学生跟全班同学分享自己的感想，同时她也分享了自己的所思所想。

斯蒂芬妮在思维记录单"我的所思所想"一栏记录的内容如下：

> 这个故事让我认识到，一个人的力量也不容小觑。虽然阿利亚年事已高、身体虚弱，但她不惜冒着生命危险从肆虐的战火中救出了许多书，保护了伊拉克的历史和文化。这让我不禁想到了从纳粹手中拯救出无数犹太人的奥斯卡·辛德勒。为什么有些人不惜牺牲自己的生命去拯救他人或某项事业？也许是因为热情？我在想，除了家庭，我还甘愿为别的什么牺牲自己的生命？

然后，斯蒂芬妮让学生把两栏式思维记录单展开，开始完成"本文主要内容"一栏。她解释说，这一部分旨在对文本进行总结，无须写过多自己的感想。

在学生总结文本的主要内容前，斯蒂芬妮要求他们回顾一下之前的课程中黛比·米勒老师提出的简要复述的3项基本原则：

- 选择重要信息来讲述；
- 以通俗易懂的方式讲述；

• 不长篇大论地讲述。

接下来，斯蒂芬妮让学生讨论故事中的重要信息，然后将讨论结果与全班同学分享。她一边听学生分享，一边把他们的想法记了下来。

故事中的重要信息

图书馆员救出了图书——她的最爱

她对书爱不释手

她爱书如命

她救了图书馆绝大多数的书

战争

团队合作——她的朋友伸出了援手

忠实

冒着生命危险

30000本书

伊拉克

之后，同学们就上述几条信息的重要性讨论了一番，以确定是否应该将其全部囊括在总结之中。选择的首要原则是保证总结言简意赅。最后大家一致同意，上述绝大多数信息都很重要，但有些信息可以合并，比如"她对书爱不释手"和"她爱书如命"这两条信息。再比如，他们觉得30000这个具体的数字没必要包含进去，只说"她救出了图书馆绝大多数的书"就够了。讨论结束后，大家一起合作，在思维记录单的第一栏写下了如下内容：

> 伊拉克战争刚一打响，一位勇敢、有激情、爱书如命的图书馆员便冒着生命危险，在忠实朋友的帮助下，救出了图书馆绝大多数的书。

当然，总结不一定只有一句话，两句或三句也可以。

这堂课接近尾声时，斯蒂芬妮对大家的努力表示感谢，并再次提醒他们，虽然对故事的总结很有必要，但在阅读过程中，思考永远是重中之重！

图12.4展示的是孩子经过深思熟虑制作的思维记录单。

本文主要内容	我的所思所想
一位勇敢的图书馆员冒着生命危险救出了许多图书，使它们免受伊拉克战争的摧残。	我自己会不会为了救书甘愿献出生命？ 她会不会建造一个新的图书馆？ 她居然为了书留在了那个战火连天的地方，真是勇气可嘉。 换成是我，可能早就逃去埃及或者土耳其了。 她为什么要在战火最激烈的时候去寻求朋友的帮助，一起救书？ 我感动得快哭了。 换成是我，可能会躲在自己的屋子里，尝试让自己冷静下来，并安慰自己说不用担心那些书，它们不会遭殃的。 战争结束后她有何感想？ 人们肯定会对她致以崇高的敬意，她的名字将被铭记。

图12.4 一个孩子通过思维记录单来区分总结和读后感

从多个文本中提炼共同主题

预期目标：通过一系列课程提炼多个文本的共同主题。

阅读素材：有关某一世界性问题的文本，如描述逃离苦难和困境的文本有肯特·佩奇的《加拉娜的故事》（出自《国家地理探索者》）、克莉丝汀·埃罗尼莫的《对家的渴望》以及凯伦·林恩·威廉姆斯与哈德拉·穆罕默德合著的《四只脚和两只凉鞋》和《我的名字是桑戈尔》。

反馈方式：便利贴和班级要点图。

适用对象：小学生和初中生。

孩子对这个世界充满了好奇。对于那些复杂且令人心痛的国际问题或国内问题，成人有时会持逃避的态度，但孩子往往想获得更多信息。孩子会从新闻或其他渠道了解战争、冲突等世界性问题，有时甚至会把这些问题带进教室。

埃琳·利文斯顿和杰拉尔多·迪莱希两位老师结合残酷的问题真诚地与孩子们探讨同理心和同情心时，一个孩子提到她在晚间新闻里看到的有关叙利亚儿童的报道，并且说看到这个饱受战争蹂躏的国家的难民营时，她十分难过。

埃琳和杰拉尔多一直致力于打造充满关爱和尊重的班级氛围，所以他们觉得将外部世界中的残酷问题带进教室，是为了达成这一目的而采取的特殊教学方法。新学年伊始，他们便带领三年级学生阅读了旨在培养同理心和同情心的文本。

为了在课堂上讲解中东地区的战争和冲突等问题，埃琳、杰拉尔多和图书馆员梅利莎·奥维亚特根据孩子的兴趣和情感特征挑选出了一系列与难民主题相关的绘本、非虚构文本和视频，其中一篇名为《加拉娜的故事》（Page，2002）的文章讲述了小女孩加拉娜从祖国阿富汗逃至巴基斯坦难民营的故事。读完这篇文章后，孩子们对难民营、难民逃离国家的原因以及难民每天的生活状况有了更加深入的了解，但对加拉娜的生活遭遇还是有数不清的疑惑。为了解开疑惑，老师带领他们继续探索与难民问题相关的其他文本和资料，并重点关注以下基础性问题：

- 人们为什么不得不背井离乡去另一个地方或国家？
- 人们被迫离开家园和家人时有什么样的感受？
- 世界各地的难民有哪些共同的经历和感受？

孩子肯定没法轻而易举地找到这些问题的答案，老师为了启发大家，在朗读时提出了一些看问题的不同视角。同时，老师还为每个文本都设计了用于记录中心思想的要点图，并提示大家哪些内容需要重点记忆。

听老师朗读绘本《对家的渴望》（Ieronimo，2014）时，孩子在便利贴上记下了自己的问题和推断，有的孩子还意识到这个书名有着多重含义。绘本的前几页讲述了小女孩阿莱米图和她的妈妈每日忍受饥饿和干旱，步行数千米取水的经历。这也是妈妈最终把阿莱米图送进孤儿院的原因。对此孩子们感到颇为震惊，不明白为什么阿莱米图必须离开，为什么妈妈不能和她一起到孤儿院去生活。随着故事情节的逐步展开，大家看到阿莱米图被一个美国家庭收养了，顿时对书名有了更深入的理解：阿莱米图从未忘记妈妈，从未忘记原先的家庭，而且在开启新生活时，她明白了妈妈做出的牺牲。

读完《四只脚和两只凉鞋》（Williams，2016）这本书，大家开始针对友谊这个主题各抒己见。起初他们不太明白为什么难民营中的两个女孩要共用一双凉鞋，后来恍然大悟：凉鞋象征着女孩之间的友谊，她们愿意分享自己仅有的物品。孩子意识到，友谊的种子可以突破重重困难生根发芽，甚至可以超越时空，历久弥新。

之后老师又朗读了《我的名字是桑戈尔》（Williams，2009）这本书。老师在朗读这些书的时候，会引导孩子积极讨论，启发孩子提炼文本的中心思想。老师把中心思想记录在要点图中，孩子则把自己的感想写在便利贴上。可以说，孩子写在便利贴上的内容有力地支撑了要点图中的观点。

对3本主题相似的书进行了为期数日的阅读和讨论后，他们以图画和文字的形式记录了提炼的共同主题：回忆，对美好生活的追求（即使这意味着背井离乡），对传统、家庭和友谊的重视。图12.5展示的是一个孩子用文字和图画呈现的3本书的主题。

之后，针对难民问题，他们发现仍有一些疑问悬而未决，所以决定再次讨论一下这个基础性问题——世界各地的难民有哪些共同的经历和感受？

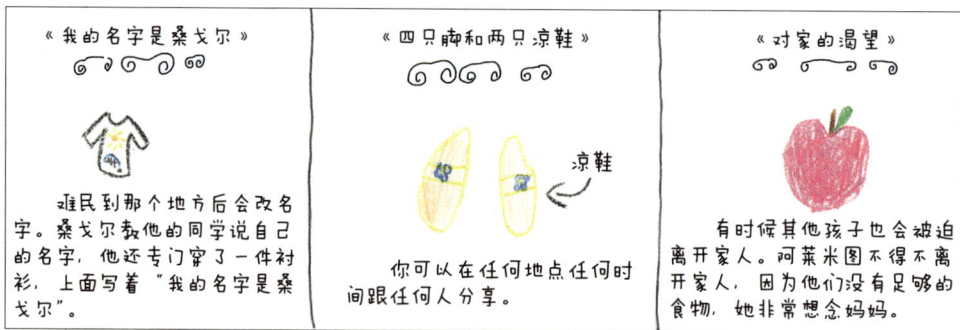

图12.5　孩子用文字和图画呈现的3本书的主题

以录视频的方式来总结

预期目标：以录视频的方式做总结性反馈。

阅读素材：米拉·多拉西亚的一篇名为《印度3D 斑马线使行人更安全》的网络文章，视频录制设备。

反馈方式：总结性信息列表和个人短视频。

适用对象：小学生和初中生。

有些孩子确实能够将所思所想清晰地落实到笔头，将细节井井有条地呈现出来，但有些孩子不能用书面形式展示他们思路的深度和广度。针对这个问题，我们教孩子录制反馈视频，以便对孩子的反馈做出更全面、客观的评价。可以说，科技改变了我们了解孩子的方式。

在这堂课上，老师会教孩子以速记和录视频的方式做总结性反馈，为孩子后续以文字形式做反馈做好铺垫。

五年级老师马库斯·罗德里格斯示范了整合文本要点的方法。他选用的是孩子最爱的新闻网站 DOGOnews 上一篇名为《印度3D 斑马线使行人更安全》（Dolasia，2016）的文章，这篇他精挑细选出的文章非常贴近孩子的生活。

马库斯给聚在地毯上的孩子提出一个问题，作为今天的话题引入："你是否曾试图在车行不止时过马路？"马库斯知道，这个话题肯定会引起孩子的兴趣。果然，很多孩子很快就开始积极踊跃地与同学分享自己的故事了。在他们居住的城市里，汽车不顾行人径直前行的现象屡见不鲜，甚至在人行横道上也是如此。

然后，马库斯解释道："今天我们要对涉及该话题的一篇文章进行总结。但是，这次我们不会只单纯地总结，还要创建一份总结性信息列表，并依据信息列表录制一段短视频与同学分享。

马库斯将这篇文章投在了屏幕上，然后开始大声朗读。他每读一段便稍做停顿，让孩子利用暂停间隙根据他所读的内容讨论这两个问题："你的所思所想是什么？""这部分的关键信息是什么？"

朗读结束后，孩子重读了这篇文章，马库斯要求他们判断他说的哪些信息可以填入总结性信息列表，每听到一个要点就竖起大拇指示意。他把这些要点填入列表，让所有孩子都能看到。

面对这份列表，大家开始讨论总结时应该囊括哪些要点。他们就每个要点的重要性各抒己见，以确保最终的总结简明扼要。对那些总结过简或过繁的孩子来说，这样的讨论都能为他们提供有效的帮助。

总结性信息列表

通过设置斑马线使汽车给行人让行的做法效果并不好。
研究显示，3/4的司机不会停车让行。
只有5％的司机在看到行人过马路时会停车让行。
一对儿童艺术家母女决定借助视错觉原理解决这个问题。
现在的人行横道采用了3D斑马线，取得了很好的效果。

当学生讨论如何依据总结性信息列表筛选制作视频所需的内容时，马库斯在一旁提供指导。他重温了制作视频的步骤，然后结合学生的讨论结果做了示范，同时提醒大家录视频时声音要洪亮，发音要标准。

马库斯快速检查了一遍自己的视频，确保它没有超时，然后将其发布到了班级学习管理系统上。在认真观看了这段示范视频后，大家开始创作自己的作品，并借助总结性信息列表和下列总结语与搭档一起排演：

本文的主旨是……
事情的开头是……然后……最后……
我们需要知道的要点有……以及……
问题是……解决方案是……
就这个问题，我们能做的是……

排演完后，大家分头完成自己的总结视频。如今，强调人人参与的数字化学习模式使得所有的孩子可以同时录制视频，不用像以前那样轮流进入录音棚录制。而且，老师可以随时与孩子交流，随时帮助那些有困难的孩子。

在这堂课接近尾声时，马库斯又带领大家观看了一些与文章主题相关的新闻视频，并对文章中的信息和视频中的信息进行了整合。

试着去理解：为看似无解的问题找到答案

预期目标： 通过解答较难的问题整合信息。

阅读素材： 尼克·德尔·卡尔佐的《永不言败的精神：大屠杀幸存者的肖像和故事》。

反馈方式： 在便利贴上写下问题。

适用对象： 初中生。

非虚构叙事文本可以让读者从"旁观者"变成"剧中人"，这是其他体裁的文本难以做到的。我们读到的那些关于真实人物的匪夷所思的故事印刻在我们的脑海中，无法磨灭。

在所有非虚构叙事文本的主题中，大屠杀应该是最令人动容的，因为它反映了人性中最糟糕、最可怕的一面。很多老师会刻意回避这个话题，当孩子问及这种可怕暴行的起因时，他们也很难给出合理的解释。我们的态度则不同，我们坚信，孩子有权知道历史的真相。大屠杀往往与战争、种族隔离等悲惨的历史事件相关，如果刻意回避这些话题，孩子永远也无法真切地体会到人类精神的力量。

七年级老师卡拉·莫舍非常清楚，对于那些骇人听闻的历史事件，最恰当的做法就是充分了解历史事实。卡拉希望自己的学生以后能够远离残暴，"让悲剧不再重演"。为了实现这个目标，她带着孩子阅读了与这类主题相关的各种体裁的作品，包括小说、诗歌、社论、散文和专题报道等，以扩充他们的背景知识。后来，所有的孩子都参加了当地为纪念安妮·弗兰克组织的写作比赛——这充分体现了孩子对这类主题的重视。孩子要探索的关于这类主题的中心思想，便蕴含在加拉娜那句饱含同情和希望的发自肺腑的"让悲剧不再重演"。

卡拉订阅了《丹佛邮报·教育特刊》，作为订阅者，她偶尔会收到《特别学生增刊》，其中的一份增刊刊登了一篇名为《永不言败的精神：大屠杀幸存者的肖像和故事》（Del Calzo，1997）的文章。这篇文章节选自尼克·德尔·卡尔佐的同名著作，文中附有14幅大屠杀幸存者的励志肖像。为了使这份珍贵的资料不被损坏，卡拉把所有的肖像小心地剪下来，为它们覆上了保护膜，然后交给孩子传阅。

卡拉要求孩子阅读时一边观察这些肖像一边结合文章标题进行思考。她深知，这篇文章会令孩子感到震惊和不可思议，她希望他们阅读后能将文章宣扬的永不言败的精神和顽强的生存意志牢记于心。

她鼓励孩子阅读时在便利贴上记下所思所想，并提示他们运用阅读策略以促进理解。

孩子一边阅读一边记录问题。一个名叫马库斯的孩子在读哈利·格拉泽的故事。格拉泽22岁时被迫离开了祖国罗马尼亚，来到了奥斯维辛集中营，尝尽了背井离乡并再也无法与家人团聚的苦楚，体会了被迫将尸体拖到奥斯维辛和贝尔根－贝尔森集中营万人坑里时内心的恐惧，但最终等到了英国军队1945年解放集中营的胜利时刻。这个故事中附有一张格拉泽的照片，照片中，格拉泽手持一份刊有万人坑图片的报纸。

马库斯的便利贴上写着各式各样的问题，第一个问题是："格拉泽手里的那份报纸上究竟有什么内容？"卡拉看到这个问题后，停下脚步与马库斯交流。在卡拉的指导下，马库斯重新审视了这张可怕的照片，最终找到了答案。他告诉老师，自己原本就以为照片展示的是尸体，但他始终不敢相信。

马库斯写在便利贴上的问题均融入了自己的所思所想（图12.6）。他读到的大部分内容都是震撼心灵的，他之所以有这么多问题，是因为他特别想搞清楚这场历史悲剧的来龙去脉，但有些问题似乎并没有答案，他无法理解。

读过这篇文章的孩子都表示不敢相信这种悲剧曾经发生，他们针对文章提出了不计其数的问题。卡拉很快意识到，正是这些问题激发了讨论的积极性，有效促进了孩子对文意的理解。同时，也正是这些问题促使孩子思考，让他们得以深入剖析自己心底从未展露的情感。

接下来，大家讨论了更多的问题，对大屠杀也有了更深刻的认识。同时他们也更清醒地认识到，有些事情是无法解释的，有些问题永远不会有答案。

通过阅读这些幸存者的个人故事并对故事中的信息进行整合，孩子认识到历史永远不能被遗忘，也真正理解了什么是永不言败的精神——正是这种精神将那些心怀希望和同情的幸存者紧紧维系在一起。为了不使这段刻骨铭心的悲惨历史被岁月淹没，幸存者带着难以言表的伤痛将他们的故事勇敢地说了出来。孩子定会铭记这段历史。

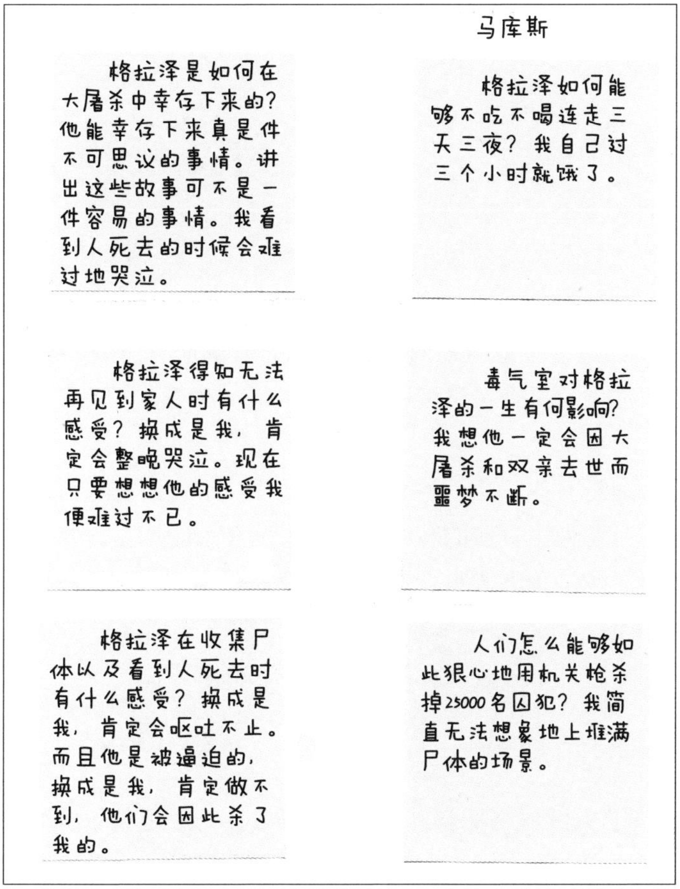

马库斯

格拉泽是如何在大屠杀中幸存下来的？他能幸存下来真是件不可思议的事情。讲出这些故事可不是一件容易的事情。我看到人死去的时候会难过地哭泣。

格拉泽如何能够不吃不喝连走三天三夜？我自己过三个小时就饿了。

格拉泽得知无法再见到家人时有什么感受？换成是我，肯定会整晚哭泣。现在只要想想他的感受我便难过不已。

毒气室对格拉泽的一生有何影响？我想他一定会因大屠杀和双亲去世而噩梦不断。

格拉泽在收集尸体以及看到人死去时有什么感受？换成是我，肯定会呕吐不止。而且他是被逼迫的，换成是我，肯定做不到，他们会因此杀了我的。

人们怎么能够如此狠心地用机关枪杀掉25000名囚犯？我简直无法想象地上堆满尸体的场景。

图12.6　马库斯阅读《永不言败的精神：大屠杀幸存者的肖像和故事》时提出的问题

带着目标开展教学：评估教学效果

总结和整合信息

基于本章的教学内容，我们会重点留意以下几个方面：

1.**孩子能否通过复述总结信息**。我们会关注孩子能否筛选出重要信息，能否用自己的语言简明扼要地做出总结。

2.**孩子在阅读过程中能否对自己知识储备的增加有清醒的认识，能否改变思想**。我们会关注孩子是否在积极地汲取新知识，是否拓展了背景知识及改变了思想。

3.**孩子能否通过写作整合信息**。我们会关注孩子能否筛选出重要信息，能否在充分思考的基础上做出真实的、个性化的书面反馈。

4.**孩子能否运用多种方式整合信息并分享所学内容**。孩子往往通过写作、绘画、演讲、录视频等方式分享信息，我们会关注孩子能否根据真实问题、做出的推断来整合信息并通过各种活动或工具与他人分享作品。

因材施教的若干建议

我们希望孩子积极地将所学知识付诸实践，并运用不同方式整合并分享知识。所有的孩子，包括初学阅读的孩子和有特殊需求的孩子，都应有机会在各种情境中分享所学。孩子热衷于通过五花八门的海报、视频、播客、幻灯片、笔记、模型、悬挂饰物、板报等展示学到的知识和对知识的理解，让孩子自行选择如何组织和呈现，能够有效调动其积极性。

总结和整合信息策略效果评估

孩子在"整合信息：如何通过阅读改变思想"一课中做出的反馈。在这堂课上，老师要求孩子对比阅读文章前后思想的变化

> **阅读文章之前**
> 我热爱阅读，因为阅读可以让我不出家门就走遍整个世界。我很庆幸能够阅读。我无法想象没有书的生活。
>
> **阅读文章之后**
> 阅读能够赋予人力量

◄ 这个孩子在阅读弗兰·唐尼关于禁止奴隶识字的文章《自由读者》之前，对阅读的意义进行了深入思考，但思考后也只是表示：无法想象没有书的生活。读完这篇文章后，她意识到，阅读可以赋予人力量，她以前从未想到这一点。她对阅读有了全新的认识——这便是教育的意义所在。

► 这个孩子以一种独特的方式揭示了阅读对自己的意义。读完这篇文章后，他的思想焕然一新。他认识到，阅读能够赋予人力量并使心灵获得自由。他还认识到，知识的力量是无穷的，而通过阅读人们可以获得知识。这个例子再次诠释了这篇文章是如何帮助孩子巩固并丰富阅读观的。

> **阅读文章之前**
> 阅读时，周围的世界似乎一点点消失了，而书中的世界在你面前缓缓展开。
>
> **阅读文章之后**
> 阅读既能赋予读者力量，又能使读者的心灵获得自由。打开独立之门依靠的是知识，知识的力量胜于一切！

► 从这个孩子的反馈中我们发现，阅读这篇文章前后她的思想并没有发生太大的变化。事实上，她并未对这篇文章进行深入思考，没有很好地完成阅读任务。我们与她一起重读了这篇文章，帮助她理解了阅读是如何改变人的思想的。

> **阅读文章之前**
> 阅读对我来说意义重大。我喜欢阅读，因为阅读时我可以在脑海中勾勒各种图景。
>
> **阅读文章之后**
> 无论阅读小说还是教科书，都能让我受益匪浅。阅读能够让我愉快地消磨时光，我经常会陷入书里的情节中不能自拔。我真的很庆幸自己能够阅读，因为它是一份珍贵的礼物。

"整合文本和配套视频中的信息"一课中孩子借助思维记录单做出的总结性反馈

▼ 一个名叫阿利的孩子在思维记录单中写下了自己的反馈，这些反馈有助于她整合与跑酷相关的信息。在观看视频和阅读相关文本之前，她其实对跑酷已经有了一定的了解，因为我们从"我从视频中学到的新知识"和"我从文本中学到的新知识"两栏中看出，她是在背景知识的基础上添加的新知识。她用快速笔记的方式将信息记录在思维记录单中，积极提问并提炼中心思想。最终，她把这些信息汇总成了简短的总结，展现了她对这个话题的深度理解。

主题：跑酷

我自认为已经知道的： 姓名：阿利 16

跑酷是一项以一系列高难度的身体动作（如弹跳、倒立等）跨越障碍的运动。它与体操相似，但呈现特技动作时要将日常设施作为障碍物。

我从视频中学到的新知识	我从文本中学到的新知识
· 以城市为运动场所 · 在空间中跳跃 · 比较危险 · 在较小的区域中弹跳 · 体育运动 · 需要培训 · 充分利用常见的物体 · 跳到物体上或跨越物体 · 体操动作 · 路线 · 动作协调 · 惊心动魄 · 穿越人群 · 翻筋斗 · 高高跳起、尽力跳远、跳过障碍物或从障碍物上跳下 · 弹跳式越过障碍物 · 有天赋、勇敢的人	· 跑酷：动作电影中的追赶情节 · 特技替身演员 · 跑酷是非竞技性运动 · 通过跑、攀爬、跳跃、翻滚等动作跨过或绕过障碍物 · 他们在城市的街道练习 · 东方的武术（起源） · 20世纪20年代：法国的军事训练 · 20世纪80年代：Yamakasi（第一个跑酷团队） · 需要跨越障碍物 · 纪律、训练、小心行事（颇具风险） · 以前跑酷只是自由地奔跑，现在有了完全不同的概念 · 艺术性、效率 · 跑酷打破了人们对运动的传统认知，有助于人们摆脱身心的束缚

总结

我以前只知道跑酷是一项危险的运动，它包含一系列特技动作，现在才知道跑酷者需要经过艰苦的训练才能掌握运动技能。从某种意义上说，跑酷源于东方的武术和法国的军事训练，它不仅能增强体质，也能改善跑酷者的精神状况。跑酷可以在某种程度上打破人们对运动的传统认知，使人们保持身心健康。

"写一份简短的总结"一课中孩子对新知识的总结

▼ 在这堂课上，为了让孩子学会总结，我们要求孩子用自己的话将学到的东西言简意赅地表达出来，并与他人分享自己最感兴趣的内容。课上，这些二年级学生围绕做出突出贡献的环保主义者展开了讨论，其中一个孩子把自己对约翰·缪尔的了解做了如下总结。

约翰·缪尔

这是关于约翰·缪尔的真实故事

通过学习我知道，约翰·缪尔走过了1600多千米的路程。他从美国威斯康星州一路行至墨西哥湾，在随身携带的笔记本上，写下了沿途的所见所闻。他仔细研究自然——植物、动物，甚至星星和雪花。他给人们写信，呼吁人们停止砍伐树木。他非常喜欢约塞米蒂国家公园。他成立了赛拉俱乐部，呼吁人们保护自然。

第三部分

跨学科理解

第 十 三 章

读写素养：自然科学和社会科学领域的阅读、写作和研究

内容的重要性不言而喻，绝不可小觑！戴维·珀金斯（Perkins，1992）说过："知识绝非束之高阁的装饰，它在人们的生活中发挥着举足轻重的作用，能够帮助人们有效地理解和应对这个世界。"对此，我们颇为赞同。

"孩子对世界充满热情。"多年来，我们一直把这句话挂在嘴边。现在正是带领孩子探索各门学科的好时机。老师有责任为孩子呈现各门学科内容的丰富性和结构的多样化，有义务引入大量妙趣横生的内容与话题，借此锻炼孩子的批判性思维，提高孩子的知识应用能力。

基于对读写素养的重视，我们在新增的

这两章中展示了如何打破学科边界将内容教学和阅读理解教学结合起来。

我们之前曾提及切尔韦蒂（Cervetti，2011）的观点：知识体系的构建是阅读理解教学的新前沿。因此，在任何一个学科领域教授阅读策略都是必不可少的。自本书第2版问世以来，我们就觉得有必要为培养孩子的跨学科思维打下基础。而且，这一点已经为研究成果所证实。在各门学科（如历史、地理等）的教学中，我们都融入了阅读理解教学，并且将话题理解与读写能力指导有机结合起来。

内容领域的专家，如历史老师和科学老师，都应成为教授阅读的老师。没有人比历史老师更擅长教孩子解读历史资料中的复杂细节，也没有人比科学老师更擅长教孩子科学的阅读方法和思考方法。然而，这些老师可能并没有意识到这一点，因为他们研究的是内容，从未想过教孩子阅读和理解。我们之所以设置这一章，就是要为所有老师提供将内容教学和阅读理解教学合二为一的方法。

跨学科的阅读、写作和思考促进了广义的读写能力的提升。P.大卫·皮尔森（Pearson，2006a）指出："自然科学的本质在于研究自然界是如何运转的，而社会科学的研究主题则是人活于世的方式。如果学校在自然科学和社会科学的教学中能充分运用阅读这种工具，势必大幅提升教学质量。当前，阅读指导在各学科中似乎都在扮演'霸主'角色，而通过转型，它可以轻松地扮演'伙伴'角色"。

读写素养的核心要素

为了更好地发挥阅读指导在各学科中的"伙伴"作用，我们致力于培养孩子跨学科阅读、写作和探索的能力——这是21世纪人才必备的能力。我们深信，遵循读写素养的核心要素开展教学可以达成以下目标：营造良好的教学氛围（在这种教学氛围中，老师对自己的教学方法、教学内容和教学对象有更深层次的认识），促进孩子对内容的理解，激发孩子的好奇心，引导孩子以更大的热情持续不断地学习和探索。

读写素养的核心要素

- 灵活运用阅读策略将信息转化为知识并学以致用。

- 对生活保持好奇心。
- 在阅读和探究式学习中致力于发现基础性问题，提炼中心思想。
- 在阅读过程中保持好奇心和怀疑的态度。
- 充分利用文本、媒体甚至手工制品等资源。
- 与老师和同学深入交流。
- 充分体会非虚构文本的趣味性。
- 将自己的所思所想与新学到的知识有机融合。
- 将所思所想表达出来。
- 通过积极的讨论深挖内容。
- 借助视觉元素、视频、手工制品、文字等激发和保持兴趣。
- 与同学合作，深入探究，付诸行动。

为了帮助孩子掌握上述核心要素，老师必须将它们有效融入教学设计。重视读写素养的老师会精心设计教学环境，营造良好的学习氛围，使内容教学更加有趣、更具挑战性。

自然科学和社会科学的教学趋势

自本书第2版问世以来，学校在自然科学和社会科学领域的课时量呈减少趋势，这令我们很是失望。美国教育政策分析中心发布的一份报告显示，《不让一个孩子掉队》（NCLB）法案执行5年来，44%的学区社会科学、自然科学、艺术、音乐等科目的教学用时日趋减少。所有科目中，社会科学教学情况最为糟糕。36%的学校减少了社会科学教学用时（McMurrer，2008），这相当于社会科学课时每年减少了4周。《大西洋月刊》撰稿人珍·卡莱迪斯（Kalaidis，2013）称，只有1/3的美国人能说出3个政府分支机构的名称，只有23%的人知道美国《宪法》第一修正案的内容是支持自由和宗教。因此，我们认为，让孩子花更多的时间学习社会科学很有必要。

一项调查显示，"美国所有年级的学生都认为社会科学是学校课程中最乏味、最无关紧要的科目之一"(Loewen，2007)。我们认为，孩子的这种观点是长期以来的教学模式造成的。学校固有的教学模式就是带孩子劳神费力地啃厚重的教科书，他们接受的是黛安·拉维奇所说的"删掉了有趣的历史事件、生动的人物形象和扣人心弦的争议话题，只讲授教科书中被筛选出的无聊段落"(Ravitch，2010)的历史教学模式。罗伯特·贝恩认为，历史课的要义在于"解读人类历史中形形色色的事件，探究历史谜题，解读生动的历史人物，重温人类最辉煌或最糟糕的历史片段"(Bain，2007)。对此我们深表赞同。

近年来，自然科学的教育水平远胜社会科学。其中一个原因是，美国联邦政府自2007年以来便要求3~5年级、6~9年级和10~12年级的学生至少参加一次自然科学考试。毫无疑问，考试内容势必得到重视。另一个原因是，STEM项目资金的增加带动了人们对自然科学类课程的浓厚兴趣，由美国各州制定并于2013年发布的旨在为大学生涯和职业生涯做好铺垫的《下一代科学教育标准》(NGSS)也引起了广泛的社会关注。然而，直到我们开始写这本书，人们对自然科学的重视都没能为其教学创造出最理想的环境。许多州通过立法对进化论、气候变化等素来被认为无懈可击的科学结论提出了质疑。2017年3月，美国国家环境保护署署长斯科特·普鲁伊特对现有的气候变化理论提出了强烈质疑，并表示人类活动绝非气候变化的主要影响因素，这让全球科学家为之震怒(Mooney et al.，2017)。美国科学促进会会长在一次采访中表示，"如果我们对结论断章取义，如果我们认为自我信念与有理有据的科学事实同等重要，那么（人们的）生活质量势必受到影响……我（从科学家那里）看到一种前所未有的担忧"(Holt，2017)。

正如拉什·霍尔特所言，自我信念与无根无据的观点不应该作为制定政策的依据，也不应该成为设置自然科学类课程的依据。就科学政策和教育而言，真正合理客观的做法是重视证据导向的项目式学习，重视批判性思维和严肃的科学分析。

我们在本书中重点讲解的策略旨在提高孩子学习和理解科学证据所必需的批判性阅读和分析技巧。切尔韦蒂(Cervetti，2011)指出："将科学融入阅读理解教学，对阅读和科学都有利——阅读与一手调查相结合的方式可以深化科学研究，增进对科学概念的理解；科学使阅读变得原汁原味，可以有效促进知识的吸收。"

玛克辛·格林尼(Greene，1982)认为，跨领域、跨学科的读写能力教学将发展为常态：

> 我们应该为孩子营造更为开放的环境，为读写能力教学提供更多的可能性。读写能力教学不应被视为一种简单的行为，而应被视为一种融合了探索过程和持之以恒的信念的积极行动。如果孩子能怀着这种心态，带着理性和发现的眼光去学习各个学科的知识，就能有效消除心理惰性。读写能力赋予人们力量，它是动态发展的，是开端而不是最终目的。

在探究小组中积极学习

基于内容学习打造的教室环境可以有效激发孩子的好奇心和探索欲，这样的教室拥有图书、杂志、电脑、水族箱、地图和要点图等资源。在这样的教室里，孩子可以做的事情很多：可以以素描的方式将玻璃容器中一只正在蜕皮的小龙虾画出来；可以上网用"谷歌地球"查看自家照片，并计算每天步行上学的距离；可以通过"画廊漫步式学习"收集图像资料，积累关于美国内战的背景知识……无论是读写能力的培养，还是自然科学和社会科学类课程的学习，都需要孩子积极地阅读、写作、绘画、讨论、创造、聆听和探究，他们将通过观察、讨论、辩论、提问等方式消化新学到的知识。只有在所有内容领域中积极提升读写能力，才能有效加深理解，提高思维的灵活性。

为激发兴趣、增长知识和增进理解，孩子积极地对问题、争议、发现和事件进行解读——这才是内容学习的正确方法。通过这种深度学习，孩子会对所学内容有更深的领悟，甚至能学以致用。但是，如何在课堂上进行深度学习呢？我们建议采用我们一直热衷的小组讨论形式。以探究小组为例，老师可以带领孩子按照惯例展开小组讨论，具体步骤包括：先由老师给孩子上阅读策略课；之后是孩子的练习时间，练习活动包括读、写、画、交流和观察；最后，老师留出足够的时间供孩子讨论和分享。

为了让孩子充分理解我们教授的内容知识，我们设计了适用于探究小组的四段式探究框架。我们将在第十四章详细介绍这个框架，展示如何借助它进行探究。

营造思考氛围

罗恩·理查德（Ritchhart，2002）建议老师通过激发孩子的好奇心和投入度培养其思考能力，这与我们在读写素养方面想要达成的目标一致。理查德和同事在哈佛大学的"零点计划"中指出，在课堂教学中，老师应着重观察孩子是否重视思考以及思考是否有效，这可以通过以下几个问题进行判断：

- 孩子是否向同学做出解释？
- 孩子是否提供了富有创意的点子？
- 孩子（以及老师）是否运用了思考性语言？
- 孩子是否积极论证了自己的观点？

我们在此基础上增加了一些问题：
- 孩子是否对所学内容表现出了好奇并提出了问题？
- 孩子在阅读时是否运用了整合信息的策略？
- 孩子是否将新学到的知识与已有的知识结合在了一起？
- 孩子是否运用文本中的证据得出了结论且推断出了主题？

在课堂教学中，我们把这些问题装在脑海中，时时自问。

在设计读写素养教学方案时，我们会重点关注理解这一要素。以下参考标准可以指导我们进行教学规划并对孩子的课堂表现进行评估。只有遵循这些标准，我们才能在课堂上营造积极的思考氛围，从而提升孩子的读写素养（Ritchhart，2002）。

参考标准

我们致力于营造这样的教学氛围：
- 侧重于理解，不主张死记硬背；
- 将理论与现实结合起来；
- 重点关注与内容相关的中心思想、基础性问题和关键概念；
- 调动孩子的兴趣和热情；

· 鼓励孩子独立选择、独立思考；

· 给孩子留出足够的思考时间；

· 设定目标，引导孩子深入思考。

我们通过以下方式示范我们的思维模式：

· 诠释何为优质思维；

· 重点关注值得深思的话题和内容；

· 展示我们的好奇心、兴趣和热情；

· 展示我们如何运用提问、推断、整合信息等策略解读所读内容。

我们鼓励孩子采取以下态度和互动方式：

· 在分享、交流思想和学习内容时，强调共同语言的使用；

· 接纳并尊重不同的视角和观点；

· 学习时全身心投入，积极思考；

· 激发思维的火花，积极参与讨论和辩论；

· 拥有探索新事物的热情并做好充分的准备。

孩子的作品应符合以下特征：

· 反映了真情实感；

· 是深思熟虑的成果，充分诠释了思考的重要性；

· 能够将思维可视化；

· 既分享了知识，又有教导他人的作用；

· 阐明了思考和学习的过程。

孩子的阅读材料应符合以下特征：

· 对不同的观点、视角和解读方法兼收并蓄；

· 可以引导孩子发现和解决问题；

· 可以引发讨论，引起对重大问题的重视；

· 集中阐释了与读写素养相关的主题、难题和基础性问题。

如需了解更多关于设计课堂教学环境、提高学生投入度、营造积极思考氛围的问题，请参阅罗恩·理查德的《营造思考氛围》（Ritchhart，2015）。

通过阅读学习社会科学和自然科学知识

我们教导孩子在阅读时勤于思考并积极运用所学知识。为了将阅读理解教学和内容教学有机融合，我们要求孩子阅读现实题材的作品和聚焦于内容的作品。

对现实题材作品的阅读往往发生在课堂之外，因为这类作品常见于报纸、杂志、网站、非虚构图书和历史小说中。但聚焦于内容的阅读往往发生在课堂之内，与我们的课程直接相关。我们坚信，应该把现实题材的作品带进课堂，使其与社会科学和自然科学的教学有机结合，这样才能将阅读练习应用于形形色色的阅读材料。

我们通过各种途径搜集现实题材的阅读材料。只要勤于向学校的图书馆员请教，就可以和他们一起找到形形色色的阅读材料：实观教具、绘本、非虚构图书、杂志文章、文件、地图、视频……而且，我们可以轻松上网，在极短的时间内找到大量现实题材的文章。

我们提倡阅读体裁、阅读难度、阅读载体、文化等的多样化，让所有的孩子（而不仅仅是有一定阅读基础的孩子）都参与进来。我们还尽量多地为孩子提供实践机会，让孩子进行实地考察。最重要的是，所有的孩子都应该拥有源源不断的机会基于自己所读内容和经历表达所思所想并提出问题。

在本书第二部分，我们详细讲解了阅读策略的运用方法。例如，在第十一章，我们详细讲解了一系列做笔记的方法，它们对解读任何学科的说明性文本都颇为有效；在第十二章，我们讲解了如何通过整合重要概念和主题来提炼中心思想，而非搜集零散的事实。接下来，我们将再次运用这些方法教授自然科学和社会科学知识。通过我们的示范，孩子将学会如何通过互动式朗读来探究绘本中涉及的民权运动时代、危险的雪崩及稀奇古怪的动物等主题。

我们提供了以下实践方法，旨在帮助大家在自己擅长的内容领域轻松学习。

社会科学领域的读写实践

我们认为，读写实践是将阅读理解教学与社会科学教学有效结合的最佳方式。在进行教学规划时，我们要求孩子从以下几个方面进行读写实践：

- 针对历史事件、人物、发生地点提出自己的问题并努力寻找答案；
- 阅读并解释各类资源——一手和二手资料、图像、历史小说等；
- 理解不同的观点，探究不同的解读方式；
- 通过阅读、写作、讨论和艺术表达等方式积极获取并分享知识；
- 将思考与信息有机融合，洞察学科中的"思维方式"；
- 通过发言、写作等方式积极表达自己的观点，表明立场，付诸行动。

下面以历史类文本为例，阐述一些有助于促进读写实践的教学技巧。

通过互动式朗读解读绘本

我们通过互动式朗读（详见第六章）解读历史绘本，帮助孩子了解历史人物和历史事件。互动式朗读能够使全班同学拥有共同的体验，为他们学习久远的历史提供一个富有想象力的切入点。孩子在聆听历史故事的过程中可以学习提炼主题和中心思想，或提出发人深省的问题。对于年幼的孩子，我们会借助道具和手工制品把历史事件和人物具象化。孩子会以各种各样的方式做出反馈，包括讨论、写作和绘画，而他们最热衷的是扮演历史人物将历史事件表演出来。反馈深化了孩子对绘本的理解。

研究手工制品，分析一手资料

为了像历史学家那样阅读和思考，孩子需要对照片、插图、日志、日记等资料做出反馈，仔细研究并解读相关手工制品和历史类实观教具（图13.1）。另外，为了理解各种历史资料，孩子还需要结合背景知识和文本线索，对历史人物和年代进行推测。在老师的引导下，他们纷纷化身历史学家，寻踪觅迹，从文本中提取线索，从自己的视角进行解读，并以此为依据得出结论或提出更深刻的见解。

加入读书会，讨论文本

阅读历史绘本是孩子拓展背景知识的最佳方式，因为这些书侧重于真实信息的传递，能够有效激发孩子的兴趣。历史故事的沧桑感有助于孩子培养历史情怀，历史故事的戏剧性也能为孩子带来不一样的激情。

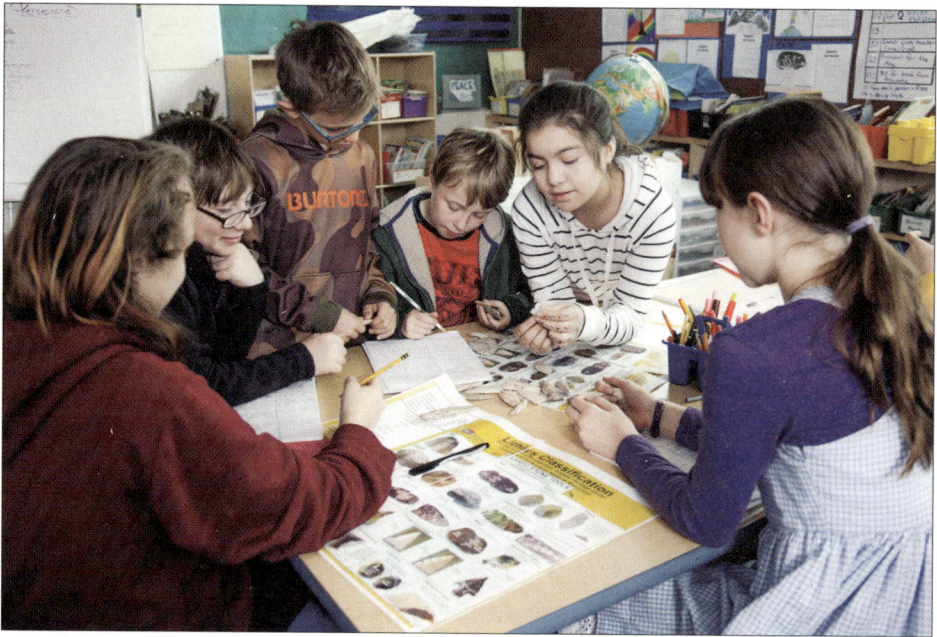

图13.1　孩子正在仔细研究印第安人的手工制品

传记等高质量的非虚构图书能够有效促进读书会中讨论的开展。通过阅读这类图书，孩子可以学到教科书中没有的东西，如历史面临的困境、遇到的重大问题和人物的思想等。

在读书会上，孩子先分组阅读主题相同、视角不同的绘本并展开讨论。大家借助各式各样的思维记录单来提问，思考后再对从书中提取的历史信息给予解读。小组阅读和讨论结束后，全班同学共同讨论重要的主题和那些悬而未决的问题。之后，他们继续相关主题的研究，继续讨论那些读书会上没能解决的问题。

利用概念图、海报等视觉工具展示历史事件、人物和思想

在历史课堂中，让孩子了解大量信息（时间、事件、人物等）很有必要。我们深谙这些细节的重要性，所以要求孩子独立收集相关信息，但收集信息之前，我们会给予指导，教他们如何有效组织并分享所掌握的重点内容。

在我们的指导下，孩子会以一种方便自己理解的方式整理概念和信息，并用视觉工具呈现出来。例如，概念图可以展示琐碎的历史细节是如何支撑宏大思想

的，也可以阐明历史事件的前因后果。再如，名人传记海报可以多方面展示人物的生活经历和成就（图13.2）。在分享重要信息时，孩子可以借助图表和其他形式将艺术表达和文字表达合二为一。

图13.2 孩子制作的介绍艾米莉·迪金森生平的海报

适时停顿、积极思考，对视频和不同媒体资源做出反馈

对历史事件的重温，以及对历史问题和历史困境的再现，能够有效调动孩子的积极性。对孩子来说，不同文化背景、主题广泛的视频的代入感远比教科书的代入感强。为了避免孩子只看不想，我们会不时暂停播放视频，让大家利用暂停的间隙积极思考，对视频中的内容做出反馈。

我们为孩子提供了各式各样的思维记录单引导他们思考。孩子可以分享他们对视频的反馈，然后在思维记录单里记录所思所想。通过讨论和记录，孩子掌握了更多的知识。

制作地图：将所思所想与新信息有机融合

孩子可以通过制作某个地区、国家或大洲的地图，形象具体地与他人分享新学到的知识。他们会把收集的信息用文字简明扼要地进行阐释，然后用绘画的方式呈现对人物、自然资源和文化传统的了解。他们善于发挥想象力，会在地图中画出繁茂的森林、高耸的山峰或喷出岩浆的火山。他们在制作地图时不仅会使用特写、图注、标签和示意图等进行说明，还会创建图例，以便读者自助学习。

地图这种大尺寸的视觉工具在潜移默化中激发了孩子的思考热情，提高了孩子的学习能力（图13.3和图13.4）。

图13.3 用于研究日本的地图中的图例

图13.4 用于研究日本的地图

创建包含历史事件、人物和地点的时间轴，深入解读历史

为孩子营造理解历史事件的氛围绝非易事。我们推荐创建时间轴，让孩子以一种更为直观的方式重温历史。

针对学习的特定历史时期，我们致力于探究与文化相关的图像和文本，继而创建内容丰富的时间轴。这样，当我们开始学习另一段历史时，可以以这个时间轴为参考，它也可以直观地反映我们学习的不断进步和思想的演变。

孩子对特定事件和人物掌握的信息量越大，他们完善时间轴的方式就越丰富，将自己的新发现与同学分享的意愿也就越强烈。当然，因为孩子在解读历史人物和事件时，更热衷于那些趣味十足、不同寻常或稀奇古怪的细节，所以我们在引导他们把有趣的内容融入时间轴时，也会提醒他们不要忽略重要内容。

列夫斯蒂克和巴顿（Levstik et al., 2001）指出，孩子通过"将历史事件可视化"，能有效提高学习质量。我们赞同这一观点，所以我们教孩子在阅读过程中提取主旨，通过绘画或素描的方式总结及阐释信息。

通过写日记、仿写历史小说等方式来理解历史

日记和日记体历史小说生动描绘了不同时期的历史事件和人物的生活。在学习某个特定的历史时期时，我们会告诉孩子该时期的人拥有的不同视角，这些视角对解读历史举足轻重。

我们会引导孩子加入文学讨论小组，深入探究特定历史时期人们写下的日记和其他资料中的相关描述。在阅读和收集有关历史事件和个人观点的信息后，孩子就可以以某个虚构或真实的历史人物的口吻写一篇日记。在写日记的过程中，孩子会融入大量相关信息和个人反馈。图13.5展示的是一个孩子以"五月花"号上一位年轻女士的口吻写的一篇日记。

等孩子理解了处在特定历史时期的人物的视角后，我们就会进一步要求他们通过戏剧化的方式重现移民抵达埃利斯岛之类的历史事件。

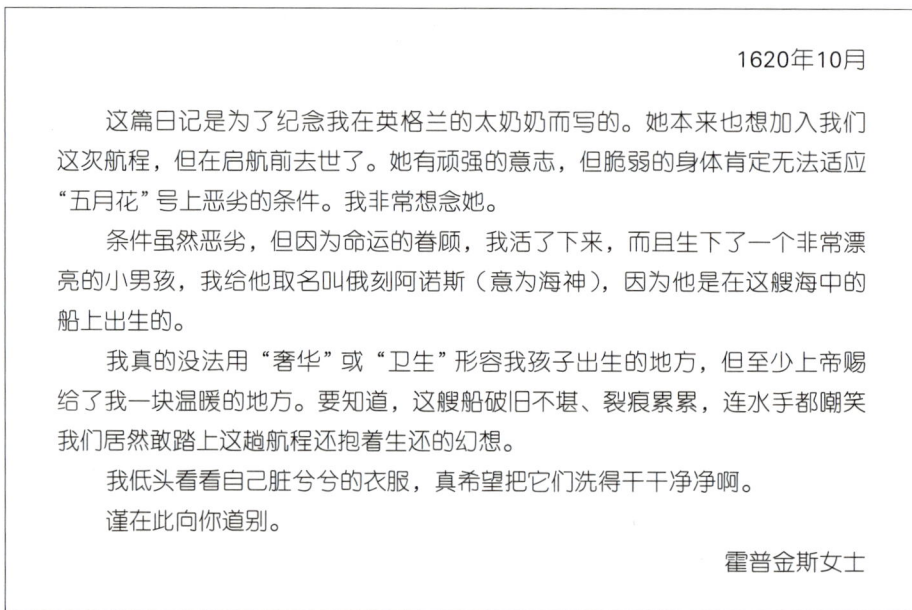

1620年10月

　　这篇日记是为了纪念我在英格兰的太奶奶而写的。她本来也想加入我们这次航程，但在启航前去世了。她有顽强的意志，但脆弱的身体肯定无法适应"五月花"号上恶劣的条件。我非常想念她。

　　条件虽然恶劣，但因为命运的眷顾，我活了下来，而且生下了一个非常漂亮的小男孩，我给他取名叫俄刻阿诺斯（意为海神），因为他是在这艘海中的船上出生的。

　　我真的没法用"奢华"或"卫生"形容我孩子出生的地方，但至少上帝赐给了我一块温暖的地方。要知道，这艘船破旧不堪、裂痕累累，连水手都嘲笑我们居然敢踏上这趟航程还抱着生还的幻想。

　　我低头看看自己脏兮兮的衣服，真希望把它们洗得干干净净啊。

　　谨在此向你道别。

霍普金斯女士

图13.5 一个孩子以"五月花"号上一位年轻女士的口吻写的日记

探究时事和重要话题

作为新闻爱好者，我们酷爱读报，也热衷于通过杂志和互联网了解时事，思考与生活息息相关的重要话题。而且，我们会经常自然而然地和孩子分享这一

切。我们觉得，这是在为国家培养具有怀疑精神和客观明智看待问题的人才尽自己的一份力量！

我们为孩子朗读各类新闻和社论，并借机给他们示范如何辨别作者的观点与我们自己的观点、如何分清论点和论据，指导孩子将所思所想与获得的信息有机融合，形成自己的观点并清晰明确地表达出来。通过学习，孩子领略了那些扣人心弦的文字的魅力，了解了作者用信息说服读者的方式，学会了用批判的眼光深入阅读，深刻领悟了语言和文字对思维的影响。

自然科学领域的读写实践

大千世界丰富多彩，美妙绝伦。相比其他领域，阅读自然科学领域的文本时更需要精益求精、勤于思考的态度。教授自然科学领域的知识时，我们要求孩子从以下几个方面进行读写实践：

- 在观察中学习，记录并反思学习经验；
- 从各类文本、视觉元素和实观教具中提取精准信息；
- 充分借助词汇表、概念和信息理解文意，并通过绘画、写作等方式表达出来；
- 研究那些需要探索精神才能解决的问题以增进学习能力；
- 通过探究自然现象对社会（如环境、医疗、健康问题等）的影响形成有见地的观点。

撰写科学日志和观察笔记，制作好奇之书

细致的观察和描述性写作可以有效培养孩子的科学习惯和科学思维（详见第十二章的阅读策略课"编写野外观察指南"）。孩子通过写科学日志和观察笔记，以及自制好奇之书和说明性教学手册（详见第十一章的阅读策略课"确定重要信息，自制说明性教学手册"）等记录所学内容并与他人分享。保持不懈的探索精神，这是我们最希望孩子在自然科学领域做到的事情。

我们认为，自然科学写作不仅仅是"对事实的堆砌"，它的目的在于激发孩子的好奇心和探索的热情。

视觉元素的分析和解读：基于图形、视频等形式的教学

"一图胜千言"，相比其他内容领域，自然科学领域信息的传递更加依赖于

引人入胜的视频和图像。在这个数字化时代，视频、信息图、示意图、地图、流程图、侧边栏、照片……视觉思维工具数不胜数。孩子利用视觉思维工具解读科学文本时，必须拥有细致观察的能力。

借助网络摄像头进行跟踪观察，对科学家进行远程视频采访，使用应用程序参观虚拟博物馆和开展野外考察，这些都让孩子特别兴奋。通过以上种种科学体验，孩子会真正爱上科学。当孩子利用视觉思维工具学习可视化和交互式信息时，我们也会提出富有针对性的问题，借此引导他们对所见所闻进行深入思考。当然，孩子也会提出很多自己的问题，并通过制作短视频、电子书、信息图等方式将自己的所学展示出来（图13.6和图13.7）。

借助图解词典和词汇墙学习词汇和概念

在给孩子引入新的词汇和背景知识时，你需要确保孩子已经掌握了那些理解主题必需的词汇和概念。孩子喜欢将词汇和概念画下来，附上简短的说明，然后将其张贴在为某一特定主题设立的词汇墙上。当孩子用自己的方式将词汇和概念呈现出来时，理解和记忆就会更加深刻。

将思考与科学信息有机结合的记笔记技巧

从信息庞杂的自然科学文本中筛选细节、辨明关系、提炼中心思想绝非易事。诸如"事实／问题／反馈"或"话题／细节／反馈"等形式的思维记录单可以有效帮助孩子在学习过程中提取、整合信息，但自然科学文本中的信息和思想通常以"因—果"或"问题—方案"的形式呈现。因此，我们要先给孩子讲解这些不同的文本结构，并根据文本结构设计思维记录单，提高他们做注释和记笔记的能力，从而加深对信息的理解和记忆。依据自然科学类教科书中的信息组织方式记笔记尤为有效，因为教科书是高密度信息的绝佳载体。

创意海报、板报和类似博物馆展品的陈列品

孩子热衷于在大尺寸的纸上展示所学内容（图13.8）。年龄较小的孩子喜欢围绕所学主题创作板报——他们通常会合作将自己学到的东西和所思所想以绘画的方式表达出来，写上说明文字，与他人分享。年龄较大的孩子则喜欢将所学内容记在便利贴上。通过这种方式，每个孩子都具备了学生和老师的双重身份。

对于那些喜欢通过制作海报分享所学内容的孩子，不妨尝试一下设计大型手

图13.6 关于蝴蝶生命周期的科学海报

图13.7 太阳能信息图

图13.8 孩子整合与鬣蜥相关的信息后做的海报

工制品和类似博物馆展品的陈列品。

　　一些五年级学生在学习"危险天气"这一主题时，在教室外设计了"风暴之墙"（图13.9）。他们研究了不同风暴的形成机制，并且贴了很多注释性标签，如飓风的风眼、诱发龙卷风的巨大积雨云等。在此基础上，他们还为每种恶劣的天气设计了三维模型。

　　几个小学生在研究动物适应能力时，用乐高玩具搭建了蝙蝠洞穴和保护区。他们给这些作品贴上标签并加以描述，表明他们真的理解了自己所研究的科学现象。另外，他们还仿照自然博物馆的展品制作了陈列品在教室中展览。

运用思维导图总结和整合学习内容

　　孩子可以借助各式各样的思维导图将所学内容以趣味十足的形式呈现出来。绘制思维导图时，孩子需要将所学内容进行整合，并积极思考以什么形式来呈

图13.9 孩子在教室外设计的"风暴之墙"

现。思维导图本身就是一种独立的体裁（Buzan et al.，2005）。

　　制作思维导图的第一步是将主题写在一大张白纸的中心位置。然后，画出从中心向不同方向辐射的分支，不同的分支以图画和文字的形式呈现了该主题的不同方面。最终，孩子还需要通过合作，将学到的东西和所思所想落实在思维导图中。

阅读介绍科学家的文本，学习他们思考和研究的方式

将科学素养和读写能力的培养有机融合的最佳方式莫过于阅读科学家的故事。通过阅读，孩子可以了解科学家是如何就感兴趣的话题展开思考和研究的。海西和库坎（Heisey et al.，2010）推荐了一系列讲述科学家如何工作的书，其中涉及的科学家有：观察和记录鸟类行为的约翰·詹姆斯·奥杜邦；揭开雪花之谜的威尔逊·班特利（Bentley et al.，1962）；一生致力于黑猩猩研究，并加深了人们对灵长类动物行为了解的珍妮·古道尔。

如果你希望孩子具备科学家的思维模式和行动力，那么你首先需要让他们了解科学家的事迹并阐明科学家是如何研究科学问题的。这方面的书很多，讲述了诸如古生物学家挖掘翼龙、昆虫学家研究蜜蜂、微生物学家分享隐秘世界、海洋生物学家与鲨鱼共舞的故事，它们的重点往往都是科学探险之旅和科学家的实地考察。通过阅读，孩子能够了解科学家的日常活动，学习科学家如何钻研重要问题以及如何将科学发现公之于众。当然，最能打动和改变孩子的，是科学家带着强烈的使命感孜孜不倦探索的故事（图13.10）。

图13.10　孩子解读珍妮·古道尔对黑猩猩行为的研究成果

探索科学问题

当孩子阅读非虚构文本，尤其是自然科学文本时，我们会为他们介绍一种以问题为导向的三栏式思维框架，三栏的标题分别为"定义性问题""结果性问题""行动性问题"，以锻炼他们的批判性思维。我们要求孩子先提出定义性问题，如"这是什么？"或"发生了什么？"。等孩子可以成功地根据文本中的信息回答定义性问题时，再给他们讲解如何回答结果性问题和行动性问题。

很多老师经常向我们请教：如何激发孩子深度钻研科学问题的积极性？我们的回答是：使用我们上面介绍的思维框架来训练。

结果性问题既探究了事物可能的起因，也凸显了思考的重要性，它们的答案可以在文中找到，但必须经过深度分析和推断才能充分理解。当孩子凭借自己的能力解决了结果性问题后，往往更乐于进行额外的探索，将所学知识付诸实践，也就解决了行动性问题。更令人欣喜的是，这个思维框架对社会科学文本同样适用。

以问题为导向的三栏式思维框架		
定义性问题	**结果性问题**	**行动性问题**
遇到了什么问题？	有什么样的结果？	解决这个问题的方法有哪些？
问题的难点是什么？	产生了什么影响？	解决这个问题需要采取哪些措施？
发生了什么？	重要性体现在哪里？	对此我能做些什么？
这是什么？	区别体现在哪里？	我能提供什么帮助？
这是怎么回事？	哪些方面值得我关注？	我该如何参与？

读写能力为孩子学习各门学科中的信息、思想和思维模式提供了工具。当孩子满怀热情地探索这个世界时，他们会结合自己的思考观察大自然，积极地提出经过深思熟虑的重要问题，对信息和证据做出权衡，通过阅读、写作和讨论等方式探究问题。

在下一章中，我们将阐释老师如何使用四段式探究框架将这些与内容学习相关的实践方法运用于社会科学和自然科学，从而拓展孩子关于这些学科的背景知识，并结合阅读策略开展调查和研究。

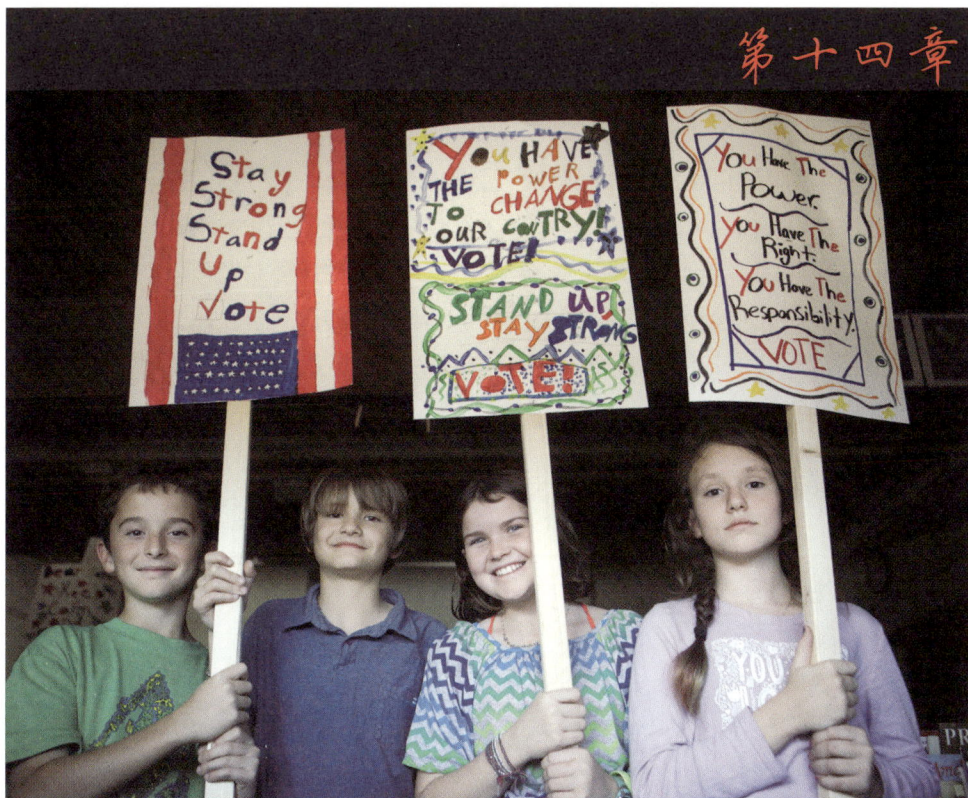

第十四章

探究小组：跨学科探究

探究的目的在于激发孩子的探索欲，让孩子既渴望探索发自内心的问题，也愿意解决源自课程内容的问题，二者缺一不可。

探究性学习并不一定只设置在一个研究项目的最后环节，因为它注重过程而非结果。探究其实是一种以问题为核心的生活方式。在探究教学中，好奇心至关重要。

我们在此区别了针对内容学习的探究式方法和更为普遍的覆盖式方法（Harvey et al., 2015）。这两种方法的一个显著区别在于，前者以孩子为中心，后者以老师为主体。所以说，在探究性学习中，我们虽然重视全局性的源自课程内容的问题，但也绝不会忽视孩子发自内心的问题。

探究框架

本章的学习遵循四段式探究框架：沉浸式学习、调查研究、整合汇总、与他人分享（Harvey et al.，2015）。理解是这个四段式探究框架的基础，它深深植根于探究的每个阶段。我们在图14.1中展示了这个探究框架，并强调了师生在教学中为了阅读、研究和解读内容用到的策略。有时候探究内容源于课程标准，与孩子的年龄段相符；有时候则纯粹基于孩子的兴趣和好奇心；而绝大多数情况下，探究内容融合了课程标准和孩子的好奇心。

基础性问题和持久性理解

我们的探究方法与威金斯和麦克泰（Wiggins et al.，2005）的"基础性问题"和"持久性理解"理念息息相关。这两种理念的基础是各类学科中的概念、思想和问题。我们基于探究框架，将上述内容做了调整，并新增了一个重要元素。在本书中，探究框架的每个阶段都以理解为核心，老师的教学和孩子的学习始终围绕理解进行。我们坚信，阅读策略为整个课程打造了一条持久学习的路径。

基础性问题可能是自然科学家和社会科学家提出的问题，也可能是源自课程内容的问题。威金斯和麦克泰对这类问题的特征描述如下。

- 能够激励孩子对核心内容的中心思想进行实质性的探究；
- 能够引发孩子深刻的思考、生动的讨论和新的理解视角；
- 能够促使孩子关联先前的学习内容和个人经历；
- 能够让孩子轻松回忆起来，并将其应用到其他情境和主题中。

此外，还有一个隐含的概念——持久性理解，指在对主题的深入研究和探索的基础上的理解。这种理解包括但不限于那些让孩子乐在其中、容易记住的有趣的细节和事实。仅仅记住事实远远不够，还需要掌握知识。而只有持久性理解才能使知识铭于心！即使遗忘了孤立的事实，只要具备持久的理解力，就能打破课堂的局限，使知识历久弥新。

通过对基础性问题进行积极思考及整合信息，孩子对某一主题有了持久性理

阶段	老师	学生
沉浸式学习		
激发好奇心	在教室中提供大量与话题相关的资源。	对话题进行探索、体验和学习。
激活背景知识，激发兴趣	设计基础性问题，将话题与学生的兴趣、经历及课程内容结合起来。	将新知与已知联系起来。
	鼓励学生提问并做出反馈。	对话题进行思考和解读。
调查研究		
提出问题	给学生示范如何提问。	将疑问和获得的新信息记在笔记本上。
寻找信息	给学生示范如何标记和整理信息。	标记并追踪新信息。
寻求答案	给学生示范如何带着问题阅读、倾听和观察。	通过阅读、讨论、聆听及观察各类文本和网络资源来学习新信息。
整合汇总		
深入探究	给学生示范如何在阅读过程中提取主旨、整合信息。	进行更深层次的阅读和研究。
整合信息	引导学生就研究过程展开讨论，汇总成果。	对成果进行反思和检测。
构建知识体系	展示评价和整理信息的多种方式。	整理信息并判断信息来源的准确性。
与他人分享		
分享所学	与学生一同确定项目最终的可期待成果。	与老师一同确定项目最终的可期待成果。
展示对所学内容的理解	确定与人分享的多种方式。	以多种方式展示学习和理解的内容。
	对项目做出评价。	对新学到的知识和研究过程进行反思。
付诸行动	与学生分享付诸行动的各种方式。	借助写、说、画、做手工等方式付诸行动。确定一种立场或动机。

图14.1 四段式探究框架（改编自《理解与合作》）

解，从而提取出用于构建知识体系的重要概念和思想。这些重要概念和思想也可用于理解其他主题。例如，如果孩子研究的是动物的栖息地和适应性，我们提出的基础性问题就是："动物如何适应栖息地的生活？"这个关于栖息地和物种的基础性问题同样适用于其他主题。例如，当孩子研究雨林时，我们会将上述基础性问题转换为更为具体的表述："巨嘴鸟是如何适应雨林生活的？"或者，当孩子研究沙漠时，我们会问："响尾蛇是如何适应沙漠生活的？"这种探究方法增加了孩子的内容知识和概念知识。在课堂教学中，老师有责任将孩子的具体问题和学习内容与基础性问题和持久性理解结合起来。

课堂探究

本章我们将介绍两个课堂探究案例，它们均以理解为基础，以第十三章所述的探究小组形式进行，并且用到了本章介绍的探究框架。

詹妮弗·伯顿、艾米·瑞姆科和琳赛·赫斯特为幼儿园孩子设计了旨在了解不同职业的从业者的迷你探究项目。二年级老师布拉德·布罗设计了古生物学项目，旨在探究科学家研究恐龙和化石的方法。

了解不同职业的从业者：适用于低龄儿童的迷你探究项目

探究项目可以是简短而有趣的。迷你探究项目可以让孩子初步了解研究过程。在这个融合了思考、学习和分享的过程中，孩子不仅可以学到新知识，也可以意识到提出内心疑问的重要性。因此，老师应尽早教会孩子如何钻研和探究。

学年初，教学指导员詹妮弗·伯顿和幼儿园老师艾米·瑞姆科、琳赛·赫斯特合作为孩子设计了一个迷你探究项目——了解不同职业的从业者。她们很清楚，这些刚入园的孩子需要进行大量的观察和聆听，以便掌握新信息。为了帮助孩子掌握探究方法，她们一致决定给孩子示范自己对特定职业从业者的探究。通过这种方式，孩子可以清晰地了解整个探究过程。

沉浸式学习

她们首先为孩子提供了大量非虚构文本，这些文本富含各式各样的非虚构文本特征，包括彩色照片、标签和图注等，孩子可以选取不同的切入点收集信息。另外，孩子还可以借助短视频更直观地了解不同职业的从业者。

种类繁多的选择带来了极大的便利。孩子先大声朗读了博比·卡尔曼的《我们社区中不同职业的从业者》（Kalman，2011）等关于不同职业从业者的书籍，然后选择了一种自己感兴趣的职业进行深入探究。他们观看了有关社区工作的短视频。有些孩子与作为消防员、牙医或建筑工人的亲戚进行了交谈。

接下来，孩子通过课堂对话、研读内容资源和互动式朗读等获得了新知识，大家把这些新知识与已有的知识汇总起来分享给他人，以展开深入研究。

调查研究

为了帮助孩子进行深入研究，她们给孩子示范了自己的探究过程。她们以厨师和烹饪话题作为探究的切入点，首先提出了与厨师有关的3个基础性问题，分别是关于穿着、所用工具和工作内容的，以便孩子在探究时参考：

1. 他们穿什么衣服？
2. 他们使用什么工具？
3. 他们的工作内容是什么？

她们大声朗读了自己通过观察写下的关于厨师的描述：厨师穿着普通的白色褂子，但裤子比较时髦。这个描述让大家感到好奇："所有厨师都穿时髦的裤子吗？"她们把这个问题和自己的观察记在一张以厨师为主题的思维记录单上，并画了一位穿着时髦裤子的厨师，然后把裤子圈了起来，还在旁边打了一个大大的问号。要知道，这里毕竟是幼儿园，课堂就应该这么有趣！

在老师的指导下，孩子开启了自己的探索之旅。有些孩子发现，厨师使用的一些勺子看起来不太像勺子，他们不禁好奇起来："那是一个勺子吗？"老师帮他们把这句话记在思维记录单上，然后让他们带着问题继续阅读书的后半部分，并在阅读过程中有意识地观察厨师使用的不同工具。正是这个问题吸引着孩子，让他们不仅继续读完了这本书，还读了更多相关书籍，并最终发现原来厨师使用的工具多种多样。老师希望孩子通过这个过程认识到：一本书不可能给出所有问题的答案，从其他资源里寻找答案是非常有必要的。

接下来，孩子组成探究小组开始了他们的研究。大家备好记号笔和大量书籍，围着思维记录单摩拳擦掌。他们仔细观察书里的图片，阅读书里的文字（如果他们具备阅读能力），通过画、写和讨论的方式深入钻研，班级里的探究氛围十分高涨。

詹妮弗和老师们也加入了这些探究小组，与孩子交谈，并用基础性问题引导孩子思考。詹妮弗加入的是一个研究消防员的小组。她注意到，一个孩子在一片红色区域涂上了蓝色，于是她让孩子解释一下。这个孩子说："这是消防员在往火上浇水。这是消防员的工作，书上这个地方是这么说的，所以我涂上了蓝色！"

整合汇总并与他人分享

孩子继续收集、讨论信息，并结合所学通过绘画的方式回答问题。在这个过程中，老师注意到孩子使用了推断的策略，推断的基础是图片和文字中的线索。

在探究过程中，孩子学到了很多新知识，并且能够筛选出关于各种职业从业者的重要信息。看到这些幼儿园的孩子刚入园便有如此成就，这提醒我们：老师应该信任孩子，给孩子更多的时间和空间去完成更重要的探究任务。

向科学家取经：学习古生物学，研究恐龙和化石

二年级老师布拉德·布罗的课堂有4种小组形式：阅读小组、写作小组、探究小组和数学小组。他不是将阅读、写作、数学、自然科学和社会科学这5门课程放在同一天内上，而是将自然科学和社会科学的学习糅合在一个探究小组，或者先花几周时间带领孩子学习自然科学内容，再花几周时间学习社会科学内容。因为孩子每天都会阅读、写作，数学学习有时候也融入探究小组中。

在这个探究案例中，布拉德老师将自然科学和读写实践有机结合，以探究小组的形式上课。在探究小组的框架下，阅读理解方法是整个课堂教学的基础，它为孩子开启自己的研究做好了铺垫。孩子可以运用观察和整合信息的方法独立探究，但前提是他们已经将这些方法内化于心。

布拉德在史前生命单元的学习中开启了课堂探究。孩子研究了教室内外的手工制品、视觉元素、在线资源和形形色色的文本，借此充分了解了古生物学家的工作内容。接下来，他们去博物馆参观，通过观察展品来学习，还从一位走进教室的古生物学家那里直接取经，通过他创建的"教室里的研究中心"遨游在知

识的海洋中。

布拉德尽可能让本单元的学习原汁原味，以便孩子对真正的科学家开展的研究有切身的体会。他的介绍让我们深入了解了他设计古生物学项目的初衷以及具体的教学方法，这为我们描述本单元教学情况以及孩子对该主题的学习情况提供了很好的参考。

为了引入本单元的内容，在充分考虑地区科学标准并侧重于提升持久性理解的前提下，布拉德首先提出了几个基础性问题。这些问题不仅可以作为研究的开端，同时也为研究搭建了一个明确的框架。随着本单元内容的深入，孩子可以基于该框架提出自己的问题。

以下是用于引入本单元内容的一些持久性理解内容和基础性问题（Wiggins et al.，2005）：

持久性理解

• 科学家做出了卓越的贡献：他们发现新知识并与我们分享，为我们深入了解自然和世界奠定了基础。
• 了解了地球的历史以及史前生命的演化，我们就能对我们生活的星球有更全面的认识。

基础性问题

• 我们可以根据化石和史前的发现学到关于地球历史的哪些知识？
• 科学家通过什么方式研究地球的历史？他们是如何研究远古时期的生命的？
• 古生物学家是做什么的？他们用什么方法研究史前生命？玛丽·安宁等人对古生物学做出了什么贡献？

　　布拉德：通过探究科学家的学习方式，体会他们的科学激情，孩子能够学会解决问题、探索自然的正确方式。而且，科学家坚持不懈的探索精神也会让孩子深受启发。真正的科学家和他们的故事让我们受益匪浅。我们以科学家为榜样，学习他们如何执着于问题并最终找到答案。

我们了解了让科学家孜孜不倦探求新知的动力是什么，也明白了好奇心是如何塑造他们的人生的。最终，我们理解了他们的科学发现是如何改造他们的世界观的。

布拉德班里的孩子到当地一所大学里的博物馆进行实地考察。在那里，一位古生物学家为他们提供了标本和模型供他们学习。真正的实验至关重要。自本书第2版问世以来，我们注意到，实地考察频率正在日益降低。无论是因为经费不足还是考试优先，这种现象的出现都很令人惋惜。布拉德和校长都明白，让孩子走出教室，将所学知识应用于现实世界的直接学习远比间接的学习更有效。因此，我们强烈建议老师发挥所能将实地考察放在教学的首位，这会让孩子受益匪浅。

下文将阐述如何运用探究框架学习本单元的内容。在每一个探究阶段，布拉德都教给孩子一些探究方法，如激活背景知识、观察、提问、记笔记等。

沉浸式学习

古生物这个话题很快便激起了孩子的兴趣——上课伊始，他们便热烈地讨论起恐龙时代来。他们纷纷讲述了自己参观博物馆的经历，分享了与家人交谈的内容以及自己收藏的恐龙玩具。

讨论结束后，他们认真阅读了一篇文章，内容是关于他们所在城镇出土的古代手工制品的。他们还对化石进行了分类、观察和标记，了解了世界各地科学家的工作模式。

布拉德着力打造一种能让孩子充分体验成为真正的科学家的课堂氛围。在这种沉浸式学习中，布拉德首先明确了孩子已经知道什么以及他们对什么感到好奇。孩子分享了已经掌握的信息，借此扩充了知识储备。当他们意识到自己有机会过一把古生物学家的瘾时，都兴奋不已。

激活背景知识。布拉德问孩子："大家对化石有哪些了解？"孩子讲出了自己的先验知识，布拉德把它们记在班级要点图上。当孩子研究化石或手工制品时，也会把自己的推断和问题记录在这张班级要点图上。

通过阅读各式各样的说明性文本，孩子找到了一些基础性问题的答案：什么是化石？它们是在什么地方被发现的？通过化石我们能了解史前生命哪些方面的信息？

通过观察拓展知识。孩子通过阅读一系列图书来鉴定化石，并在笔记本上记录他们的亲身经历。他们记下了自己的问题和推断，并且解释了他们如何观察化石标本。渐渐地，他们熟悉了科学家观察、描绘、记录信息的方式（图14.2）。

图14.2　布拉德的学生正在研究化石

调查研究

互动式朗读。基于海西和库坎（Heisey et al.，2010）的研究成果，布拉德选择了一位古生物学家作为研究对象，正式开启了史前生命单元的学习。他选择的这位科学家名叫玛丽·安宁，她是英国早期的一位古生物学家。他首先通过互动式朗读给学生介绍了她的生活经历和考古发现，并提出一个基础性问题："古生物学家是做什么的？"

> 布拉德：读玛丽·安宁的故事时，我们了解到科学研究之路并非一帆风顺，也并非总有回报。研究人员有时会因为在科学研究中遇到挫折而沮丧。古生物学家玛丽·安宁孜孜不倦地在英格兰摇摇欲坠的海崖上挖掘海洋化石。她为了了解古生物，历经重重艰险，最终为古生物学的创立贡献了自己的力量。

听了玛丽·安宁的故事，学生感受到了她研究恐龙和史前生命的热情，这激发了他们的好奇心。之所以有这样的效果，是因为布拉德对互动式朗读环节并非敷衍了事，而是提前通读了整篇文章，明确了哪些信息需要重点讲解，以及需要在哪些地方暂停朗读，并运用有声思维进行解读。他提出的部分问题如下：

- 作为科学家，玛丽·安宁对什么内容感到好奇？
- 她是如何研究化石和恐龙的？
- 玛丽·安宁在自己的科研之路上遇到了哪些挑战？

他在朗读时会适时停顿，在停顿间隙思考这些问题，并示范自己是如何思考的，然后指导学生进行小组讨论。布拉德问孩子们："你们注意到她运用了哪些科研方法吗？"学生积极发言，最终给出了如下答案：她提出了许多问题，她通过做笔记和画素描记录自己的所思所想，她喜欢分享学到的东西，她勇于冒险。经过讨论，孩子们总结出了故事的主题：勇气。

通过阅读提出问题并解答。布拉德提出了一个指导性问题："几百万年前的地球是什么样子的？"学生需要带着这个问题阅读并集中精力寻求答案。围绕这个问题，他们阅读了各式各样的资料。一个小组在观察岩层图解时注意到其中化石的痕迹，于是制作了一张思维记录单。这张标题分别为"新信息"和"我的思考"的两栏式思维记录单是开放式的，它有助于孩子从自己的视角确定重要信息，并且在其中记录所有能够回答这个问题的信息。

通过记笔记来拓展知识。当孩子提出自己的问题并开启探索之旅时，通过记笔记来总结信息能够起到很好的辅助作用。布拉德的学生已经熟练掌握了若干种记笔记的方法，并且已经把在科学观察笔记中融入自己的思考内化于心。因此，布拉德建议他们参考如下做法充分发挥笔记对科研和思考的价值：

· 用素描、插图、照片和文字等形式记录新学到的知识；
· 阅读时记录信息以及自己的问题、推断和联想；
· 根据问题、概念和中心思想整理学习内容；
· 整合科学观察笔记中的信息，以海报和自制书等形式呈现；
· 品尝独一无二的成功喜悦，因为科学观察笔记因人而异。

　　布拉德：我借助那些妙趣横生的文本、视频、有趣的手工制品和实时观察结果来示范阅读、思考和记笔记的方法。我是怎样教孩子写科学观察笔记的？我先创建了一张大尺寸的两栏式思维记录单，孩子也效仿我的做法在自己的笔记本上创建了思维记录单。然后我们为每一栏填上标题——左侧一栏的标题为"新信息"，右侧一栏的标题为"我的思考"。师生共同创建图表能够有效帮助那些需要更多支持的孩子。我会始终给孩子提供指导，直到我确信他们完全掌握了写科学观察笔记的方法。（图14.3展示了布拉德的科学观察笔记。）

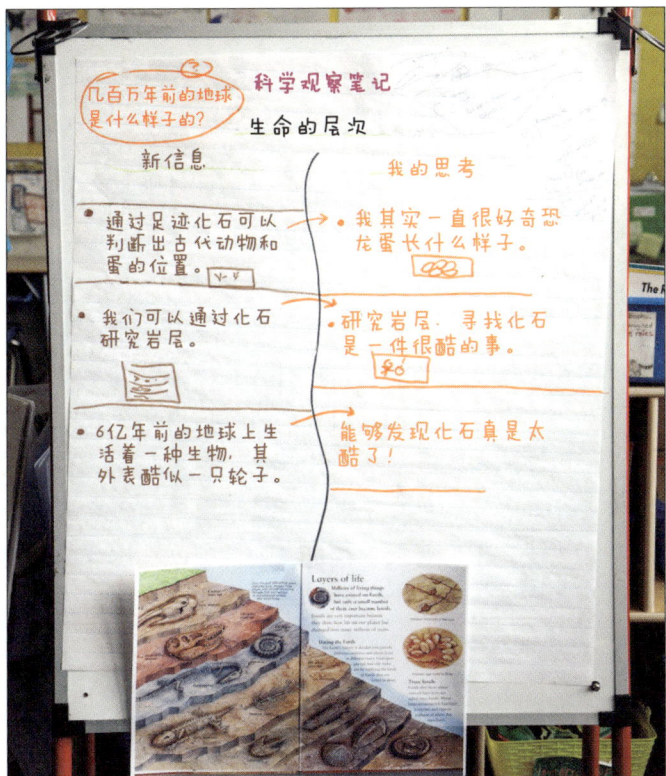

图14.3 布拉德的科学观察笔记

开始独立探究。一旦孩子掌握了我们教的学习方法，如提问、通过阅读寻求答案、记笔记，他们就能反复运用这些方法，这为他们独立探究提供了保障。当孩子对研究课题充满兴趣时，他们很快就能提出自己的问题，并会满怀热情地寻求答案，绝不轻言放弃。

> 布拉德：图书馆是我们学校的核心教学部门之一。我和图书馆馆长一起制订教学计划，共同教授多门课程。孩子明白阅读是学习的关键一环，图书馆则是教室的延伸，是他们继续读书、学习的地方。他们对图书馆非常熟悉，可以在里面轻松找到自己需要的资料。

孩子到图书馆学习了如何查找网络资料之后，便纷纷开始研究史前岩石。他们搜索并查看了若干资源，然后通过合作将新学到的知识以文字和图画的形式呈现在了海报上。

整合汇总并与他人分享

制作海报。在传统的科学会议中，科学家会利用海报展示信息。孩子也效仿科学家制作了海报，并认真地讲解了海报中的信息。

> 布拉德：我们和学生一起制作海报并与他人分享。我先细致地讲解了在海报中融入特写、插图、表格、地图等元素的原因，启发孩子思考哪些元素可以融入他们自己的海报中。之后他们反复斟酌哪些信息最适合用海报来展示，以及以哪种形式来展示，就像真正的科学家做的那样。设计好海报后，孩子又效仿科学家的做法展示了自己的作品。真实性非常关键，我们向来重视这一点，所以我们为孩子提供了很多课堂之外的分享机会。

布拉德提醒孩子，在制作海报时一定要考虑观众的感受："你自己最乐于分享哪些不可思议的信息？这些信息能够真正引发你的朋友或家人的兴趣吗？"

和孩子展开讨论有助于他们在动笔之前构思好写作或绘画内容，这样可以有效避免失败，让孩子以实事求是的态度集中精力创作作品（图14.4）。

图14.4 孩子制作的介绍玛丽·安宁的海报

布拉德和学生共同制作了一张要点图，罗列了分享海报内容时用到的导语。

分享海报内容时的导语

我正在学习……对此我兴趣十足，因为……
我认为最有意思的内容是……我在海报中加入了这个元素用以展示……
我通过绘画展示了……

在海报展示环节，一半孩子负责展示自己做的海报，另一半则做观众。做观众的孩子要使用便利贴、铅笔和笔记本等工具，结合评论、提问等方式做出反馈。然后双方互换角色。布拉德教导孩子在分享和反馈的过程中,既要尊重他人的成果,也要勤加思考。他还为孩子创造了与其他班级的孩子和父母分享海报的机会。

创立"研究室"。布拉德和孩子一起在教室中创立了一个"研究室"(图14.5),其目的在于尽量贴近真正的科学家的研究氛围。前文提到的那位大学里的古生物学家为孩子带来了远古时期人类所用工具的模型和早期人类头骨模型。大家分成小组,一边用放大镜观察一边测量,并在笔记本上记录观察结果。当然,他们也会效仿真正的科学家,提出一系列问题。

让孩子做策展人。布拉德和他的学生仿照博物馆的模式,在教室中策划了一场展览。孩子、老师和社区工作人员带来了一些化石,还有箭镞等远古时期的人类所用的工具。孩子将展览组织得井井有条,他们在展品上贴好标签,写好图注,供大家观赏、学习。布拉德在 Seesaw 软件中上传了孩子创建博物馆的照片,并邀请他们的家人来教室参观。

图14.5 孩子在教室的"研究室"中测量骨头

在教授史前生命单元时，布拉德介绍了科学家钻研、学习和思考的方法。教学过程中最重要的一项安排是让孩子扮演科学家的角色，效仿科学家开展研究，并与大众分享研究成果。孩子学到了很多史前时代的知识，也深入了解了一些致力于研究史前生命的古生物学家。最为可贵的是，孩子通过学习意识到，他们可以用无数种方式探索世界，从而对这个世界有更深入的认识。

　　不得不承认，自本书第2版问世以来，我们就担心纸质书可能会消亡。因此，我们从来不敢奢望第3版能够发行，更没想到当下在布鲁克林、波士顿和伯克利，咖啡馆式书店遍地开花。到达书店门口时，你或许会情不自禁地查看手机或笔记本电脑，却意外地发现没有任何可用的 Wi-Fi。交谈和纸质阅读似乎又重新流行起来了。

　　波士顿"思考杯"（Thinking Cup）咖啡馆式书店的经营者休·盖格表示，自从他关闭了 Wi-Fi，生意反而日渐兴隆起来。希拉里·里博斯（Ribons，2014）指出："我们不希望这里沦为一个另类的网吧。我们鼓励人们多交谈，并重拾读书看报的习惯。"

　　2016年，美国出版商协会的数据显示，与纸质书相比，电子书的销量大幅下降。这种现象被称为"数字疲劳"。在一项调查中，59%的受访者表示，比起电子书，他们更喜欢纸质书（Milliot，2016）。看来，纸质书的确再次获得了人们的喜爱。万岁！

　　不过，无论纸质书还是电子书，离开读者，它们都毫无意义——这是一个不争的事实。当阅读一段扣人心弦的文字时，我们会全身心投入。应付测验和考试绝不是阅读的全部目的。

　　杰出作家、纽伯瑞奖得主凯瑟琳·佩特森（Paterson，1995）指出："仅仅教会孩子如何阅读远远不够，我们还必须为他们精心挑选有意义的读物。这类读物应该能够拓展他们的想象力，帮助他们理解自己的生活，鼓励他们去接触那些生活方式与自己截然不同的人。"老师应该在教室中提供种类繁多的高质量文本，留给孩子充足的阅读和思考时间，引导他们为增进理解而阅读，以此营造积极向上的课堂氛围。在这种氛围中，孩子会热情高涨地讨论那些棘手的问题，积极发表观点，甚至能够学以致用。

　　每个人都需要阅读。阅读可以改变一切，包括人生观、世界观和价值观。教育工作者必须倾注所有热情，帮助孩子成为与书为伴、懂书、爱书的真正的读者。

Abercrombie, Barbara. 1990. *Charlie Anderson*. New York: McElderry Books.

Baillie, Allan. 1994. *Rebel*. New York: Ticknor and Fields.

Ballard, Robert. 1988. *Exploring the Titanic*. New York: Scholastic.

Bell, Cece. 2014. El Deafo. New York: Abrams.

Berne, Jennifer. 2016. *On a Beam of Light: A Story of Albert Einstein.* San Francisco: Chronicle Books.

Borden, Louise. 2005. *The Journey That Saved Curious George: The True Wartime Escape of Margret and H. A. Rey.* Boston: Houghton Mifflin.

Borden, Louise, and Mary Kay Kroeger. 2001. *Fly High! The Story of Bessie Coleman.* New York: McElderry.

Brown, Margaret Wise. 1992. *The Sailor Dog*. Racine, WI: Western.

Bunting, Eve. 2001. *Gleam and Glow*. San Diego: Harcourt.

Burgess, Matthew. 2015. *Enormous Smallness: A Story of E. E. Cummings*. Brooklyn, NY: Enchanted Lion.

Burnett, Frances Hodgson. 1938. *The Secret Garden*. New York: Lippincott.

Carlson, Lori Marie. 1998. *Sol a Sol*. New York: Henry Holt.

Chall, Marsha Wilson. 1992. *Up North at the Cabin*. New York: Lothrop, Lee and Shepard.

Condra, Estelle. 1994. *See the Ocean*. Nashville, TN: Ideal.

Cowley, Joy. 2006. *Red-Eyed Tree Frog*. New York: Scholastic.

Cruise, Robin. 2006. *Little Mama Forgets*. New York: Farrar, Straus and Giroux.

Crutchfield, James A. 1993. *It Happened in Colorado*. Helena, MT: Falcon.

Davies, Nicola. 2004. *Bat Loves the Night*. Cambridge, MA: Candlewick.

———. 2005. *Surprising Sharks*. Cambridge, MA: Candlewick.

Day, Alexandra. 1985. *Good Dog, Carl*. New York: Scholastic.

Del Calzo, Nick. 1997. *The Triumphant Spirit: Portraits and Stories of Holocaust Survivors, Their Messages of Hope and Compassion. Denver Post* Newspaper in Education Program.

Dolasia, Meera. 2016. "The 3-D Zebra Crossings That Are Making India's Roads Safer for Pedestrians." DOGOnews June 2.

Downey, Fran. 2006. "Freedom Readers." *National Geographic Explorer*, January/February.

Franklin, Stuart. 2000. "Celebrations of Earth." National Geographic Magazine.

Freeman, Don. 1976. *Corduroy*. New York: Puffin.

Gikow, L. 1993. *For Every Child a Better World*. Wave, WI: Golden.

Golenbock, Peter. 1990. *Teammates*. San Diego: Harcourt Brace Jovanovich.

Hakim, Joy. 1995. A History of US series. New York: Oxford University.

———. 2004. The Story of Science series. New York: Smithsonian.

Henkes, Kevin. 1987. *Sheila Rae the Brave*. New York: Mulberry.

———. 1990. *Julius, the Baby of the World*. New York: Mulberry.

———. 1991. *Chrysanthemum*. New York: Mulberry.

———. 1993. *Owen*. New York: Greenwillow.

———. 2015. *Waiting*. New York: Greenwillow.

Hoose, Phillip. 2001. *We Were There, Too! Young People in U.S. History.* New York: Farrar, Straus and Giroux.

Hopkinson, Deborah. 1993. *Sweet Clara and the Freedom Quilt*. New York: Knopf.

Ieronimo, Christine. 2014. *A Thirst for Home: A Story of Water Across the World*. New York: Walker.

Jones, Charlotte Foltz. 1991. *Mistakes That Worked*. New York: Doubleday.

Kalman, Bobbie. 2011. *Helpers in My Community*. New York: Crabtree.

Keating, Jess. 2016. *Pink Is for Blobfish: Discovering the World's Perfectly Pink Animals*. New York: Knopf Books for Young Readers.

Kramer, Stephen. 1992. *Avalanche*. Minneapolis, MN: Carolrhoda.

Leedy, Loreen. 2011. *The Shocking Truth About Energy*. New York: Holiday House.

MacLachlan, Patricia. 1985. *Sarah, Plain and Tall*. New York: Harper and Row.

McCully, Emily Arnold. 1992. *Mirette on the High Wire*. New York: Putnam.

Mindset Works. 2014. "You Can Grow Your Intelligence: New Research Shows the Brain Can Be Developed Like a Muscle." Mindset Works.

Mosel, Arlene. 2007. *Tikki Tikki Tembo*. New York: Square Fish.

National Geographic Learning. 2012. "Lend Me a Paw."*Ladders Reading/Language Arts 4*. Washington, DC: National Geographic School.

Nelson, Kadir. 2013. *Nelson Mandela*. New York: Katherine Tegen Books.

New York Times. 2016. "What's Going On in This Picture?" *New York Times*.

Newsela. 2015. "Breathe and Give It All You've Got: How Mindful Athletes Raise Their Game." Newsela.

Page, Kent. 2002. "Garana's Story." *National Geographic Explorer*. September 1.

Parr, Todd. 2009. *The Peace Book*. Boston: Little, Brown Books for Young Readers.

Pascoe, Elaine. 1996. *Seeds and Seedlings*. San Diego: Blackbirch.

Polacco, Patricia. 2012. *The Art of Miss Chew*. New York: G.P. Putnam's Sons Books for Young Readers.

Pollan, Michael. 2009. *The Omnivore's Dilemma: The Secrets Behind What You Eat*. Young Readers Edition. New York: Dial Books.

Raven, Margot Theis. 2002. *Mercedes and the Chocolate Pilot*. Chelsea, MI: Sleeping Bear.

Rowling, J. K. 1999. *Harry Potter and the Sorcerer's Stone*. New York: Scholastic.

———. 2000. *Harry Potter and the Chamber of Secrets*. New York: Scholastic.

Rusch, Elizabeth. 2015. *Electrical Wizard: How Nikola Tesla Lit Up the World*. Cambridge, MA: Candlewick.

Rylant, Cynthia. 1996. *An Angel for Solomon Singer. New York:* Scholastic.

———. 1996. *Henry and Mudge First Book*. New York: Simon Spotlight.

Seuss, Dr. 1991. *The 500 Hats of Bartholomew Cubbins*. New York: Random House.

Sewell, Anna. 1941. Black Beauty. New York: Dodd, Mead.

Sidman, Joyce. 2011. *Swirl by Swirl: Spirals in Nature*. Boston: HMH Books for Young Readers.

Sif, Birgitta. 2012. Oliver. Cambridge, MA: Candlewick.

Steig, William. 1971. *Amos and Boris*. New York: Farrar, Straus and Giroux.

Sutcliffe, Jane. 2016. *Will's Words: How William Shakespeare Changed the Way You Talk*.

Watertown, MA: Charlesbridge.

Time for Kids. 2002. "Could You Survive a Week Without TV?" *Time for Kids 7* (22). April 12.

Toupin, Laurie Ann. 2002. "What's the Fuss About Frogs?" *Odyssey*. May.

Turner, Ann. 1987. *Nettie's Trip South*. New York: Aladdin.

———. 1997. *Red Flower Goes West*. New York: Hyperion.

———. 2011. "Street Painting." In *Reading Poetry in the Middle Grades: 20Poems and Activities That Meet the Common Core Standards and Cultivate a Passion for Poetry*, ed. Paul B. Janeczko. Portsmouth, NH: Heinemann.

Viorst, Judith. 1971. *The Tenth Good Thing About Barney*. New York: Aladdin.

Ward, Geoffrey, Ken Burns, with Jim O'Connor. 1994. *Shadow Ball: The History of the Negro Leagues*. Baseball, the American Epic series. New York: Knopf.

Ward, Geoffrey, Ken Burns, with Robert Walker. 1994. *Who Invented the Game?* Baseball, the American Epic series. New York: Knopf.

White, E. B. 1952. *Charlotte's Web*. New York: Harper and Row.

Williams, Karen Lynn. 2009. *My Name Is Sangoel*. Grand Rapids, MI: Eerdmans Books for Young Readers.

———. 2016. Four Feet, *Two Sandals*. Grand Rapids, MI: Eerdmans.

Winter, Jeanette. 1988. *Follow the Drinking Gourd*. New York: Trumpet.

———. 2005. *The Librarian of Basra: A True Story from Iraq*. San Diego: Harcourt Brace.

———. 2011. *The Watcher: Jane Goodall's Life with Chimps*. New York: Schwartz and Wade.

Wonderopolis. 2017. "What Is Parkour?" *Wonderopolis*. National Center for Families Learning.

Woodson, Jacqueline. 2012. *Each Kindness*. New York: Nancy Paulsen Books.

Yolen, Jane. 1992. *Encounter*. San Diego: Harcourt Brace.

Yurkovic, Diana Short. 1998. *Meet Me at the Water Hole*. Denver, CO: Shortland.

专业资料

Allington, Richard. 1994. "The Schools We Have. The Schools We Need." *The Reading Teacher* 48 (1): 14–29.

———. 2011. *What Really Matters for Struggling Readers*. 3rd ed. Boston: Pearson.

Allington, Richard, and Rachael E. Gabriel. 2012. "Every Child, Every Day." *Educational Leadership* 69:12.

Anderson, Richard C., Rand J. Spiro, and Mark C. Anderson. 1978. "Schemata as Scaffolding for the Representation of Information in Connected Discourse. *American Educational Research Journal* 15 (3): 433–440.

Bain, Robert B. 2007. "They Thought the World Was Flat? Applying the Principles of How People Learn in Teaching High School History." In *How Students Learn: History in the Classroom,* ed. M. Suzanne Donovan and John Bransford. Washington DC: National Academies Press.

Beane, James A. 2005. *A Reason to Teach: Creating Classrooms of Dignity and Hope*. Portsmouth, NH: Heinemann.

Bentley, W. A., and W. J. Humphreys. 1962. *Snow Crystals*. New York: Turtle Books.

Block, Cathy Collins, and Michael Pressley, eds. 2002. *Comprehension Instruction: Research-Based Best Practices*. New York: Guilford.

Block, Cathy Collins, Joni L. Schaller, Joseph A. Joy, and Paolo Gaine. 2002."Process-Based Comprehension Instruction: Perspectives of Four Reading Educators."In *Comprehension Instruction: Research-Based Best Practices,* ed. Cathy Collins Block and Michael Pressley. New York: Guilford.

Britton, James. 1970. *Language and Learning*. Harmondsworth, UK: Penguin.

Brown, A. L. and J. D. Day. 1983. "Macrorules for Summarizing Texts: The Development of Expertise." *Journal of Verbal Learning and Verbal Behavior* 22:1–4.

Burkey, Mary. 2013. *Audiobooks for Youth: A Practical Guide to Sound Literature*.

Chicago, IL: ALA.

———. 2016. "New Research Shows Audiobooks Have Powerful Impact on Literacy Development." Booklist Reader. April 28.

Burns, Ken. 2017. BrainyQuote.com.

Buzan, Tony, and Barry Buzan. 2005. *The Mind Map Book: How to Use Radiant Thinking to Maximize Your Brain's Untapped Potential*. New York: Plume.

Cervetti, Gina. 2011. "Comprehension in Science." In *Comprehension Going Forward*, ed. Harvey "Smokey" Daniels. Portsmouth, NH: Heinemann.

Cervetti, Gina, Carollyn Jaynes, and Elfieda Hiebert. 2009. "Increasing Opportunities to Acquire Knowledge Through Reading." In *Reading More, Reading Better, ed. Elfrieda Hiebert*. New York: Guilford.

Cervetti, Gina N., P. David Pearson, Jacqueline Barber, Elfrieda H. Hiebert, and Marco A. Bravo. 2007. "Integrating Science and Literacy: The Research We Have, the Research We Need." In *Shaping Literacy Achievement*, ed. Michael Pressley, Alison K. Billman, Kristen H. Perry, Kelly E. Reffitt, and Julia Moorehead Reynolds. New York: Guilford.

Chen, Chih-Ming, and Fang-Ya Chen. 2014. "Enhancing Digital Reading Performance with a Collaborative Reading Annotation System."*Computers and Education* 77:67–81.

Coiro, Julie. 2011. "Predicting Reading Comprehension on the Internet: Contributions of Offline Reading Skills, Online Reading Skills, and Prior Knowledge. *Journal of Literacy Research* 43 (4): 352–392.

Coiro, Julie, and David W. Moore. 2012. "New Literacies and Adolescent Learners: An Interview with Julie Coiro." *Journal of Adolescent and Adult Literacy* 55 (6): 551–553.

Costa, Arthur, 2008. "The Thought-Filled Curriculum." *Educational Leadership* 65 (5): 20–24.

Cullinan, Bernice E. 1981. *Literature and the Child*. San Diego: Harcourt Brace.

Cunningham, Anne, and Keith Stanovich. 2003. "What Principals Need to Know About Reading." *Principal* 83 (2): 34–39.

Daniels, Harvey, and Nancy Steineke. 2011. *Texts and Lessons for Content Area Reading*. Portsmouth, NH: Heinemann.

———. 2013. *Texts and Lessons for Teaching Literature.* Portsmouth, NH: Heinemann.

Daniels, Harvey, and Steven Zemelman. 2014. *Subjects Matter: Exceeding Standards Through Powerful Content Area Reading.* 2nd ed. Portsmouth, NH: Heinemann.

Daniels, Harvey "Smokey," ed. 2011. *Comprehension Going Forward: Where We Are and What's Next.* Portsmouth, NH: Heinemann.

Dartmouth, Mary Flanagan, and Geoff Kaufman. 2016. "High-Low Split: Divergent Cognitive Construal Levels Triggered by Digital and NonDigital Platforms." Proceedings of the 2016 CHI Conference on Human Factors in Computing Systems. Santa Clara, CA, May 7–12.

Davey, Beth. 1983. "Think Aloud: Modeling the Cognitive Processes of Reading Comprehension." *Journal of Reading* 27:44–47.

Doerr, Anthony. 2014. *All the Light We Cannot See.* New York: Scribner.

Dole, Jan. 1997. Public Education and Business Coalition Reading Comprehension Workshop. Denver, CO. April.

Duke, Nell. 2014. *Inside Information: Developing Powerful Readers and Writers of Informational Text Through Project-Based Instruction.* New York: Scholastic.

Duke, Nell K., P. David Pearson, Stephanie L. Strachan, and Alison K. Billman. 2011. "Essential Elements of Fostering and Teaching Reading Comprehension." In *What Research Has to Say About Reading Instruction.* 4th ed. Newark, DE: International Reading Association.

Durkin, Dolores. 1979. "What Classroom Observations Reveal About Reading Instruction." *Reading Research Quarterly* 14:481–533.

Dyson, Alan. 1999. "Inclusion and Inclusions: Theories and Discourses in Inclusive Education." In *World Yearbook of Education 1999: Inclusion,* eds. Harry Daniels and Philip Garner. London: Kogan Page.

Eggen, Dan, and Shankar Vedantam. 2006. "More Questions than Answers."*Washington Post,* May 1.

Esquibel, Curtis L. 1999. "Frigid Weather Teases State." *Denver Post,* March 13. Everett, Chad. "Windows and Mirrors: Why We Need Diverse Books."Scholastic Book Fairs blog.

Feynman, Richard. 1985. *"Surely You're Joking, Mr. Feynman!"* New York: Bantam.

Fielding, Linda, and P. David Pearson. 1994. "Reading Comprehension: What Works?" *Educational Leadership* 51 (5): 62–67.

Flynn, Kylie, Bryan Matlen, Sara Atienza, and Steven Schneider. 2016. "An Effective Tool in the Fight for Better Literacy." Tales2Go. WestEd.

Gallagher, Kelly. 2009. *Readicide: How Schools Are Killing Reading and What You Can Do About It*. Portland, ME: Stenhouse.

Gardner, Howard. 1991. *The Unschooled Mind: How Children Think and How Schools Should Teach*. New York: Basic Books.

Gavelek, J. R., and T. E. Raphael. 1985. "Metacognition, Instruction, and the Role of Questioning." In *Metacognition, Cognition, and Human Performance,* ed. D. L. Forrest-Pressley, G. E. MacKinnon, and T. Gary Waller. New York: Academic Press.

Gilbar, Steve. 1990. *The Reader's Quotation Book.* New York: Barnes and Noble.

Graves, Donald. 1991. *Build a Literate Classroom*. Portsmouth, NH: Heinemann.

Greene, Maxine. 1982. "Literacy for What?" *Visible Language* 16 (5):326–329.

Guthrie, J.T. 2003. "Concept Oriented Reading Instruction."In *Rethinking Reading Comprehension*, ed. C. E. Snow and A. P. Sweet. New York: Guilford.

Guthrie, J. T., and N. M. Humenick. 2004. Motivating Students to Read: Evidence for Classroom Practices That Increase Reading Motivation and Achievement. In *The Voice of Evidence in Reading Research*, ed. P. McCardle and V. Chhabra. Baltimore: Brookes.

Hansen, Jane. 1981. "The Effects of Inference Training and Practice on Young Children's Reading Comprehension." *Reading Research Quarterly* 16:391–417.

Harvard College Library. 2007. "Interrogating Texts: 6 Reading Habits to Develop in Your First Year at Harvard." Harvard University.

Harvard Project Zero. 2017. "See Think Wonder." Visible Thinking.

Harvey, Stephanie. 1998. Nonfiction Matters: *Reading, Writing, and Research in Grades 3–8*. Portland, ME: Stenhouse.

Harvey, Stephanie, and Harvey "Smokey" Daniels. 2015. *Comprehension and Collaboration: Inquiry Circles for Curiosity, Engagement, and Understanding*. Rev. ed. Portsmouth, NH: Heinemann.

Harvey, Stephanie, and Anne Goudvis. 2002. T*hink Nonfiction! Modeling Reading and*

Research (video). Portland, ME: Stenhouse.

———. 2004. *Strategic Thinking: Reading and Responding, Grades 4–8* (video). Portland, ME: Stenhouse.

———. 2005a. *Read, Write, and Talk: A Practice to Enhance Comprehension* (video). Portland, ME: Stenhouse.

———. 2005b. *Reading the World: Content Comprehension with Linguistically Diverse Learners* (video). Portland, ME: Stenhouse.

———. 2007. *Strategies That Work: Teaching Comprehension for Understanding and Engagement.* Portland, ME: Stenhouse.

———. 2013. "Comprehension at the Core." *Reading Teacher* 66 (6): 432–439.

———. 2016. *Content Literacy: Lessons and Texts from Comprehension Across the Curriculum.* Portsmouth, NH: Heinemann.

———. 2016. The *Comprehension Toolkit: Language and Lessons for Active Literacy.* 2nd ed. Portsmouth, NH: Heinemann.

Harvey, Stephanie, Anne Goudvis, Katie Muhtaris, and Kristin Ziemke. 2013. *Connecting Comprehension and Technology: Adapt and Extend Toolkit Practices.* Portsmouth, NH: Heinemann.

Harvey, Stephanie, Sheila McAuliffe, Laura Benson, Wendy Cameron, Sue Kempton, Pat Lusche, Debbie Miller, Joan Schroeder, and Julie Weaver. 1996. "Teacher Researchers Study the Process of Synthesizing in Six Primary Classrooms." *Language Arts* 73: 8.

Harwayne, Shelley. 1992. *Lasting Impressions: Weaving Literature into the Writing Workshop.* Portsmouth, NH: Heinemann.

Heisey, N., and L. Kucan. 2010. "Introducing Science Concepts to Primary Students Through Read-Aloud: Interactions and Multiple Texts Make a Difference." *Reading Teacher* 63 (8): 666–676.

Hemingway, Ernest. 1952. *The Old Man and the Sea.* New York: Charles Scribner's Sons.

Hiebert, Elfrieda. 2012. *The Common Core State Standards and Text Complexity.* Santa Cruz, CA: Text Project and University of California Santa Cruz.

Hiebert, Elfrieda H., and Leigh Ann Martin. 2015. "Changes in the Texts of Reading Instruction During the Past 50 Years." In *Research-Based Practices for Teaching Common Core Literacy*, ed. P. David Pearson and Elfrieda H. Hiebert. New York:

Teachers College Press.

Holt, Rush. 2017. Interview in "The Scientific Community Is Facing and Existential Crisis." *New Republic*. February 27.

Howard, Jeff. 1992. "Getting Smart: The Social Construction of Intelligence." *Network Newsnotes* 6 (1):1.

Johnston, Peter. 2004. Choice Words: *How Our Language Affects Children's Learning*. Portland, ME: Stenhouse.

———. 2012. *Opening Minds: Using Language to Change Lives*. Portland, ME: Stenhouse.

Kalaidis, Jen. 2013. "Bring Back Social Studies: The Amount of Time PublicSchool Kids Spend Learning About Government and Civics Is Shrinking." *The Atlantic*. September 23.

Kasten, G. Randy. 2015. "Critical Thinking: A Necessary Skill in the Age of Spin." George Lucas Education Foundation. Edutopia. May 7.

Keating, Kevin. 1998. "This Is Cruising." *Hemispheres Magazine*. March.

Keene, Ellin. 2008. *To Understand: New Horizons in Reading Comprehension*. Portsmouth, NH: Heinemann.

Kelley, David, and Tom Kelley. 2013. "How to Gain Creative Confidence at Work." *Forbes*. October 15.

Konnikova. 2014. "Being a Better Online Reader." *The New Yorker*, July 16.

Krashen, Stephen. 2001. "The Lexile Framework: The Controversy Continues." *California School Library Association Journal* 25 (1): 21–24.

Levstik, Linda, and Keith G. Barton. 2001. Doing History: *Investigating with Children in Elementary and Middle Schools*. Mahwah, NJ: Lawrence Erlbaum.

Loewen, James W. 2007. *Lies My Teacher Told Me: Everything Your American History Text Book Got Wrong*. New York: Simon and Schuster.

Lynton, Michael. 2000. Keynote address at the Mid-Atlantic Venture Fair, Philadelphia. Oct. 25.

McKenzie, Jamie. 1996. "Making Web Meaning." *Educational Leadership* 54 (3): 30–32.

McMurrer, Jennifer. 2008. *Instructional Time in Elementary Schools: A Closer Look at Changes for Specific Subjects*. Washington, DC: Center on Education Policy.

Merga, Margaret, and Saiyida Mat Roni. 2017. "The Influence of Access to eReaders, Computers, and Mobile Phones on Children's Book Reading Frequency."*Computers and Education* 109:187–196.

Miller, Debbie. 2007. *Teaching with Intention: Defining Beliefs, Aligning Practice, Taking Action*. Portland, ME: Stenhouse.

———. 2012. *Reading with Meaning: Teaching Comprehension in the Primary Grades*. 2nd ed. Portland, ME: Stenhouse.

———. 2013. "Not So Gradual Release." In *Comprehension Going Forward*, ed. Harvey "Smokey" Daniels. Portsmouth, NH: Heinemann.

———. 2017. Keynote address at Hong Kong International School Literacy Institute. Hong Kong. January 21–22.

Milliot, Jim. 2016. "As E-Book Sales Decline, Digital Fatigue Grows." *Publisher's Weekly*. June 17.

Mooney, Chris, and Brady Dennis. 2017. "On Climate Change, Scott Pruitt Causes and Uproar—and Contradicts the EPA's Own Website." *Washington Post*, March 9.

Muhtaris, Katie, and Kristin Ziemke. 2015. *Amplify: Digital Teaching and Learning in the K–6 Classroom*. Portsmouth, NH: Heinemann.

Palincsar, Annemarie S., and A. L. Brown. 1984."Reciprocal Teaching of Comprehension-Fostering and Monitoring Activities." *Cognition and Instruction* 1: 117–175.

Paris, S. G., M. Y. Lipson, and K. K. Wixon. 1983. "Becoming a Strategic Reader." *Contemporary Educational Psychology* 8:293–316.

Paterson, Katherine. 1995. *A Sense of Wonder: On Reading and Writing Books for Children*. New York: Penguin.

Pearson, P. David. 1995. Personal Interview.

———. 2006a. "Roots of Reading/Seeds of Science." Presented at the National Geographic Literacy Institute, Washington, DC.

———. 2006b. Letter to the Editor. *New York Times*. March 28.

———. 2010. Keynote. International Reading Association World Congress. Auckland, New Zealand. July 14.

———. 2014. "Vocabulary: Its Role in Comprehension, Knowledge Acquisition, and Disciplinary Learning." Keynote. Colorado Council of the International Reading

Association. Denver. February 7.

———. 2015. "Reading Research Policy and Practice: Why It Is Essential to Keep Them in Alignment." Keynote. Wisconsin State Reading Association. Milwaukee. February 5.

Pearson, P. David, and Linda Fielding. 1994. "Synthesis of Research/Reading Comprehension: What Works." *Educational Leadership* 51 (5): 62–68.

Pearson, P. David, and M. C. Gallagher. 1983. "The Instruction of Reading Comprehension." *Contemporary Educational Psychology* 8:317–344.

Pearson, P. David, J. A. Dole, G. G. Duffy, and L. R. Roehler. 1992. "Developing Expertise in Reading Comprehension: What Should Be Taught and How Should It Be Taught?" In *What Research Has to Say to the Teacher of Reading*, ed. J. Farstup and S. J. Samuels, 2nd ed. Newark, DE: International Reading Association.

Perkins, David. 1992. *Smart Schools: Better Thinking and Learning for Every Child*. New York: Free Press.

Pink, Daniel. 2011. *Drive: The Surprising Truth About What Motivates* Us. New York: Penguin.

Plimpton, George. 1988. *Writers at Work*. Eighth Series. New York: Penguin.

Ravitch, Diane. 2010. *The Death and Life of the Great American School System: How Testing and Choice Are Undermining Education*. New York: Basic Books.

Reutzel, D. R., J. A. Smith, and P. C. Fawson. 2005. "An Evaluation of Two Approaches for Teaching Reading Comprehension Strategies in the Primary Years Using Science Information Texts." *Early Childhood Research Quarterly* 20:276–305.

Ribons, Hilary. 2014. "Why These Successful Boston Coffee Shops Don't Offer Free Wi-Fi." *BostInno*. April 15.

Ritchhart, Ron. 2002. Intellectual Character: *What It Is, Why It Matters and How to Get It*. San Francisco: Jossey-Bass.

———. 2015. *Creating Cultures of Thinking: The Eight Forces We Must Master to Truly Transform Our Schools*. San Francisco: Jossey-Bass.

Rosenblatt, Louise. [1938] 1996. *Literature as Exploration*. New York: Modern Language Association of America.

Schmidt, Eric. 2009. Interview with Fareed Zakaria. "Global Public Square." CNN.

November 29.

Schwarz, Patrick. 2006. *From Disability to Possibility: The Power of Inclusive Classrooms*. Portsmouth, NH: Heinemann.

Sibberson, Franki, and Karen Szymusiak. 2008. *Beyond Leveled Books*. 2nd ed. Portland, ME: Stenhouse.

Sparks, Sarah. 2016. "Screen vs. Print: Does Digital Reading Change How Students Get the Big Picture?" Inside School Research. Education Week. May 16.

Stanovich, Keith E. 2000. *Progress in Understanding Reading: Scientific Foundations and New Frontiers*. New York: Guilford.

Stead, Tony. 2005. *Reality Checks: Teaching Reading Comprehension with Nonfiction K–5*. Portland, ME: Stenhouse.

Tatum, Alfred W. 2005. *Teaching Reading to Black Adolescent Males: Closing the Achievement Gap*. Portland, ME: Stenhouse.

Tishman, Shari, David N. Perkins, and Eileen Jay. 1994. *The Thinking Classroom: Learning and Teaching in a Culture of Thinking*. Boston: Allyn and Bacon.

Tovani, Cris. 2000. *I Read It, but I Don't Get It: Comprehension Strategies for Adolescent Readers*. Portland, ME: Stenhouse.

———. 2003. *Do I Really Have to Teach Reading? Content Comprehension, Grades 6–12*. Portland, ME: Stenhouse.

———. 2011. *So What Do They Really Know?* Portland, ME: Stenhouse.

Trabasso, Tom, and Edward Bouchard. 2002. "Teaching Readers How to Comprehend Text Strategically." In *Comprehension Instruction: ResearchBased Best Practices,* ed. Cathy Collins Block and Michael Pressley. New York: Guilford.

Trelease, Jim. 2013. *The Read-Aloud Handbook.* 7th ed. New York: Penguin.

Webster's New World Dictionary. 1991. New York: Simon and Schuster.

Wiggins, Grant, and Jay McTighe. 2005. *Understanding by Design*. 2nd ed. Englewood Cliffs, NJ: Prentice Hall.

Wikipedia, s.v. "Close reading," last modified December 13, 2016.

Wilkinson, I. A. G., and E. H. Son. 2011. "A Dialogic Turn in Research on Learning and Teaching to Comprehend." In *Handbook of Reading Research,* vol. 4, eds. M. L. Kamil, P. D. Pearson, E. B. Moje, and P. P. Afflerbach. New York: Routledge.

Willingham, Daniel. 2016. In "Response: Reading Digitally vs. Reading on Paper" by Larry Ferlazzo. *Education Week*. May 28.

Wolf, Maryanne. 2007. *Proust and the Squid: The Story and Science of the Reading Brain*. New York: HarperCollins.